NOTICE

SUR

ÉMILE EGGER

PROFESSEUR A LA FACULTÉ DES LETTRES DE PARIS

MEMBRE DE L'INSTITUT

(ACADÉMIE DES INSCRIPTIONS ET BELLES-LETTRES)

SA VIE ET SES TRAVAUX

PAR

Anatole BAILLY

PROFESSEUR AU LYCÉE D'ORLÉANS
MEMBRE DU CONSEIL ACADÉMIQUE DE PARIS

Lecture faite le 27 novembre 1885
dans une séance de la Société archéologique et historique de l'Orléanais,
en présence des trois Sociétés savantes d'Orléans

ORLÉANS
H. HERLUISON, LIBRAIRE-ÉDITEUR
17, RUE JEANNE-D'ARC, 17

1886

ÉMILE EGGER

SA VIE ET SES TRAVAUX

Messieurs [1]

Pour parler du professeur, de l'académicien, du savant illustre que la France vient de perdre, je n'ai aucun titre, et, succédant aux témoins autorisés [2] qui ont raconté déjà cette belle vie, je me

(1) La présente Notice a été lue, le 27 novembre 1885, dans une séance de la Société archéologique et historique de l'Orléanais, à laquelle M. Egger appartenait comme membre honoraire. Les membres des deux autres sociétés savantes d'Orléans (la Société d'agriculture, sciences, belles-lettres et arts, et l'Académie de Sainte-Croix), dont M. Egger faisait également partie, les autorités universitaires et les professeurs du lycée, avaient été conviés et ont assisté à cette lecture. La séance était présidée par M. Gustave Baguenault de Puchesse, docteur ès lettres, ancien élève et ami de M. Egger, et Président de la Société archéologique. La famille de M. Egger était représentée par le second fils de l'illustre helléniste, M. Max Egger, professeur au collège Stanislas.

(2) Voyez, vers la fin de cette Notice, la liste des discours prononcés aux obsèques de M. Egger.

hâte d'invoquer ma seule excuse : c'est d'avoir été jadis, à l'École normale, un de ceux auxquels M. Egger a ouvert la voie, qu'il a conseillés et soutenus plus tard dans des travaux auxquels il n'a pas dédaigné de s'associer, un de ceux surtout qui ont connu son bon cœur et joui de son amitié. Ai-je besoin de dire que je ne prétends pas à retracer en détail une existence si remplie, ni à porter un jugement sur tant de travaux dans des directions si diverses? Le simple exposé de ce qu'a fait, tenté ou conseillé M. Egger suffira sans doute à intéresser le lecteur, et je m'assure qu'après avoir pénétré dans son intimité, ceux qui ne connaissent en lui que l'homme public conviendront que l'homme privé n'est pas moins digne de respect, et qu'une telle vie mérite d'être offerte en exemple.

Pour nous d'ailleurs, orléanais, M. Egger est presque un compatriote. Son père était originaire d'Orléans, qu'une partie de sa famille habite encore. Lui-même y vint plusieurs fois dans sa jeunesse et y contracta des relations qu'il ne cessa d'entretenir, qu'il étendit même par la suite. Enfin membre de nos trois sociétés savantes, il s'honorait de ce lien nouveau qui le rattachait plus étroitement encore à la ville paternelle. Je n'ai pas à rappeler qu'en 1864 la Société archéologique, sur la proposition et grâce aux libéralités, devenues maintenant perpétuelles, d'un de ses membres (1), décida la création d'un concours quinquennal à la suite duquel seraient décernées des récompenses. C'est M. Egger

(1) M. Boucher de Molandon, membre et à plusieurs reprises Président de la Société archéologique, membre et ancien Président de l'Académie de Sainte-Croix, bien connu par ses dons généreux à la Société archéologique.

qui vint présider la séance solennelle où furent proclamés, en 1869, le 8 mai (notre date sainte, la date commémorative de notre Jeanne d'Arc), les résultats du premier de ces concours. Bien que ce souvenir date de seize ans, plus d'un parmi nous se rappelle l'allocution charmante où M. Egger loua le zèle de ceux qu'il appelait ses confrères pour l'étude des inscriptions, des chartes, de tous les documents authentiques, étude facile dans une cité où les collections renommées ne sont pas rares (1) et où de généreuses donations ont fait de notre dépôt public un des plus riches musées provinciaux (2). Nous l'avons revu deux fois depuis : en 1875, encore le 8 mai; il nous parla d'antiquités, comme toujours, nous adjurant de recueillir avec un soin pieux nos vieux mots orléanais, ces débris d'un passé qui se survit dans les noms de nos rues ou de nos églises, et dans le parler de nos campagnes. « Un peu orléanais par ma naissance (et j'aime à m'en faire honneur), nous disait-il, je ne parcours pas ce pays sans y relever dans la bouche du peuple quelques-uns de ces mots qu'on regrette de voir tomber d'usage parmi les gens du monde poli (3). »

(1) Il suffira de citer celles de M. l'abbé Desnoyers, vicaire général, membre de nos trois sociétés savantes, plusieurs fois Président de la Société archéologique (voy. la note suivante), et les collections de livres, de monnaies et de médailles de M. Louis Jarry, membre de nos trois sociétés savantes.

(2) M. l'abbé Desnoyers a fait don à notre ville, en 1868, d'une collection de livres aujourd'hui déposée à la Bibliothèque publique, et, plus tard, d'une collection d'objets d'art maintenant exposée dans les salles du Musée historique.

(3) E. EGGER, *Tradition et Réformes*, p. 222. Les deux autres allocutions, du 8 mai 1869 et du 8 mai 1880, ont été également recueillies

Comment furent accueillis ses conseils, donnés avec tant d'esprit et de bonne grâce, je n'ai pas à vous en faire souvenir. Une dernière fois il a reparu parmi nous, en 1880, le 8 mai toujours. L'âge était venu ; avec l'âge les infirmités, hélas ! nous le retrouvions aveugle ! et avec les infirmités bien des chagrins. Il nous parla encore, toujours avec la même bonne grâce, mais plus sérieuse, presque grave, oserais-je dire avec un accent de tristesse ? Il nous félicita de notre culte constant pour les antiquités, souhaitant que l'étude n'en fût jamais séparée de celle des lettres proprement dites. Nous aurions dû le revoir cette année à notre dernier concours. Pour la première fois, et malgré d'instantes et affectueuses sollicitations, nous avons été privés de sa présence. La Société du moins sait ce qu'elle doit à l'homme éminent qui comptait dans son sein plus d'un ami personnel, et qui lui a donné tant de marques d'affection : elle recueillera son souvenir, n'oubliant pas que, si ce Musée dont je parlais tout à l'heure conserve son image (1), c'est à nous, qui l'avons entendu jadis et applaudi, de garder vivants au fond de nos cœurs sa spirituelle et cordiale parole, non moins que les enseignements précieux de sa vie.

Émile Egger, ainsi désigné sur l'acte de l'état-civil, et prénommé Auguste-Émile sur l'acte de baptême (2),

in extenso par M. Egger dans le même ouvrage, p. 208 et suiv. et p. 225 et suiv.

(1) Le musée d'Orléans possède le buste de M. Egger par M. Cougny, de Versailles.

(2) Quelques-uns de ses premiers ouvrages, par exemple le *Latini sermonis vetustioris Reliquiæ selectæ* (février 1843), l'*Epigraphices græcæ Specimina selecta* (1844), portent comme nom d'auteur A. E. Egger. De bonne heure, M. Egger prit l'habitude de ne signer

naquit à Paris, le 18 juillet 1813, d'une famille devenue française, mais originaire de Carinthie en Autriche (1). Son arriére-grand-père, maître tailleur à Strassburg, petite localité aujourd'hui de 2,000 âmes environ, à 30 kilomètres nord de Klagenfurt, avait eu au moins (2 quatre enfants : un fils, Maximilien Egger, vraisemblablement l'aîné de la famille, né vers 1746, qui vint s'établir en France vers 1764, et trois filles qui se mariérent dans leur pays, et dont la descendance existe encore, disséminée à Vienne, à Gratz, à Tropau et à Klagenfurt. Comme dans beaucoup de familles nombreuses, la fortune de ces quatre enfants a été bien diverse. Tandis que les deux sœurs cadettes se mariaient à des maîtres tailleurs, l'aînée épousait en 1775 un docteur en médecine nommé Vest, que l'empereur Joseph II anoblit en 1782, et dont un fils, le docteur Lorenz Otto von Vest, fut lui-même un médecin renommé. En 1875 il restait de la descendance de cette aînée un grand nombre de petits-enfants et plusieurs arrière-petits-enfants, dont cinq mineurs sous la tutelle d'un capitaine autrichien, leur parent, qui avait fait la campagne du Mexique

que de son prénom d'Émile, le seul sous lequel il soit en général connu.

(1) Les renseignements qui concernent les origines de M. Egger sont empruntés à des papiers de famille, en particulier à des notes de la main de M. Egger, et que Mme Egger a bien voulu me communiquer.

(2) Une lettre de Marie-Anne de Vest, sœur de Maximilien, à sa belle-sœur, Marguerite Bellanger (13 janvier 1805), parle de deux autres frères d'ailleurs inconnus. Les dates qui suivent semblent résulter de renseignements fournis par la même lettre. M. Egger, dans ses notes biographiques, dit simplement, et sans doute d'après des souvenirs vagues, que son grand-père « vint s'établir vers 1770 en France ».

avec l'infortuné Maximilien. La seconde fille eut quatre
enfants, dont un devint prélat (abbé mitré) des Bé-
nédictins de Saint-Paul à Klagenfurt. La troisième n'a
pas laissé de postérité connue. Quant au fils émigré,
c'est à Orléans qu'il était venu se fixer, d'abord comme
ouvrier, puis comme maître tailleur. Après la mort d'une
première femme, il s'y remaria le 25 janvier 1774 avec
une Orléanaise, Marguerite Bellanger. De ce mariage,
qui fut célébré à l'église Saint-Pierre-Ensentelée (1),
naquirent six enfants, quatre filles et deux fils.

Le père, très estimé, et qui était un homme d'ordre et
de sens, autant qu'on peut l'induire de sa correspondance, avait un bon atelier, rue d'Illiers, au n° 121
d'alors (2), dans la maison portant aujourd'hui le n° 14
et où demeure notre confrère M. Chouppe. C'est là que
sont nés les six enfants. Mme Chouppe, qui habitait la
maison contiguë (n° 16 d'aujourd'hui), avait connu particulièrement la famille Egger, et, lorsque plus tard les
membres de cette famille se dispersèrent, elle conserva
des relations avec eux, surtout avec le père et une des
tantes de M. Egger. Maximilien mourut en 1804, laissant aux siens une modeste aisance. De ses six enfants,
trois au moins se trouvent représentés encore aujourd'hui, l'aînée par une fille, septuagénaire et aveugle,
à Versailles; une autre par une fille aussi, octogénaire
et depuis peu paralytique, à Orléans, et dont les descendants sont également orléanais; un troisième en-

<hr>

(1) Proprement : « Saint-Pierre en sente lée » (*in semita lata*).

(2) Cette indication résulte d'une lettre adressée de Paris, le 15 ni-
vôse an XIII (5 janvier 1805), par Jean de Vest, fils aîné de Marie-
Anne de Vest, à sa tante Marguerite Bellanger, veuve de Maximilien
Egger.

fant, le second par ordre de primogéniture (1), était un
fils, Gaston-Maximilien, né le 14 août 1779, baptisé à
la même église Saint-Pierre-Ensentelée, et qui fut le
père du célèbre helléniste. Gaston-Maximilien fut placé
dans un collège d'Orléans, où il commença des classes
que la Révolution interrompit; mais il garda toujours le
goût de l'étude sans pouvoir presque jamais s'y livrer
librement. Soustrait au service militaire, grâce aux sacrifices que son père s'imposa pour le faire remplacer,
il alla en 1797 se fixer à Paris, où il épousa, le 1er octobre 1802, Anne-Victurnienne Decors, et où il ne tarda
pas à s'établir comme tapissier. De son mariage il eut,
lui aussi, six enfants, trois garçons et trois filles. Quatre
moururent jeunes. Seuls, Émile et sa sœur, Anne-Ida,
plus âgée de quatre ans et demi (elle était née le 30 décembre 1808), devaient survivre à leur père. Ce père était
un homme remarquablement doué; dessinateur habile
et d'un goût délicat pour les travaux de sa profession,
il a laissé, paraît-il, des modèles charmants de meubles
et de tentures; par surcroît, d'un esprit inventif, et, selon l'expression de M. Egger, de « quelque génie pour
la mécanique » (2). Des notes autographes de son fils
assurent qu'il avait apporté certains perfectionnements à

(1) Dans ses notes autobiographiques, datées de 1854, M. Egger a
écrit : « Mon grand-père eut plusieurs enfants, dont mon père était
l'aîné. » Soit oubli, soit méprise sur les dates de naissance, ce renseignement est inexact, à moins qu'on n'entende « le fils aîné ». D'un
tableau généalogique dressé avec un grand soin par Mme Egger sur
des indications envoyées d'Autriche, en 1875, par un ami de la
famille, il résulte que le premier enfant fut une fille née en 1776,
et qui mourut en 1842; Gaston-Maximilien, né en 1779, fut le
second.

(2) *Le papier dans l'antiquité et dans les temps modernes,* par

des appareils orthopédiques; il s'occupait aussi de la direction des ballons; surtout il avait imaginé un système pour la construction des tentes mobiles qui fut admis à l'Exposition des produits de l'industrie en 1827. Les jours de congé, le fils allait assister le père sous la tente-modèle exposée dans la cour du Louvre (1). Parfois même, suppléant l'inventeur absent, il expliquait au public le mécanisme de l'appareil. On voit qu'il fit jeune son apprentissage de professeur. Ce souvenir a dû se représenter souvent à son esprit, lorsque, plus tard, nous menant de l'École normale à ce même Louvre pour nous faire admirer quelque statue ou déchiffrer quelque inscription récemment acquise, il se voyait suivi dans les salles par les visiteurs qui se joignaient à notre petit groupe. En 1830, nouvelle invention : il s'agit d'un moteur à vent d'un mécanisme ingénieux et simple, au dire du fils, qui en a conservé les dessins et l'explication manuscrite. Malheureusement, et comme tant d'inventeurs, notre compatriote poussait le désintéressement jusqu'à l'imprudence : il n'avait pas pris de brevet pour ses appareils d'orthopédie; pour son moteur à vent, il contracta avec un capitaliste des engagements qui ne lui furent pas avantageux. Même dans la direction de son commerce, universellement aimé et estimé de ses confrères aussi bien que de sa clientèle, il semble avoir apporté, comme l'a écrit son fils, avec une probité sévère, une médiocre

E. Egger, Paris, 1866 (page 44). Dans ses notes autobiographiques M. Egger a écrit de même : « Avec une vive prédilection pour la mécanique et la physique, où il apportait un véritable génie d'inventeur, etc. »

(1) Elle a été déposée avec les dessins et les notes explicatives au Conservatoire des arts et métiers.

aptitude. Plus qu'à demi ruiné, en 1815, par le départ
d'un grand fonctionnaire de l'Empire auquel il avait
fourni un ameublement somptueux qui ne fut pas payé,
il avait beau donner tout le jour aux soins de sa profession, et le soir, à dix ou onze heures, c'est son fils qui
l'atteste, « reprendre le crayon, la plume et le compas
pour tracer des plans, faire des calculs et mettre au net
les projets dont sa tête était sans cesse occupée », il
n'avançait pas. Sa santé s'épuisait dans cette lutte conti-
nue. L'excès de travail, la déception que lui causa le
succès insuffisant de son système de tentes dont les dépenses furent à peine couvertes, enfin le chagrin de ses
démêlés au sujet du moteur à vent, déterminèrent une
maladie longue et douloureuse qui l'emporta à l'âge de
cinquante ans, le 30 avril 1830. Cette période d'épreuves
avait laissé dans l'esprit du fils, devenu jeune homme,
une impression pénible qui ne s'effaça jamais. « C'est
un des plus tristes souvenirs de ma vie, a-t-il écrit dans
ses notes, mais un des plus nobles aussi ; car je ne
songe pas sans quelque orgueil à cette généreuse confiance de l'inventeur (1), » qui croyait assurer l'honneur de son nom et l'indépendance de sa famille.

Le père mort laissait dans la gêne sa veuve et les
deux seuls enfants survivants, la fille, alors âgée de
vingt-deux ans, et son frère, qui en avait dix-sept à
peine. Avant tout il fallait pourvoir aux nécessités de
la vie. La fille avait appris la peinture, et si l'on se re-
porte aux temps éloignés où nous placent ces événements de famille, et qu'on se rappelle en quel discrédit
était alors dans certaines classes la profession d'artiste,
on sera frappé que les parents aient songé pour leur fille

(1) Notes autobiographiques.

à lui réserver ce moyen d'assurer son avenir; mais le goût de l'étude, des arts, des lettres fut toujours en honneur dans cette famille dont le chef, on l'a vu, n'était assurément pas un esprit vulgaire. Quoi qu'il en soit, la jeune artiste se mit courageusement à l'œuvre. Elle avait reçu les leçons du célèbre Redouté. Entre plusieurs de ses tableaux, M. Chouppe possède encore le premier qu'elle ait peint dans l'atelier du maître, une simple rose. Elle était d'ailleurs réputée comme l'une de ses meilleures élèves. Un témoignage du temps (1), que confirment les souvenirs de familles orléanaises qui l'ont connue, nous apprend qu'elle avait du goût et du talent, et que ses productions furent souvent remarquées aux expositions annuelles du Louvre : à ceux qui ont fréquenté plus tard la maison de M. Egger, où se voient encore plusieurs tableaux de sa sœur, ces marques d'estime paraîtront sans doute justifiées. Tout en produisant, elle donnait des leçons de peinture dans des pensions de jeunes filles, dans des familles riches; elle en donna à Mme Villemain : elle contribua ainsi, par le produit de ses leçons et la vente de tableaux de fleurs, à introduire quelques

(1) A l'occasion d'une pièce de vers intitulée : *Les cinq petits tableaux de ma chambre*, et qui commence ainsi :

> Trois clochettes d'Ida, bouquet délicieux,
> Toujours plein de fraicheur, que la rosée inonde;
> Un beau myosotis, fleur de l'âme et des yeux,

l'auteur, Charles Auguste Chopin, dont il sera question plus loin dans cette Notice, ajoute en note : « *Volubilis*, peint par Mlle Ida Egger, jeune talent enlevé à la peinture par une mort prématurée, et dont les productions ont été souvent remarquées au Louvre. » Le *Myosotis* du dernier vers était un *Bouquet d'après Redouté*. (*Au coin du feu*. Paris, imprimerie Crapelet, janvier 1844, p. 95.)

ressources dans la maison. M. Egger ajoute qu'elle était un modèle de grâce et de vertu, et nous verrons qu'en effet elle fut la plus tendre des sœurs et la plus dévouée.

Quant au fils, il avait sans doute montré tout enfant de la bonne volonté et d'heureuses dispositions pour l'étude; car il aimait à raconter qu'un vieil ami de sa famille, parlant de lui (il avait alors sept ans), disait à ses parents : « Voilà un petit gaillard qu'il faut faire travailler ; il sera un jour pair de France. » — « Depuis ce temps, ajoutait gaiement M. Egger, trois Chambres de pairs ont passé sous le pont, et je n'ai fait partie d'aucun de ces naufrages. » Le vieil ami s'était-il à ce point trompé ? Il y a des pairies de plus d'une sorte, et celle de la république des lettres n'a jamais été la moins enviée, ni peut-être la moins enviable ; elle ne passe pas, dans tous les cas, pour la plus accessible. Ce qui est sûr, c'est que le conseil fut suivi : les parents hésitaient à y faire honneur ; mais l'enfant avait une tante, Anne-Élisabeth, née à Orléans en 1789, qui mourut à Paris en 1849, et qui aimait l'étude comme presque tous les membres de sa famille. Elle était alors directrice d'études dans la pension très florissante de Mme Place, rue de Vaugirard. C'était une personne excellente, aimée et vénérée de ses élèves, et que sa bonté avait fait surnommer « Maman Egger » : j'en ai recueilli le témoignage jusqu'à Orléans dans la famille Gombault et près de nos confrères, MM. Tranchau et Chouppe. Sur ses instances, l'enfant fut placé au collége Saint-Louis, dont il suivit les cours comme externe depuis 1823 ; il y fut bientôt renommé comme l'un des meilleurs élèves. De 1823 à 1830, en effet, ses succès ne se démentent pas, constants et réguliers plutôt que brillants. Les palmarés mentionnent son nom dans toutes les facultés, en histoire et en mathématiques comme en latin et en français, mais, ce qui est remarquable, pas plus en grec que dans le reste : un 2e accessit de version grecque en cinquième, un 5e en quatrième, un 1er en troisième, un 3e en rhétorique : voilà pour le grec la part du futur helléniste. Sa faculté de prédilection paraît avoir été les vers latins : il y obtient le 6e accessit en quatrième, le 2e en seconde, le 1er prix en rhétorique, et, dans ces deux dernières classes, c'est surtout pour les vers latins qu'il est envoyé au Concours général où il remporte, en seconde, un 3e accessit, en rhétorique un 8e avec un 1er accessit de version latine (1). Trente ans plus tard, le souvenir de ses solides études n'était pas effacé, et, lorsque se fonda, en 1860, l'Association des anciens élèves de Saint-Louis, c'est à M. Egger que ses camarades de 1823 à 1830 vinrent offrir la présidence de l'œuvre.

A la mort de son père, le jeune Émile achevait sa rhétorique. N'était-ce pas une imprudence, quand la famille était dans la gêne, et l'avenir incertain, de continuer des études ? Ne valait-il pas mieux que le jeune homme fît son apprentissage dans quelque atelier pour attendre l'âge de succéder à son père ? Sans aller au devant de cette résolution extrême, le pauvre collégien, par respect pour le nom et la profession paternels, se résignait. Heureusement une parente qu'il faut nommer (car elle a bien mérité de la science par la résolution qu'elle inspira), Mme Duverdy, remontra que l'écolier était

(1) Le principal lauréat de la classe était M. Ernest Havet, qui préludait par les plus brillants succès de collège à sa belle carrière de savant et d'écrivain, et qui resta l'ami de M. Egger.

d'apparence débile, peu propre à des travaux manuels, qu'il faisait honneur à ses études, que l'exemple du père n'était pas d'ailleurs tellement encourageant (1). Bref, il fut décidé que les études seraient poursuivies. Du moins le courageux rhétoricien voulut-il ne pas être à charge aux siens, et doué déjà de cette force de volonté dont il devait donner tant de preuves dans sa carrière, il s'arrangea, tout en faisant sa philosophie comme externe au collège Henri IV, pour avoir quelques élèves en répétition.

Vers la fin de 1831, ses études étaient terminées et le jeune philosophe reçu bachelier (1er août). Il avait dix-huit ans. L'École Normale s'offrait naturellement à la juste ambition d'un tel humaniste. Mais se faire admettre à l'École, c'était s'interdire ou à peu près les répétitions fructueuses qui assuraient pour une part le bien-être de sa famille. Il y renonça. L'École y perdait un élève qui lui eût fait honneur : elle devait se dédommager huit ans après en l'appelant dans son sein comme maître, et vingt-huit autres années plus tard en accueillant à son tour comme élève son fils aîné. Au reste, l'indépendance qu'il avait dû se réserver ne fit pas tort à ses succès. Tout en perfectionnant ses études littéraires, il suivit une année encore divers cours de sciences, celui de mathématiques élémentaires, où il obtint deux accessits, au collège Henri IV, et, à la Faculté des sciences, les cours de Thénard, de Dulong et de Pouillet. Parlant aux élèves du lycée Louis-le-Grand à la distribu-

(1) Mme Duverdy possédait, rue d'Enfer, à la hauteur de la place Médicis actuelle, une maison où avaient demeuré deux universitaires, V. Cousin et Lefébure de Fourcy, et professait un grand respect pour la science et les savants.

tion des prix de 1876, il rappelait avec gratitude le souvenir « du bon Despretz (1) » et des maîtres éminents qui l'avaient initié à l'étude des sciences expérimentales. On verra plus loin que cet apprentissage scientifique ne fut pas perdu. Pour le moment, pressé par d'autres devoirs, il continua de rechercher des leçons. Sa réputation de lauréat et son grade de bachelier lui ouvrirent successivement les portes de deux établissements, l'institution Vauthier, située au n° 37 de la rue de la Montagne-Sainte-Geneviève sur l'emplacement de l'ancien collège de la Marche, où il donna des répétitions de grec et de latin, d'octobre 1831 à juin 1836, et l'institution Michelot, rue de Vaugirard, où il enseigna le français à partir de 1834 (2). En même temps, il aborda les examens et les concours d'ordre littéraire. Toute cette série d'épreuves, qui effraient à bon droit les plus courageux et dont chacune exige d'ordinaire une longue préparation, il la parcourut en trois années : bachelier à dix-huit ans (1ᵉʳ août 1831), il était licencié à dix-neuf (27 juillet 1832), docteur à vingt (27 juillet 1833), agrégé à vingt et un (12 septem-

(1) *Tradition et Réformes*, p. 97.

(2) Par suite de renseignements forcément hâtifs et qui n'avaient pu être vérifiés à temps, il a été dit au lendemain de la mort de M. Egger qu'il avait donné des leçons dans les deux institutions Barbet (il faut dire Vauthier) et Michelot tout en faisant sa philosophie. Les carnets de recettes et de dépenses que M. Egger tenait à jour dès cette époque, et dont j'ai des extraits sous les yeux, font foi que les relations avec l'institution Vauthier datent seulement d'octobre 1831 (M. Vauthier délivra même, en 1836, un certificat en règle constatant la durée du séjour de M. Egger comme répétiteur dans sa maison), et, avec l'institution Michelot, de 1834. Au reste, je ne sais si la législation universitaire d'alors aurait permis à des chefs d'institution d'avoir comme répétiteur un maître non bachelier.

bre 1834). A la licence comme à l'agrégation, il fut reçu le premier. Au concours d'agrégation, sa pièce de vers latins charma le président, M. Villemain. Le sujet était un *Songe d'Ennius*. Le vieux poète racontait qu'Homère lui était apparu, l'exhortant à laisser de côté les imitations grecques et à chanter dans un poème d'inspiration nationale les rudes combats des Romains et la gloire de Rome. Pour faire parler son héros, le candidat avait eu l'idée d'emprunter à Ennius lui-même quelques-uns de ses archaïsmes : sa pièce avait ainsi par endroits comme une saveur de vieux latin. M. Villemain fut ravi de l'originalité de cet essai, où l'érudition ne faisait tort ni à la noblesse des idées ni à l'ampleur de l'imagination, et l'on verra plus loin qu'il conçut le projet d'utiliser pour le bien des études latines le précoce savoir du nouvel agrégé. Les épreuves orales du même concours avaient offert au candidat une autre occasion de faire apprécier sa science : interrogé par M. Villemain sur le Collège des Augustales, à peine défini par les historiens latins, mais mieux connu depuis la découverte, alors récente, d'inscriptions nombreuses, le candidat avait montré une telle connaissance de la question que le président, surpris et presque déconcerté par l'étonnante érudition de son justiciable, crut devoir mentionner cet incident dans son rapport.

Pour l'examen du doctorat, qu'il subit, contrairement aux habitudes universitaires, avant l'agrégation, M. Egger avait choisi comme sujet de thèse française une *Étude sur l'éducation, et particulièrement sur l'éducation littéraire chez les Romains, depuis la fondation de Rome jusqu'aux guerres de Marius et de Sylla*. La thèse latine avait pour titre : *De Archyta tarentini, pythagorici, vita, operibus et philosophia disquisitio.* Ces deux opuscules étaient de courtes dissertations comme toutes les thèses d'alors, l'une de 46 pages in-8°, l'autre de 67. A l'inverse de l'usage qui a prévalu, la thèse latine est la plus développée. C'est à cet examen que M. Victor Le Clerc ouvrit la séance par ces mots qui causèrent quelque émoi, paraît-il, dans l'auditoire : « Enfin, Monsieur, voilà des thèses qui nous apprennent quelque chose. » — « Sans doute, remarque M. Egger (1), il regrettait un peu de s'être montré trop facile dans quelques-uns des précédents doctorats. » Une autre particularité signala cette soutenance : ce fut la dernière fois que deux candidats subirent l'épreuve le même jour. Celui qui succéda à M. Egger devant le célèbre tapis vert de la Sorbonne fut M. Lafaye (2), l'auteur du *Dictionnaire des synonymes français,* et qui enseigna la philosophie dans notre collège royal de 1833 à 1837 (3). M. Le Clerc, jugeant que la nécessité d'argumenter en un même jour sur quatre thèses se conciliait difficilement avec une discussion approfondie, décida qu'il n'y aurait plus de soutenance dans une même journée

(1) *Tradition et Réformes,* p. 338.

(2) De son vrai nom Lafaist (P.-B.), ainsi appelé dans les palmarès du collège, et désigné sous les deux noms dans le *Catalogue général de la librairie.*

(3) Sous le provisorat de M. Lecomte, dont il suffit de citer le nom, et dont un des gendres, notre confrère M. Tranchau, est lui-même devenu plus tard proviseur du lycée. On n'apprendra pas non plus sans intérêt, à Orléans, que le successeur de M. Lafaye fut, de 1837 à 1839, M. Francisque Bouillier, ancien Inspecteur général de l'Instruction publique, aujourd'hui membre de l'Académie des sciences morales et politiques.

que pour un candidat. Cette simple innovation n'a pas été sans influence sur le développement qu'ont pris dans la suite les thèses de doctorat.

Docteur et agrégé, le jeune professeur pouvait maintenant prétendre aux plus hautes chaires de collège. M. Villemain, qui avait conçu pour son justiciable de l'agrégation une grande estime, lui proposa la rhétorique de Rouen. Mais le débutant souhaitait ardemment ne pas quitter Paris, où le retenaient d'impérieux devoirs de famille, et où ses brillants succès lui donnaient quelque droit de prétendre. Le ministre eut égard à son désir en l'appelant (12 novembre 1834) aux fonctions modestes et peu lucratives d'agrégé suppléant au collège Saint-Louis pour les classes de lettres. Les premiers mois furent pénibles. A vingt et un ans, diriger d'emblée une classe nombreuse d'élèves qui ne sont plus des enfants n'est pas chose facile : tous ceux qui ont l'expérience de l'enseignement l'ont plus ou moins éprouvé. M. Egger eut besoin de toute son habileté autant que de son énergie naturelle. Il réussit, « mais non, dit-il lui-même, sans laisser derrière lui un souvenir de ses premiers échecs qui gêna fort son avancement » (1). Ce n'est que trois ans et demi après (15 mai 1838) qu'il fut chargé de la rhétorique supplémentaire (sorte de cours préparatoire au baccalauréat ès lettres pour les élèves destinés aux écoles spéciales) et des conférences de rhétorique au collège Henri IV. Le 25 septembre de la même année on lui confiait, avec avancement, la deuxième division de seconde au même collège, et l'année suivante il devenait agrégé divisionnaire au collège Charlemagne. Parmi les élèves qui ont passé par sa

(1) Notes autobiographiques.

classe dans ce dernier établissement, il se souvenait particulièrement de M. Geffroy, devenu son collègue en Sorbonne, et membre de l'Académie des sciences morales et politiques, qui racontait naguère que l'exemple de ce maître, déjà renommé à l'âge où la plupart entrent dans la carrière, avait décidé de sa propre vocation.

Avec le traitement d'agrégé, la position conquise n'assurait pas plus de 1,900 fr., auxquels s'ajoutait heureusement le produit de leçons particulières. Même avec cet appoint, les ressources étaient médiocres. Un trait à noter, c'est que néanmoins le jeune professeur prélevait régulièrement sur son gain quelques petites sommes pour des achats de livres. J'ai sous les yeux un extrait de ses carnets de dépenses tenus à jour, dès ce moment, avec cet esprit d'ordre dont il ne devait jamais perdre l'habitude : dès 1831, l'année de son baccalauréat, il se procure un *Dictionnaire français-grec*, une *Géographie de Letronne*, un *Suétone*, un *Sophocle*, une *Cyropédie*, un *Térence*, d'autres ouvrages encore. Ces acquisitions continuent en 1832; elles deviennent plus importantes en 1833, l'année de son doctorat. Sur le conseil de M. Le Clerc il achète un *Forcellini*. Ce sont les commencements de cette bibliothèque qui deviendra peu à peu si riche, et dont il sera si justement fier plus tard. Sans doute, parmi ceux qui liront ces lignes, il y aura peu d'universitaires licenciés ou docteurs de 1840 à 1876, à qui elles ne rappellent quelque prêt, fait par le maître, et toujours régulièrement inscrit par lui sur le registre où il notait les sorties et les rentrées des volumes qu'il communiquait si libéralement.

Au moins l'avenir était-il assuré. Le jeune agrégé

pouvait attendre un avancement certain; mais surtout
sa mère et sa sœur étaient désormais, et, pour une
large part, grâce à lui, à l'abri du besoin. Il semble
qu'après tant d'épreuves, ces années autour de 1835
aient été pour la famille comme une courte période
d'apaisement. L'intérieur se ressent de l'aisance que
consolide le travail de tous, de la joie que causent les
succès du frère et de la sœur, et que troublent seulement des inquiétudes naissantes pour la santé de la
jeune fille. Quelques amis viennent y causer d'art et de
littérature. C'est le temps des Lamartine, des Hugo, des
Musset. Comme tant d'autres, alors, on s'essaie timi-
dement à les imiter : de cette période sont datées la
plupart des petites pièces de vers que signe l'un des
familiers de la maison, Charles-Auguste Chopin, avocat, futur bienfaiteur de M. Egger, et qui ont été
réunies, en 1844, sous le titre : *Au coin du feu* (1). Dans
quelques-unes se lit le nom d'Ida Egger; d'autres sont
dédiées à deux jeunes hommes qui devaient rester les
amis de la famille, M. Auguste Robert, auteur lui aussi
de quelques opuscules poétiques (2), et un Orléanais,
M. Médéric Fontaine, seul survivant aujourd'hui de ce
petit cénacle. A cinquante années de distance, on se représente les joies discrètes de ces réunions intimes, et
l'impression revit d'un intérieur où les vulgarités de
la vie sont parfois oubliées pour les pures jouissances
de l'esprit.

La période scolaire terminée, le laborieux professeur

(1) Voyez les notes des pages 10, 28, etc.

(2) *Le Connétable de Bourbon*, drame en cinq actes, en vers, honoré
d'un prix de l'Académie française (épuisé); *Louis XI en belle humeur*,
Paris, Ollendorf, 1879 ; etc.

employait ses vacances à donner des leçons dans de
riches familles, trop heureuses d'avoir pour leurs fils
un répétiteur d'un tel mérite, et que son âge rapprochait
naturellement des jeunes gens qu'on lui confiait. C'est
ainsi qu'en 1837 il accompagna, dans un voyage de vacances à Dunkerque, la famille Cochin, dont le chef,
Denys Cochin, le célèbre fondateur des Salles d'asile, lui
avait demandé son assistance pour ses deux fils : l'un
d'eux était Augustin Cochin, qui devint membre de l'A-
cadémie des sciences morales et politiques, et préfet
de Seine-et-Oise en 1871, et qui ne cessa d'entretenir
avec son ancien maître des relations affectueuses. De
même encore et à deux reprises (du moins les notes
personnelles de M. Egger portent deux fois cette mention), nous le retrouvons à Orléans, où nous pouvons
recueillir sur son caractère et ses goûts des renseignements précieux. Il y vint, en effet, passer les vacances
de 1833 et de 1836 au château du Buisson, sur la commune de Mézières (Loiret), appartenant à la famille
Gombault. M. Gombault père, banquier à Paris, avait
connu Gaston-Maximilien Egger, qu'il employait comme
tapissier ; il s'était intéressé aux succès du jeune Émile,
devenu si rapidement un des professeurs renommés
des collèges parisiens. Son fils, M. Charles Gombault,
ne crut mieux faire que de remettre, pendant les vacances, à ce maître éprouvé la direction des études de
son propre fils. Lui-même était d'ailleurs instruit,
membre d'une de nos sociétés savantes orléanaises (1),
où je l'ai rencontré dans sa vieillesse, et possesseur

(1) La Société d'agriculture, sciences, belles-lettres et arts d'Orléans.
La *Table générale des matières contenues dans les Bulletins, Annales
et Mémoires* de la Société mentionne diverses études de M. Gombault

d'une bibliothèque composée avec goût et d'une très belle collection d'estampes. Dans cette maison Émile Egger se fit aimer de tous pour son obligeance et sa conversation aimable, autant qu'estimer pour ses goûts studieux et sa passion pour la lecture. Lui-même avait gardé de ce temps lointain et des bontés du galant homme qui l'accueillait le meilleur souvenir. Il s'en montra toujours reconnaissant, s'intéressant à son tour aux succès de tous les membres de cette famille, et conservant avec eux des relations amicales (1). Chaque fois qu'il venait parmi nous, il n'oubliait jamais d'aller revoir ses anciens hôtes, soit à Orléans, soit dans leur nouvelle propriété de Villecante, sur la commune de Dry (Loiret). M. Gombault, de son côté, ne manquait guère, aux séances académiques où je le voyais fréquemment, de me demander des nouvelles d' « Émile », dont la brillante fortune l'avait réjoui sans le surprendre.

Au moins une fois, la sœur accompagna le frère dans un de ces voyages de vacances. Elle s'établit quelques jours dans une petite campagne que possédait la famille Chouppe, à Saint-Pryvé, près Orléans, et, en retour de l'hospitalité qui lui était offerte, elle y peignit un petit tableau de fleurs que notre confrère a conservé. Le jeune Émile venait de temps à autre dans la maison, et parfois s'essayait, lui aussi, à dessiner :

sur l'*Acclimatation des plantes exotiques* (p. 35), sur le *Robina Acacia viscosa et hispida* (p. 52). La Notice nécrologique que lui a consacrée l'ancien président de la Société, M. de Sainte-Marie, a été insérée au tome XV, p. 125, des *Mémoires de la Société* (6 juin 1873).

(1) On sait que les plus proches descendants ou représentants de cette famille à Orléans sont aujourd'hui, outre Mme Albert Gombault, veuve de l'ancien élève de M. Egger, et ses fils, M. et Mme de Montmarin, gendre et fille de M. Charles Gombault, et leurs enfants.

M. Chouppe a gardé le souvenir d'une tête d'Énée que son ami esquissa sans la finir. On voit que, même dans le choix de ses modèles, il n'était pas infidèle à l'antiquité grecque. Il s'en tirait d'ailleurs avec un médiocre succès, et la conversation du savant, racontant les aventures de son héros, était plus intéressante, paraît-il, que son ébauche d'artiste. M. Egger n'avait pas oublié non plus ces vieilles relations. Au voyage qu'il fit parmi nous, pour le mariage du regretté Albert Dumont, auquel il servait de témoin, il me demanda de le conduire chez Mme Chouppe, alors presque nonagénaire et aveugle. Il éprouvait une joie filiale à la pensée de revoir la maison où avaient vécu ses grands-parents et où son père était né. Il charma la pauvre aveugle en lui rappelant quelques noms amis d'autrefois, et, comme elle le questionnait sur les devoirs de sa profession, il trouva le moyen de l'égayer en lui racontant diverses anecdotes sur quelques examens légendaires du baccalauréat.

Bien que pourvu de tous ses grades, notre professeur ne se croyait pas tenu, pour cela, de se reposer. Dès ce temps, il avait de la science et des devoirs d'un maître l'opinion que nous l'entendrons bien souvent exprimer : c'est qu'il faut apprendre pour savoir, et non pour emmagasiner, en vue d'un examen, un fonds de connaissances sur lequel on vivra ensuite. Pour cette science de commande, vieillie presque aussitôt qu'acquise, il avait une sorte d'aversion. Se tenir au courant du perpétuel *devenir* de toutes les questions, même de celles qui semblent résolues, lui a toujours paru la première obligation d'un professeur. Aussi, quel souci d'informations ! quel soin pour se renseigner ! Lectures continuelles, la plume à la main ; visites aux biblio-

thèques et aux collections; acquisition, dans la mesure
où le lui permettaient ses ressources à l'origine si
modiques, de livres et de revues; choix des nouvelles publications savantes que, plus tard, les grands
libraires étrangers de Paris lui envoyaient chaque mois
et où il faisait son tri, il ne négligeait rien. Jusqu'à la
fin de sa vie il a conservé incessant ce besoin d'être
informé. Il n'y a guère plus d'un an qu'ayant rencontré
dans un texte des *Géorgiques,* proposé au concours
d'agrégation, un certain *vere suo* (1), simple au premier
abord, mais qu'à la réflexion on ne sait trop comment
entendre, je lui en parlai, comme il m'arrivait souvent.
Rien ne l'intéressait comme cette sorte de difficultés. A
quelques-uns de ses anciens élèves il ne craignait pas,
lui, le maître par excellence, de demander des consultations de ce genre, et il aimait qu'on lui en demandât. Il
s'y attachait avec la ténacité d'un esprit exigeant qui
veut avoir raison de l'énigme, et c'était une jouissance
de le voir mettre en jeu, avec sa vaste science, sa pénétration d'esprit et son étonnante mémoire. Il était bien
rare que de cette lutte avec un texte difficile ne jaillît pas
quelque lumière inattendue. Ma question piqua sa curiosité. Le lendemain il me donnait une solution à
laquelle n'avait songé aucun commentateur. Cela même
ne lui suffit pas : il écrivit à M. Reinhold Dezeimeris,
de Bordeaux, correspondant de l'Institut, qui a com-
menté avec une autorité particulière certains passages
des *Géorgiques* (2), et qui à son tour envoya une
réponse d'une nouveauté imprévue.

(1) *Géorgiques*, IV, 22.
(2) Dans ses *Corrections et remarques sur le texte de divers auteurs*, Bordeaux, 1883.

Si tel il était à soixante et onze ans, on peut se figurer ce qu'il devait être à vingt-cinq. En fait, les années qui s'écoulent de 1834 à 1840, où commencera pour lui un rôle nouveau, paraissent avoir été par le jeune maître singulièrement mises à profit. De quelque côté qu'on se tourne, vers la Sorbonne, le Collège de France, les journaux universitaires, les revues savantes, on retrouve sa trace. Son temps se partage entre le soin de sa classe, les leçons particulières qu'il n'avait pas le droit de négliger, l'assiduité aux grands cours publics, la fréquentation d'une *Société des Méthodes d'enseignement,* présidée par M. de Lasteyrie, dont il devint lui-même un des administrateurs (11 janvier 1837), et où il raconte plaisamment qu'en peu d'années on avait inscrit quatre-vingts méthodes nouvelles pour l'enseignement de la lecture (1), enfin le séjour presque quotidien dans les bibliothèques. On le voit auditeur attentif de Letronne, d'Eugène Burnouf, de Fauriel, de Victor Le Clerc, suivant leurs cours en prenant des notes, rédigeant leurs leçons, si bien que plusieurs nous sont aujourd'hui connues uniquement par les comptes-rendus qu'il en a faits. Justement, M. Dubois, futur directeur de l'École normale et Conseiller de l'Université, venait de lui ouvrir l'accès au *Journal général de l'Instruction publique.* Il en profita pour y publier, dans une série de douze articles, le résumé des mémorables leçons de Fauriel sur l'épopée homérique (2). Les grands travaux d'érudition trouvaient en lui un critique toujours prêt à

(1) *Tradition et Réformes,* p. 310 et suiv.

(2) Ce compte-rendu a été résumé par M. Talbot, professeur au lycée Condorcet, dans l'*Annuaire de l'Association pour l'encouragement des études grecques en France,* 14ᵉ année, 1880.

en faire apprécier l'intérèt. C'est lui, par exemple, qui rendit compte dans le même journal du classique mémoire de M. Le Clerc sur les *Journaux chez les Romains* et sur les *Annales des Pontifes ;* du traité de Dureau de la Malle sur l'*Économie politique des Romains,* de la *Nouvelle méthode latine,* publiéc par J. L. Burnouf, des *Oracles Sibyllins,* édités par Alexandre. De la variété même de ces sujets on peut induire combien son savoir était déjà étendu, combien souple devait être son talent d'écrivain.

Mais de tous les cours deux surtout l'attiraient, ceux de Hase et de Boissonade. Hase faisait à l'École des langues orientales vivantes, depuis 1819, un cours de grec moderne, auquel il avait adjoint plus tard des notions de paléographie grecque ; il était réputé pour sa science de grammairien et d'épigraphiste. Boissonade, titulaire de la chaire de littérature grecque à la Faculté des lettres, avait succédé le 28 décembre 1812 à l'helléniste Larcher. Mais nommé par surcroît en 1828 professeur au Collège de France, en remplacement de Gail, il s'était fait suppléer à la Sorbonne par Guigniaut (1828-1830), puis par J. David, fils du grand peintre, qui conserva cette suppléance jusqu'en 1840. En 1833, Boissonade professait donc seulement au Collège de France ; on vantait son érudition et la finesse de sa critique philologique et littéraire. A ce moment (1833) il achevait la publication de ses *Anecdota.* C'est à ces deux maîtres, d'un savoir égal, mais d'aptitudes diverses, que s'attacha notre agrégé. Tous deux contribuèrent surtout à le former. « A l'un, dit M. Bréal (1), il dut son pen-

(1) Article nécrologique sur M. Egger, dans le journal *Le Temps* (numéro du 6 septembre 1885).

chaît pour la grammaire, la paléographie, l'archéologie,
les inscriptions ; l'autre lui inspira l'amour de la langue
grecque, de la poésie grecque. » Ajoutons qu'ils n'eurent
pas seulement une influence certaine sur le développement de son esprit ; c'est encore auprès d'eux, surtout
auprès de Boissonade, que se décida pour une grande
part la destinée de M. Egger. C'est en écoutant son
illustre maître qu'il se prépara à recueillir sa suppléance ; c'est autour de sa chaire qu'il rencontra une
élite de jeunes hommes avec lesquels il se lia d'une vive
amitié, et qu'il retrouva ou qui vinrent le rejoindre plus
tard à l'Institut : Laboulaye, de Longpérier, Berger de
Xivrey, surtout Brunet de Presle, qui fut dans la suite
l'un de ses amis préférés, enfin l'excellent Dehèque dont
il allait devenir peu d'années après le fils d'adoption.

Tout en recevant ces enseignements précieux, le studieux professeur travaillait pour son compte. C'est dans
cette période de sa vie que se place la publication des trois
premiers ouvrages qui attirèrent sur lui l'attention des
érudits : l'édition du traité attribué à Longin, et auquel
il ajouta un appendice inédit (1837) ; la même année,
l'édition du livre de Varron *De lingua latina* ; en 1838,
celle des fragments de Verrius Flaccus, avec le fragment
de S. Pompeius Festus. Le choix de ces textes semblait
indiquer la voie où M. Egger allait s'engager : deux
grammairiens et un des rhéteurs qui ont le mieux interprété l'art de la composition, quels écrivains pouvaient
mieux convenir aux débuts du savant, grammairien
lui-même, qui devait être en même temps un des
maîtres de la critique littéraire ? En 1837 l'Académie
des inscriptions ayant mis au concours pour 1839
un *Examen critique des historiens anciens de la vie et
du règne d'Auguste*, M. Egger résolut de concourir.

Aprés avoir réuni et classé tous les matériaux de son travail, il se disposait à le rédiger et déjà même avait commencé cette rédaction, lorsqu'il tomba et se cassa le coude du bras droit (1). Le terme fixé pour le concours approchait ; tout le labeur de deux années de recherches et de méditations allait être perdu : sa sœur prit la plume et écrivit sous sa dictée le célèbre mémoire qui obtint le prix (2). Il le publia en 1844 avec une épigraphe empruntée à Sénèque : *Per multa impedimenta eluctatus*, allusion tout à la fois au regrettable accident qui avait failli l'empêcher de concourir, et au malheur de famille dont je vais bientôt parler.

L'administration voulut récompenser le jeune lauréat : M. Cousin, alors ministre, l'appela (27 août 1839) à l'École normale, comme chargé de la conférence de grammaire, et peu après (7 septembre) au jury d'agrégation de grammaire, présidé par l'Inspecteur général J. L. Burnouf. Une démarche délicate de M. Rinn, alors maître de conférences à l'École, qui n'avait cependant aucune relation personnelle avec M. Egger, avait fait décider la première de ces deux nominations.

Tant de succès furent attristés par un deuil. Le 22 janvier 1840 M. Egger perdit sa sœur, cette compagne des mauvais jours, qui l'avait aidé à relever la fortune de la famille, et qui eut au moins la consolation d'entrevoir pour son frère tout un avenir de sécurité et

(1) Notes autobiographiques.

(2) On sait que ce mémoire contient une remarquable étude du *Monument d'Ancyre*. Sur ce texte célèbre, dont la première copie exacte est due à M. Georges Perrot, ancien professeur de rhétorique à notre lycée (1860), aujourd'hui membre de l'Académie des inscriptions et directeur de l'École normale supérieure, voyez l'*Exploration archéologique de la Galatie*, etc. Paris, Didot, 1862-1872.

d'honneurs. Elle s'éteignit doucement à l'âge de trente-
deux ans, minée par la consomption (1). En apprenant

(1) Cette mort inspira au poète Auguste Chopin, l'ami de la famille,
dont j'ai déjà parlé, les deux pièces de vers suivantes :

Sur la mort de Mlle Ida E****

Sonnet dédié à sa mère.

Une femme au front pâle, à la joue amaigrie,
Du chevet de son lit contemplait tristement
Dans une urne fêlée, où l'onde était tarie,
Une rose penchant son front languissamment,

Quand du sein de la fleur vers son âme attendrie
Une voix, s'exhalant comme un gémissement :
« Jeune femme, pitié pour la rose flétrie !...
« Pour la rose qui va mourir dans un moment !...

« Ton art peut lui donner une nouvelle vie...
« Ah ! pour voir à la mort son image ravie,
« Peintre que j'aime... adieu !... Je reviendrai demain ! »

Et tu semblas sourire, et de ta faible main
Tu cherchas ton pinceau... Mais la rose infidèle
S'effeuilla tout à coup... et tu mourus comme elle !
1840.

Saison d'hiver.

A feu Ida *** et Élisa ***, mes sœurs en poésie.

Au printemps, quand tout rit, ciel d'azur, bois, champs verts,
Dans les champs et les bois errant à l'aventure,
Silencieusement je t'admire, ô nature !
Sans songer à chanter ta beauté dans mes vers.

Mais plus tard, quand revient la saison des hivers,
Que les champs et les bois ont perdu leur verdure,
Les oiseaux leurs chansons, les sources leur murmure,
Et qu'un morne silence attriste tes déserts,

C'est alors que les voix dans ma lyre cachées
S'éveillent pour pleurer les feuilles desséchées,
Les oiseaux envolés, le printemps qui n'est plus...

Alors que je vous chante, ô mes pauvres sœurs mortes,
Frêles rameaux brisés de secousses trop fortes,
Mais que ma foi rattache à l'arbre des élus !
Novembre 1840.

cette mort, M. Villemain, qui savait toutes les marques de dévouement dont le frère était redevable à la sœur, lui rappela une belle page de Fourier sur la collaboration de miss Herschell aux magnifiques travaux de son frère, le grand astronome. « A part l'importance de ces travaux mêmes et l'illustration d'Herschell, écrivait à ce propos M. Egger, il n'y a rien que de vrai dans la comparaison. L'heureux souvenir de M. Villemain me toucha jusqu'aux larmes, et je ne le rappelle pas sans une nouvelle émotion. »

Quelques mois après (5 septembre), Émile Egger était nommé suppléant dans la chaire de seconde au collège Saint-Louis. Une ambition bien naturelle le poussait vers l'enseignement des Facultés, pour lequel il se sentait mûr malgré son jeune âge. Peu auparavant (24 mars) une ordonnance royale, rendue sur le rapport de M. Cousin, venait justement d'instituer pour le recrutement des professeurs de Facultés une agrégation nouvelle. Les épreuves de ce concours étaient destinées à mettre en relief, outre le savoir des candidats qui devaient être docteurs, leur méthode de discussion et leur talent de parole. M. Egger se fit inscrire. Le concours de 1840 est demeuré célèbre ; les contemporains en ont gardé le souvenir comme du « plus remarquable peut-être qui ait été » (1). Les juges étaient (2) : Victor Le Clerc, doyen de la Faculté des lettres, président ; Alexandre, Inspecteur général de l'Université ; Fauriel, professeur de littérature étrangère à la Faculté des

(1) M. Vacherot. (Notice sur M. Berger, dans le *Mémorial de l'Association des anciens élèves de l'École normale*, p. 293.)

(2) Les renseignements qui suivent sur ce concours sont empruntés au *Bulletin universitaire*, organe alors officiel des actes du Ministère de l'instruction publique, t. IX, année 1840, nouvelle série.

lettres ; Patin, professeur de poésie latine à la même
Faculté ; Ampère, professeur de littérature française au
Collège de France. Huit docteurs ès lettres se présen-
taient, parmi eux quelques-uns des maîtres les plus en
renom de ce temps, Berger, Demogeot, Ozanam. Par de
tels adversaires les premières places ne pouvaient qu'être
chaudement disputées. Le concours s'ouvrit le 16 septembre. Après quinze jours d'une lutte publique, dont
le bruit attira dans le grand amphithéâtre de la Sorbonne
une foule extraordinaire de professeurs et de lettrés, le
jury rendit son jugement le 2 octobre : Ozanam était reçu
premier ; Egger, second ; Berger, qui, paraît-il, ne
l'avait cédé à aucun de ses adversaires dans les deux
épreuves de l'explication et de l'argumentation, fléchit
dans la leçon et fut classé troisième. Voici comment le
président appréciait dans son Rapport au ministre les
résultats du concours : « Trois concurrents, disait-il, ont
paru prendre dès l'abord dans ces diverses épreuves
une supériorité qui leur a été quelquefois disputée vivement, mais qu'ils ont cependant presque toujours conservée.

« M. Ozanam, déjà connu comme ses deux rivaux,
dont les noms suivent, par les plus honorables épreuves
devant notre Faculté, a semblé au jury mériter le premier rang, moins par ses connaissances classiques, fort
étendues sans doute, mais égales peut-être chez d'autres,
que par sa manière large et ferme de concevoir un
auteur ou un sujet, par la grandeur de ses commentaires
et de ses plans, par ses vues hardies et justes, et par un
langage qui, alliant l'originalité à la raison et l'imagination à la gravité, paraît éminemment convenir au professorat public. Seul des candidats, il a fait preuve d'une
étude grammaticale et littéraire des quatre langues

étrangères indiquées au programme, l'italien, l'espagnol,
l'allemand et l'anglais.

« M. Egger, qu'un prix remporté à l'Académie des
inscriptions et belles-lettres et des services distingués
dans les colléges de Paris avaient signalé de plus près à
notre attention, est avant tout un philologue très savant
et très habile ; mais la rapidité de sa pensée, la vivacité
de sa parole, et l'immense avantage qu'il a obtenu dans
la composition française qui a fait partie de ce concours,
prouvent qu'il est appelé à joindre au mérite de savoir
beaucoup le talent d'être écouté.

« M. Berger, esprit plus calme et plus froid, aussi
incapable de commettre une faute de goût que de se
tromper dans l'interprétation d'un texte difficile, porte
à un degré singulier la netteté et la précision du
langage ; on ne peut appliquer aux lettres avec plus
d'art et d'élégance la rigueur des études philosophiques.

« Vous me permettrez, Monsieur le Ministre, de vous
rappeler que ces trois concurrents, qui ont si digne-
ment inauguré une institution nouvelle et mérité de vous
être proposés unanimement pour le titre d'agrégés de
notre Faculté des lettres de Paris, avaient conquis leur
diplôme de docteur devant le tribunal sévère de cette
Faculté même, dans ces longues et graves séances de
doctorat dont vous connaissez et dont vous avez souvent
partagé les travaux.

« S'il était possible d'accorder le même titre à un
quatrième concurrent, qui, dans un concours moins
fort, aurait pu être le premier, à M. Demogeot, professeur instruit, d'une élocution ingénieuse et ornée, qui a
très bien expliqué l'italien et l'anglais, ce serait peut-être
le dédommager avec justice des efforts qu'il a dû faire

pour combattre, sans trop d'inégalité, contre des rivaux si redoutables (1). »

Ce que le rapport ne pouvait pas dire, c'est que M. Egger avait fait preuve dans ce concours d'une générosité vraiment chevaleresque, et pour ceux qui n'ont pas connu l'homme ce trait suffirait à le faire apprécier. Les épreuves étaient déjà fort avancées, et de l'aveu du public, comme sans doute dans l'opinion des juges, le seul concurrent qui pût disputer la première place à M. Egger était Ozanam. Celui-ci tire au sort le sujet de la leçon qu'il devait faire le lendemain, après vingt-quatre heures de préparation. Le président donne lecture du billet : *Histoire des Scholiastes grecs et latins.* Ici je laisse la parole à Ozanam lui-même. « Ceci, écrivait-il à un ami, semblait une méchanceté du sort, et l'on savait si bien que je n'étais nullement au courant de ces spécialités philologiques que la lecture du billet fut accueillie par un rire général de malice... Je me croyais perdu, et, bien qu'un de mes rivaux, M. Egger, avec beaucoup de générosité, m'eût fait passer d'excellents livres, cependant après une nuit de veilles et une journée d'angoisses, j'arrivai plus mort que vif au moment de prendre la parole. Bref, votre ami parla sur les Scholiastes pendant sept quarts d'heure avec une assurance, une liberté, dont il s'étonnait lui-même ; il parvint à intéresser, à émouvoir même, à captiver non pas seulement ses juges, mais l'auditoire, et se retira avec tous les honneurs de la guerre, ayant mis les rieurs de son côté (2). » — « Heureux M. Ozanam! écrivait à ce propos un journaliste contemporain (3); plus heureux M. Eg-

(1) *Bulletin universitaire*, t. IX, année 1840, nouvelle série.
(2) *Lettres d'Ozanam* (lettre du 14 octobre 1840), t. I, p. 304.
(3) *Écho de l'Instruction publique* (n° du 18 octobre 1840).

ger ! puisqu'il a montré une admirable générosité dans des circonstances où l'on a souvent à déplorer les effets d'une jalouse et basse rivalité. »

En revanche, et le rapport ne pouvait rien en dire davantage, M. Egger avait failli subir un désagrément dont tout autre que lui se fût trouvé déconcerté, mais qu'avec son extraordinaire possession de lui-même il sut tourner à son profit. Il venait de commencer sa leçon, qui devait durer, comme celle d'Ozanam, une heure et demie, et il parlait déjà depuis dix minutes, lorsque à d'imperceptibles indices il croit s'apercevoir qu'il ne s'empare pas de l'esprit de ses juges. Il avait préparé une leçon savante et méthodique, remplie de faits, touffue d'érudition ; sa parole en demeurait comme alourdie, et il sentait qu'elle ne prenait pas son essor habituel. Il s'arrête alors, se recueille quelques instants ; par un effort presque incroyable de concentration d'esprit, il change de fond en comble le plan de son exposition, abandonne ses notes, et reprenant la parole la garde une heure et demie durant, charmant ses juges et l'auditoire.

On aura sans doute remarqué le passage du rapport où M. Le Clerc signale « l'immense avantage » que M. Egger a obtenu dans la composition française. Le sujet était : *De l'autorité qu'on doit accorder dans le jugement des faits et des caractères au témoignage des Oraisons funèbres de Bossuet.* M. Egger avait conservé une copie de sa composition, qui reste intéressante, même à un demi-siècle de distance et après tant de travaux critiques sur le génie et les œuvres de Bossuet.

Agrégé des Facultés, M. Egger avait franchi tous les degrés de la hiérarchie des concours. Il ne lui restait plus qu'à recueillir le fruit de tant d'efforts. Déjà, en 1838,

Fauriel, qui lui témoignait une grande estime, lui avait proposé de le faire agréer comme suppléant dans sa chaire de littérature étrangère. Mais M. Egger, se défiant de sa connaissance insuffisante des langues et des littératures modernes, et préférant d'ailleurs se consacrer aux lettres anciennes qui l'attiraient, déclina l'honneur d'une succession qu'il jugeait périlleuse (1). Quelques mois après le concours d'agrégation, la récompense s'offrit enfin : Boissonade ayant proposé au jeune helléniste sa suppléance en Sorbonne, celui-ci accepta avec reconnaissance. Le 29 octobre, il recevait l'investiture ministérielle. Il avait vingt-sept ans. C'est à cet âge, où souvent on cherche encore sa voie, qu'Émile Egger prenait pied comme professeur dans cette Sorbonne qu'il ne devait plus quitter et dont il n'allait pas tarder à devenir l'une des forces.

Il y retrouvait comme doyen l'homme savant et bon qui venait de l'apprécier, et qui ne cessa de lui témoigner une affection presque paternelle. En même temps il entretenait avec un autre personnage, alors ministre de l'instruction publique, et qui a fait grande figure dans cet âge d'or de l'Université, M. Villemain, des relations singulièrement honorables à la fois pour le débutant et pour celui qui se faisait son protecteur. M. Villemain avait conservé le meilleur souvenir du jeune agrégé de 1834, devenu si rapidement l'une des espérances du haut enseignement public. En 1842 (6 août), il le désigna pour siéger à son tour au jury de cette même agrégation des lettres, et, se rappelant la pièce de vers latins qu'il avait remarquée, il proposa à l'ancien candidat devenu maître l'idée d'un livre que

(1) **Notes autobiographiques.**

M. Egger composa sous le titre de *Latini sermonis vetustioris reliquiæ selectæ*, et qui fut alors une nouveauté
originale (février 1843). Pour beaucoup de lettrés qui ne
connaissaient guére de la langue et de la littérature
latine que les grands classiques, ce choix de textes ar-
chaïques fut comme la révélation d'une littérature incon-
nue. En tête du livre, dédié, comme c'était justice, au
ministre qui en avait suggéré la pensée et tracé le plan,
l'auteur avait placé une préface, sorte de tableau des
origines de la langue latine, des institutions et du
génie de l'ancienne Rome. L'ouvrage fut accueilli avec
faveur par la presse universitaire. Malheureusement
M. Egger, pressé par le ministre de publier son livre,
et n'osant pas modérer l'impatience de son protecteur,
s'était trop hâté; il n'avait pas pris le loisir de soumettre ces textes difficiles et peu connus à une ré-
cension critique et il avait laissé dans son recueil
un certain nombre de leçons mauvaises ou suspectes.
On le lui reprocha avec raison, mais en termes si âpres
qu'il en conçut un vif chagrin. Le souvenir de cet incident n'a pas peu contribué à le rendre par système
indulgent pour les ouvrages qu'il appréciait. « J'ai toujours préféré, écrivait-il à ce sujet dans ses notes intimes, la critique qui encourage à celle qui dénigre...
Dans ce monde, si peu de gens vivent de la vie des
lettres que la petite société des philologues ferait bien
de vivre en paix avec elle-même. Les discussions d'ailleurs ne gagnent rien à devenir des disputes, ni les
objections à laisser une blessure au cœur de nos confrères. » Ces lignes sont de 1854 : elles ont leur commentaire dans ce souvenir que rappelle M. Bréal (1):

(1) Journal *Le Temps*, n° du 6 septembre 1885.

comme il était un jour question devant M. Egger d'une polémique acerbe entre deux savants : « et que deviennent, dit-il, dans tout cela, les *humaniores litteræ?* »

M. Villemain ne se laissa pas émouvoir par ces critiques. Loin de là, il conçut le projet d'une entreprise autrement vaste et hardie, celle d'un *Recueil général d'épigraphie latine* sur le modèle du *Corpus inscriptionum græcarum* de Bœckh, dont la publication venait d'être commencée en Allemagne. Il institua à cet effet une commission où figurent les plus grands noms de la science française d'alors, Letronne, Naudet, J. L. Burnouf, Le Clerc, Hase, Dureau de la Malle, Patin, Giraud, d'autres encore, et où son protégé, auquel il destinait un rôle particulièrement actif dans le travail commun, eut l'office de secrétaire. Le 10 juillet 1843, le ministre réunissait la commission et lui exposait ses vues; moins d'un mois après (3 août), M. Egger lisait le Rapport qu'il venait de rédiger et où étaient exposés le plan et les principales divisions du recueil projeté. A peine annoncée au monde savant, l'entreprise recueillit l'adhésion des plus illustres représentants de la science épigraphique en Europe : Borghesi promit son concours; Freund, Mommsen, écrivirent à M. Egger pour offrir leur collaboration. On ne songe pas sans douleur que tout ce zèle fut stérile pour la France. M. Villemain ayant quitté le ministère, l'entreprise fut abandonnée. L'Académie de Berlin, comme on sait, la reprit pour son compte et sut la mener à bonne fin. M. Egger ne s'est jamais consolé de l'avortement de ce dessein, duquel il avait espéré quelque renom pour lui-même et un grand honneur pour son pays.

Vers ce moment sa vocation semble se décider pour les études grecques. Bien que suppléant de Boissonade, il était resté jusqu'alors latiniste autant qu'helléniste : à partir de 1844 l'hellénisme va l'occuper presque sans partage. Cette année même, il publie une *Méthode pour étudier l'accentuation grecque,* rédigée avec la collaboration d'un ami, M. Galuski, et où se trouvait exposée sur la nature de l'accent circonflexe une théorie neuve et ingénieuse, puis le recueil intitulé : *Epigraphices grœcœ specimina selecta,* choix de 49 pièces rares ou intéressantes empruntées surtout au riche trésor de Bœckh, et que l'auteur proposa en 1844 comme sujet d'explication aux auditeurs de son cours pour les initier à l'étude des inscriptions grecques. Ce fut, pour ainsi parler, le premier pas fait en France dans une voie où l'étranger, comme souvent, a fini par nous distancer, et où de jeunes savants en ce moment même nous aident à regagner le terrain perdu (1).

Plus que par ces livres modestes, M. Egger donnait par son cours en Sorbonne une vive impulsion aux études d'antiquité grecque. En 1844, il professait déjà depuis quatre ans. Dès le début, son enseignement eut le caractère d'originalité qui devait le distinguer parmi tant d'autres cours diversement célèbres. Boissonade, que M. Egger suppléait, on se le rappelle, ne s'attachait

____

(1) M. Salomon Reinach, ancien élève de l'École normale, ancien membre de l'École d'Athènes et agrégé de l'Université, qui vient de publier un excellent *Traité d'épigraphie grecque,* 1 vol. gr. in-8° de xxxiii-560 p., Paris, Ernest Leroux, 1885 ; et M. René Cagnat, ancien élève de l'École normale, chargé de cours à la Faculté des lettres de Douai, qui vient également de faire paraître un très utile *Cours élémentaire d'épigraphie latine,* 1 vol. grand in-8°, Paris, Ernest Thorin, 1885.

guère qu'à l'analyse philologique et grammaticale des textes. A peine de loin en loin un mot bref, échappé pour ainsi dire à l'attention du professeur, révélait comme à la dérobée le fin critique et le lettré délicat. M. Egger pensa qu'il y avait profit à inaugurer « des leçons d'un intérêt général où le mouvement des idées, la diversité des phases de la poésie et de l'éloquence, les progrès de la science dans le sein de l'hellénisme, seraient exposés avec ensemble (1) ». Mais trop grammairien lui-même pour abandonner les traditions de son maître, il proposa à Boissonade, qui n'y contredit pas, de dédoubler en quelque sorte son enseignement : il ferait chaque semaine deux leçons, l'une d'analyse philologique, l'autre de critique littéraire, l'une et l'autre se prêtant un mutuel secours et l'explication philologique servant comme de support au développement des idées générales. Ce fut l'origine de ce qu'on a appelé *la grande et la petite leçon,* que M. Egger mena de front jusqu'à la fin de sa carrière, devançant ainsi dès ses débuts une réforme dont l'esprit n'a pénétré officiellement dans le régime des Facultés que vers 1879 (2).

Même dans la leçon oratoire, le lettré n'écartait jamais les préoccupations de l'antiquaire et du savant. C'est ce mélange de l'érudition et de la critique littéraire qui a marqué son enseignement d'une empreinte originale. Pour louer ou blâmer, il voulait d'abord être sûr d'avoir compris, et, pour comprendre, il s'aidait de toutes les

(1) *Tradition et Réformes,* p. XXII.

(2) Les *conférences* instituées vers 1879 diffèrent de la *petite leçon* en ce que cette dernière était publique, comme la grande, et que le professeur y prenait seul la parole, tandis que la conférence est fermée et ne comprend que des étudiants régulièrement inscrits et soumis à un régime de travaux écrits et d'exercices oraux.

ressources de la science : philologie, inscriptions, objets
d'art, monuments figurés, tout lui était bon ; il ne faisait
fi d'aucun débris de l'antiquité, pas même des plus
humbles objets de la vie usuelle. Aux inscriptions surtout il aimait à demander le commentaire des récits
d'historiens ou des harangues d'orateurs. Quelle plus
naturelle illustration des belles pages de Plutarque sur
la construction de l'Acropole que le registre des dépenses qui nous a été conservé par un décret ? Comment
comprendre certains discours de Démosthène sans les
états officiels de la marine athénienne, tels que nous les
font connaître des inscriptions célèbres ? Le bronze
d'Olympie retrouvé en 1815 dans le cours de l'Alphée,
les tables de Chaléion et d'Œanthéa, la grande et mé-
morable inscription de Gortyne sur laquelle s'exerce,
à l'heure où je parle, la sagacité de toute l'Europe hellé-
nisante, tant d'oraisons funèbres, de correspondances
administratives, de pièces de poésie, gravées sur la
pierre ou le bronze, ou écrites sur le papyrus, qu'est-ce
sinon la vie antique saisie sur le fait, dans sa vérité et
sa pureté ? Et comment se flatter de faire revivre nos
textes classiques sans le secours de ces témoins des
vieux âges ? Ainsi faisait-il, et ce perpétuel témoignage
de l'érudition communiquait à ses jugements une autorité particulière. C'est pour habituer ses auditeurs à
l'emploi de cette méthode qu'il publia, en 1844, le choix
d'inscriptions grecques dont j'ai parlé tout à l'heure. De
même, professeur de collège, il avait eu, dès 1836, la pensée d'améliorer le *Conciones* en l'illustrant de textes épigraphiques, de fragments de sénatus-consultes, des
Tables de Claude. Il avait exposé ses idées sur ce sujet
dans un article du Journal général, et, pour justifier sa
hardiesse, il n'avait pas craint de blâmer l'abus qu'on fai-

sait dans les classes de la rhétorique pure. Lui-même a raconté (1) qu'entrant deux jours après dans le cabinet de M. Le Clerc, en Sorbonne, il eut à subir pour sa témérité un reproche amical : « Monsieur Egger, dit le bon doyen, vous avez médit du *Conciones;* cela vous portera malheur, et vous aurez un jour à faire le discours latin pour la distribution des prix du Concours général. » — « La prédiction n'eut point d'effet, ajoute M. Egger, et j'entrai, en 1840, comme suppléant, à la Faculté des Lettres, sans avoir eu l'honneur périlleux de prononcer le fameux discours latin. Ce qui vaut mieux, c'est que le *Conciones*, quelques années après, se trouvait amélioré dans un sens conforme à mes vues (2). »

Une autre singularité de ce cours est que M. Egger lisait ou récitait le grec selon la prononciation des modernes Hellènes. Il aurait voulu faire pénétrer cette réforme jusque dans les lycées, et, s'il n'y a pas réussi, ce n'est pas faute de s'y être employé. Mais ni le bon exemple qu'il donnait, ni le zèle de quelques philhellènes, MM. Dehèque et d'Eichthal (3) entre tous, n'ont pu prévaloir contre une tradition trois fois séculaire.

Quant à la doctrine de ce cours, à la distance où nous en sommes (je parle surtout des leçons du début et de la période de maturité), aujourd'hui que les théories qui en formaient la substance sont entrées dans le courant de l'enseignement même secondaire, il faut un effort pour se représenter ce qu'elle avait alors de neuf et

(1) *Tradition et Réformes*, p. VII.

(2) Par M. Julien Girard, alors professeur de rhétorique, aujourd'hui proviseur au lycée Condorcet.

(3) Voir le mémoire sur cette question dans l'*Annuaire de l'Association pour l'encouragement des études grecques en France*, 3ᵉ année, 1869, p. 65.

d'original. La vérité est que le professeur, soit en exposant ses idées personnelles, soit en propageant parmi nous ce qu'il y avait de meilleur dans les travaux de la critique allemande, contribuait, pour une grande part, à renouveler, presque sur toutes les questions, notre connaissance de la littérature grecque.

Par exemple, il est de ceux qui ont le mieux fait comprendre, après Fauriel et Guigniaut, le caractère de la poésie homérique. Le temps était loin où l'on voyait dans le vieil Homère une sorte de poète moderne alignant les vers de l'*Iliade* et de l'*Odyssée;* la critique hardie de Wolf soutenait, au contraire, qu'il n'y avait jamais eu d'Homère et que les deux célèbres poèmes étaient d'anciens chants d'auteurs inconnus et d'époques diverses, artificiellement ajustés les uns aux autres. M. Egger se ralliait à l'avis de ceux qui admettent l'unité de composition primitive, par suite l'existence d'un poète supérieur, dont l'œuvre, achevée dans ses parties principales, aurait été ensuite profondément modifiée par des remaniements successifs. Aux objections de Wolf, se refusant à voir dans ces vieux chants, jusqu'à l'époque alexandrine, autre chose que des fragments épars et des textes flottants, M. Egger, appuyant les idées, alors nouvelles, de Lehrs, opposait la preuve que, dès le VI\ siècle avant Jésus-Christ, les Grecs connaissaient les poèmes d'Homère presque tels que nous les possédons aujourd'hui. Quant à reconstituer le texte primitif, il n'y faut pas songer, et, si la critique moderne parvient à remonter jusqu'à un Homère, déjà certainement transformé, mais fort ancien, qu'elle ait le bon sens de ne pas vouloir davantage. Ces conclusions n'ont pas été contredites dans leur généralité : les recherches entreprises sur l'épopée au moyen âge les ont plutôt confirmées sur certains points par de curieuses analogies.

C'est à l'occasion des poëmes homériques que le professeur émit l'ingénieuse idée que, pour en faire passer chez nous la grâce naïve, la simplicité et la force, notre langue n'aurait jamais offert plus de ressources qu'au XIIe ou XIIIe siècle. « On le voit bien aujourd'hui, disait-il, par ces nombreuses chansons de geste qui sortent de la poussière de nos bibliothèques : c'est le même ton de narration sincère, la même foi dans un merveilleux qui n'a rien d'artificiel, la même curiosité de détails pittoresques; des aventures étranges, de grands faits d'armes longuement racontés, peu ou point de tactique sérieuse, mais une grande puissance de courage personnel, une sorte d'affection fraternelle pour le cheval, compagnon du guerrier, le goût des belles armures, la passion des conquêtes, la passion moins noble du butin et du pillage, l'exercice généreux de l'hospitalité, le respect pour la femme tempérant la rudesse de ces mœurs barbares : telles sont les mœurs vraiment épiques auxquelles il n'a manqué que le pinceau d'un Homère. » — « Rien n'est plus vrai, et on ne saurait mieux dire, » ajoutait Littré après avoir reproduit ce passage (1). M. Egger revint plus tard sur cette idée pour l'appliquer à nos vieilles traductions d'Hérodote, de Xénophon, de Plutarque, qu'il jugeait fort supérieures aux traductions modernes par une sorte de fidélité générale au ton et à la couleur du style de ces historiens. « Jamais tant d'auteurs grecs ne furent traduits, disait-il en parlant du XVIe siècle, ni de plus considérables, et, j'ose le dire au risque de causer quelque surprise,

____

(1) *Histoire de la langue française*, t. I, p. 314.

jamais peut-être on ne les traduisit plus heureusement (1). »

C'est encore une des nouveautés par lui mises en circulation que son explication de la célèbre théorie d'Aristote dans la Poétique sur la purgation des passions par le drame. On sait en quoi consiste cette théorie. L'âme a en elle-même un besoin d'émotions auquel ne saurait satisfaire la vie de chaque jour avec son cortège d'habitudes vulgaires ou d'intérêts infimes. Il lui faut pourtant de temps à autre y donner satisfaction : le théâtre répond à ce besoin. Tel, qui a le cœur tendre, prompt à s'émouvoir, voit représenter des aventures terribles ; il tremble et il pleure : il est soulagé du besoin qu'il éprouve de trembler et de pleurer. Tel autre, chez qui déborde la gaîté, se soulage pareillement du besoin de rire en écoutant une pièce de Molière ou de Regnard. Telle est cette simple explication, qui ne fut pas admise sans conteste à l'origine, tant elle déroutait les opinions reçues, mais que confirma, par un rapprochement inattendu et décisif, un autre passage d'Aristote lui-même qu'on avait jusqu'alors négligé, si bien qu'elle est aujourd'hui presque généralement adoptée (2).

Aristote et sa doctrine sur le drame amenaient naturellement le professeur à parler des trois unités. Il le fit avec sa pénétration d'esprit habituelle, et c'est encore lui qui a le premier et le mieux montré comment la *Logique* de ce grand esprit avait en quelque sorte consacré le nom d'Aristote pendant le moyen âge, comment,

(1) *L'Hellénisme en France*, I, p. 260.
(2) Voyez *L'Hellénisme en France*, t. II, p. 216, et l'édition de la *Poétique d'Aristote*, par E. Egger (Paris, 1874, Hachette), p. 87.

par suite, l'autorité de son œuvre philosophique, s'éten-
dant à son œuvre de critique, l'avait fait accepter comme
le code suprême de l'épopée et de l'art dramatique.
M. Egger expliqua ainsi, par des raisons qui n'avaient
pas encore été déduites avec cette rigueur ni même
entrevues avec cette sagacité, la domination persistante
de l'influence aristotélique en Italie et en France, plus
de deux siècles après la Renaissance.

Une des questions où il a fait le plus de lumière dans
l'étude du théâtre grec est celle du drame satyrique,
dont on croyait alors que le *Cyclope* d'Euripide était le
seul exemple complet parvenu jusqu'à nous. D'un texte
publié par G. Dindorf en 1834, et que la critique avait à
peu près négligé, M. Egger tira la conclusion que
l'*Alceste* du même poète était un autre et non moins
curieux spécimen du même genre dramatique. Ainsi
s'expliquait le mélange bizarre, que les anciens eux-
mêmes avaient signalé dans cette pièce, de la terreur et
de la gaîté. Toutefois, comment se faisait-il que la pièce
eût un caractère si touchant, qu'à l'encontre des règles
du drame satyrique, l'élément comique y était comme
relégué au second plan ? Dans une étude des plus délicates M. Egger montra comment peu à peu le drame
satyrique s'était élevé à une sorte de dignité tragique, si
bien qu'il fallait juger l'*Alceste* non comme une tragédie qu'aurait déparée la vulgarité de certains sentiments,
mais comme un drame satyrique ennobli. « Ce n'est
plus pour nous, concluait-il, la tragédie qui s'abaisse,
mais le drame satyrique qui s'élève en se purifiant (1). »

Il serait difficile, dans une simple Notice, de donner

---

(1) *Annuaire de l'Association pour l'encouragement des études
grecques en France*, 7e année, 1873, p. 57.

même une idée des nombreuses leçons que M. Egger a
consacrées, durant la périodicité de ses cours, au théâtre
grec. Il suffira de dire que le professeur s'attachait avec
une prédilection visible à l'analyse des caractères et aux
mœurs des personnages. Par ses observations morales,
empreintes d'un sentiment profond du fatalisme antique
et des idées religieuses des Grecs, il avait l'art d'intéresser ou d'émouvoir son auditoire. Dans la comédie, la
même préférence pour les études morales lui a inspiré
quelques leçons charmantes, en particulier sur Ménandre. Enfin, c'est encore à la même tendance de son
esprit qu'il faut rapporter ses belles leçons sur les
Œuvres morales de Plutarque. Il avait une sorte de
faible pour cette philosophie tolérante et si vraiment
humaine, et chaque fois que l'y ramenaient les obligations de son cours, il y revenait avec une sorte d'empressement.

De ces leçons, qui représentent un travail de recherches considérable, M. Egger n'a publié en général
que des résumés ou de courts fragments. Il en réunissait les matériaux avec un soin extrême, préparait l'ordonnance de son développement et jetait sur le papier en
quelques lignes l'esquisse générale ; puis, pour le détail
de l'élocution, il se fiait à son extraordinaire facilité de
parole. Fort des textes qu'il avait sous les yeux, et tout
plein non seulement du sujet spécial qu'il traitait, mais
de la connaissance de l'antiquité entière, il soutenait sans
fatigue, presque sans effort, pendant plus d'une heure,
l'attention de son auditoire. Toutes les notes qu'il a
recueillies pour ces leçons de chaque semaine sont
aujourd'hui classées dans une série de cartons que
connaissent bien ceux qui fréquentaient son cabinet de
travail ; les leçons mêmes ne vivent plus que dans le

souvenir de ses auditeurs. Quelques-unes ont été analysées par lui-même, ou sous sa direction, dans la *Revue des cours littéraires* (depuis *Revue politique et littéraire*) ou dans le *Journal général de l'Instruction publique*; d'autres ont été insérées sous forme de Mémoires dans l'*Annuaire de l'Association pour l'encouragement des études grecques*. Deux fois seulement, il s'est départi de cette réserve, pour son cours de 1840-1841, celui de ses débuts, et pour celui de 1867-1868. Son cours de 1840 n'est autre que le célèbre *Essai sur l'histoire de la critique chez les Grecs*, qui fut publié en 1849, et dont une nouvelle édition s'imprime en ce moment même ; c'est dans ce livre que furent exposées quelques-unes des questions dont j'ai parlé sur la poésie homérique, et sur les théories dramatiques d'Aristote.

Le cours de 1867, qui fut imprimé l'année d'après, sous la forme des leçons professées en Sorbonne, est le beau livre si connu, qui demeure le véritable ouvrage classique sur le grand sujet dont il traite, l'*Hellénisme en France*, et qui restera peut-être le titre littéraire le plus considérable de M. Egger à l'estime de la postérité. Recherchant quelle avait pu être sur le développement de l'esprit français et de la langue française l'influence de l'ancienne Grèce, l'auteur montrait, contrairement à une opinion jusqu'alors assez répandue, mais inexacte, que le grec n'a laissé dans le fonds national de notre langue aucune trace ; au contraire, grâce à l'autorité des doctrines aristotéliques au moyen âge, et des idées platoniciennes à partir du XVIe siècle, grâce aux traductions d'auteurs grecs, à l'étude de la poésie homérique, à l'imitation des tragiques, au sentiment de plus en plus juste de cette civilisation merveilleuse, le génie français se laissait pénétrer peu à peu par l'influence du génie

grec, et recevait de lui, pour une grande part, ce sentiment de la mesure et cette perfection du goût qui sont
les deux traits essentiels de l'un et de l'autre. Il terminait son ouvrage par ces lignes, qui montrent bien sa
pensée sur l'influence que l'hellénisme, même en dehors
du domaine des arts et de la littérature, a exercée dans
le monde : « Plus nous apprécions les grandes civilisa-
tions qui se sont développées en dehors de la civilisation
gréco-romaine, plus nous comprenons qu'elles ne font
rien perdre au peuple grec de ses droits à notre reconnaissance.... C'est bien lui qui, dans l'ensemble de sa
tradition savante et de son histoire, nous représente
l'image la plus complète de l'humanité toujours en voie
de progrès. Nulle nation n'a plus varié les expériences
de la vie sociale, ni plus médité sur la théorie des gouvernements ; nulle n'a plus fait pour fonder la méthode
générale des sciences et pour préparer ainsi l'avène-
ment des sciences mêmes qu'elle n'a pas connues. Avec
Rome, avec Jérusalem, au-dessus d'elles à quelques
égards, Athènes est reconnue comme la grande institutrice du genre humain (1). » On peut rapprocher de
ce passage les conclusions par lesquelles il terminait, il
y a quelques mois à peine, sa nouvelle édition de l'*Histoire de la critique chez les Grecs*, et qui ont été lues
dans la séance publique annuelle des cinq Académies, le
24 octobre 1885. « Ce qui est certain, dit-il, c'est que...
rien ne peut diminuer les droits de la Grèce antique à
la reconnaissance des peuples dont elle a été presque
l'unique institutrice dans le domaine de la philosophie
et des beaux-arts. Avant elle, aucun peuple ne peut prétendre pour nous à cette maîtrise. Après elle, aucune

(1) *L'Héllénisme en France,* t. II, p. 39.

des nations de l'Occident n'a contribué autant qu'elle à l'éducation de la grande famille européenne. »

Si laborieuse que fût la préparation de ce cours, elle était loin de suffire à l'activité du professeur. Depuis qu'il appartenait à la Faculté des lettres (1840), il avait ouvert chez lui une conférence préparatoire à la licence. Les professeurs titulaires, n'ayant pas encore à se débattre contre les envahissements du baccalauréat, suffisaient sans peine aux examens de licence et de doctorat; par suite, les suppléants, qui ne participaient point au jugement de ces épreuves, pouvaient y préparer des aspirants. Même, en ce temps où les débuts dans la carrière de l'enseignement étaient si difficiles, c'était rendre aux jeunes gens laborieux un service sans prix. Tous n'entraient pas à l'École normale (l'École, d'ailleurs, n'a jamais été fort accessible) et, parmi ceux qui échouaient ou qui se dirigeaient tardivement vers l'Université, combien se décourageaient faute de conseils! Pour ces débutants M. Egger fut, selon l'expression de M. Renan, « le meilleur des introducteurs dans la carrière des travaux utiles (1) ». J'ai sous les yeux une liste de ceux qui ont suivi cette conférence de 1846 à 1848; j'y relève bien des noms connus, universitaires ou autres : Talbot, de Blignières, Pierron, Gérardin, Cuvillier, Magnabal, Chatel, Baudry, Malvoisin, Pélissier, Ruelle, Allaire et Francis Monnier, qui furent précepteurs, l'un du comte de Paris, l'autre du prince impérial; Francis Meunier, Guillaume Guizot, l'abbé Cruice, qui devint plus tard évêque de Marseille, Lefèvre-Pontalis. C'est à cette conférence, on le sait, que se présenta vers la fin de 1845 un inconnu, qui ne devait pas tarder à faire du

____

(1) *Journal des Débats,* n⁰ du 4 septembre 1885.

bruit dans le monde, M. Renan, tout récemment sorti
du séminaire de Saint-Sulpice. M. Egger aimait à rappeler la surprise de ses élèves, lorsque le nouveau venu
donna lecture de sa première dissertation, sur Quinti-
lien considéré comme critique : plus d'un se risquait
déjà à entrevoir, pour leur nouveau condisciple, de
hautes destinées. C'était un des plus vivants souvenirs
que M. Egger eût conservés de ce temps, et c'est d'alors
que date entre les deux illustres savants cette amitié qui
ne s'est pas un instant démentie, et dont M. Renan, au
lendemain de la mort de son ancien maître, parlait en
termes si nobles et si touchants (1).

Ce qu'était la conférence, il est difficile de se le représenter aujourd'hui. A parcourir seulement la liste des
sujets traités et des leçons faites (elle a été conservée
pour l'année 1846), on devine un enseignement initia-
teur et d'une attrayante variété, rayonnant dans tous les
sens, touchant à toutes les questions de littérature
ancienne et moderne, même de la littérature de ce temps
(j'y vois par exemple une étude sur le *Génie lyrique de
Lamartine* ; on demande *Si les anciens ont connu une
évolution littéraire analogue à celle de notre Romantisme*),
de morale, de philosophie, de grammaire. Quant au
maître, on peut être assuré qu'il était là ce qu'il a toujours été, attentif, silencieux pendant les lectures ou les
argumentations, sobre d'éloges, avertissant plutôt que
louant. Ce « prenez garde ! » par lequel il corrigeait
d'ordinaire les méprises ou les exagérations de ses
interlocuteurs, les étudiants de sa conférence ont
dû souvent l'entendre. C'était une raison de confiance
et d'attachement : on se sentait dirigé, soutenu; on

(1) *Journal des Débats,* même numéro.

prenait pied peu à peu. M. Jules Simon disait naguère de Mignet, qu'il était « aimable avec beaucoup de franchise (1) ». On le peut dire de M. Egger. Il n'a jamais loué pour plaire : il ne disait pas toujours tout le bien qu'il pensait des gens ; mais ce qu'il en disait, on savait qu'il le pensait et sa réserve même était souvent accueillie comme un encouragement. Au reste, voici sur cette conférence le témoignage des acteurs eux-mêmes : M. Talbot d'abord, qui nous montre le maître « éclairant de ses conseils et de son expérience les discussions philologiques et les dissertations littéraires, animant de son zèle les vocations hésitantes, charmant son auditoire par les saillies de son esprit, et par les jets lumineux de son érudition, formant pour l'Université des maîtres d'un savoir éprouvé et amassant pour lui-même des trésors inépuisés de confiance, de gratitude et de dévouement amical (2) ». M. Renan, de son côté, apporte ce témoignage d'un accent si personnel : « Le mot d'élève, avec lui, avait une signification sérieuse. Son enseignement n'était pas la parole jetée au vent, et que personne ne recueille. C'était une œuvre de communication personnelle, une transmission sérieuse de quelque chose de vrai (3). » Un trait bien caractéristique et qui suffirait à montrer combien était profonde l'action du maître sur les disciples, c'est que presque tous sont demeurés ses amis. Tel qui n'était venu que pour apprendre un peu de grec ou de latin était pris par la bonne grâce affectueuse et la cor-

(1) *Éloge de Mignet*, prononcé à l'Académie des sciences morales et politiques dans la séance du 7 novembre 1885.

(2) *Annuaire de l'Association pour l'encouragement des études grecques en France*, 12ᵉ année, 1878 (p. xci).

(3) *Journal des Débats*, nᵒ du 4 septembre 1885.

diale franchise de l'homme. De là tant de dévouements qui lui sont restés fidèles jusqu'au dernier jour. Quel commentaire de cette « communication personnelle » dont parle M. Renan !

Quelques années plus tard, M. Egger accepta de faire, à l'École ecclésiastique des Carmes, des examens littéraires mensuels, analogues à ceux que subissent périodiquement dans nos lycées les candidats aux écoles militaires. En cela il était d'accord, si je ne me trompe, avec M. Victor Le Clerc. Ces deux savants hommes, dont le caractère et le talent offrent, avec des nuances à la vérité sensibles, plus d'un trait commun, se ressemblaient en particulier par un zèle égal pour l'avancement de la science. Préparer des licenciés et des docteurs pour leur Faculté leur semblait presque œuvre pie, et ils s'y employaient de tout leur bon vouloir. Au clergé, qui commençait à rechercher les grades universitaires, M. Le Clerc témoignait à dessein aux examens de licence ou de doctorat une bienveillance particulière, et M. Egger s'appliquait à seconder ces intentions libérales. Il appréciait d'ailleurs le directeur de l'École, l'abbé Cruice, ancien étudiant de sa conférence, et qu'il assista dans la préparation d'une thèse sur les *Philosophumena* du Pseudo-Origène. Surtout, et il faut lui en faire grandement honneur, à ceux qui sollicitaient son assistance, M. Egger n'a jamais demandé d'où ils venaient ni ce qu'ils pensaient. Aimer la science, être honnête et laborieux lui tenait lieu de tout. Il était de cette race d'esprits libres et élevés qui respectent toutes les croyances sincères, et personnellement attaché de cœur à l'Université où son esprit de tolérance n'était pas pour déplaire, il n'en accueillait pas moins les membres du clergé au même titre et pour les mêmes raisons qu'il avait encouragé M. Renan à ses débuts.

A son cours de Sorbonne, à sa conférence privée, à ses examens des Carmes s'ajoutait toujours une collaboration active à diverses publications ou revues. De cette période datent, par exemple, les articles qu'il rédigea pour le *Dictionnaire des sciences philosophiques*, et qui touchent non à la doctrine, mais à l'histoire de la philosophie, par exemple les articles *Philosophie gnomique* et *Diogène Laërce*. Il continuait d'écrire dans le *Journal général*. Au journal de pédagogie *L'Enseignement* et à la *Revue française* il donnait pareillement des articles sur des sujets bien divers, car à côté d'un morceau sur l'*Égypte et la Grèce* (1838), on est presque étonné de rencontrer un article sur *Versailles* et une *Histoire du château de Versailles* (1837). Dans la *Revue des Deux-Mondes*, dont le caractère tout littéraire ne se prête guère aux travaux d'érudition, il fit paraître sur Aristarque un article, réimprimé depuis dans les *Mémoires de littérature ancienne* (1), et dans lequel il exposait les vues du critique allemand Lehrs sur l'épopée homérique. La variété de ces comptes-rendus montre avec quelle facilité son talent se pliait à l'analyse des travaux les plus divers. Il serait facile d'en multiplier les exemples, car sa collaboration s'étendit peu à peu à un grand nombre de recueils d'érudition ou de littérature, depuis l'*Athenæum français*, la *Revue archéologique*, la *Revue des cours littéraires*, la *Nouvelle Revue encyclopédique*, jusqu'aux *Mémoires de la Société de linguistique*, à l'*Annuaire pour l'encouragement des études grecques en France*, au *Bulletin de correspondance hellénique*, au

(1) P. 126 et suiv.

Dictionnaire des antiquités grecques et romaines de Daremberg et Saglio, au *Journal des Débats* et même, plus tard, au *Magasin d'éducation et de récréation*.

M. Egger avait, au moment où nous voici parvenus (1844), trente et un ans. Sa réputation, déjà grande dans l'Université, commençait à se répandre dans le public, qu'attiraient à son cours sa jeunesse, ses précoces succès, l'éclat d'un enseignement où la solidité de l'érudition et l'ingénieuse nouveauté de la doctrine s'alliaient à une élégante facilité de parole. Il vivait toujours avec sa mère, lui continuant ces soins dévoués dont il ne devait jamais se départir, et la soutenant de ses ressources encore restreintes, car son double enseignement à la Faculté et à l'École était alors peu rétribué (1). Un événement, pénible d'ailleurs, qui eut pour lui une suite heureuse, améliora la situation du ménage. En janvier 1844 mourait, à trente-trois ans, Auguste Chopin, l'avocat poète dont j'ai déjà parlé, et qui était devenu l'hôte familier de la maison. « C'était, dit M. Egger dans ses notes intimes, une âme noble et délicate, s'il en fut jamais (2). » Il partagea sa fortune entre des

(1) A la Faculté, où le traitement fixe était alors de 5,000 francs, il recevait comme suppléant un peu moins de 2,400 francs par an ; à l'École normale, son traitement annuel de Chargé de la conférence de grammaire (1839-1843) avait été de 1,500 francs ; maître de conférences à partir de 1843, il eut 3,000 francs. Le total de ses deux traitements s'élevait donc, en 1844, à 5,400 francs environ.

(2) M. Egger, qui a toujours conservé à son ami une reconnaissance bien méritée, honora sa mémoire en écrivant, en tête du petit volume de vers anonyme que Chopin éditait au moment de sa mort et qu'il n'eut même pas la joie de voir publié, la courte préface suivante :

« Nous déposons sur une tombe ce modeste recueil, dont la publication devait couronner une joyeuse fête de convalescence. L'auteur en a

parents pauvres et ses deux plus chers amis. L'un d'eux était M. Egger, dont la mère, par la volonté expresse du mourant, fut mise en possession d'un héritage suffisant pour ses modestes besoins. M. Egger, plus libre de disposer pour lui-même de son traitement, mais sans se séparer pourtant de la pauvre veuve, qui vécut jusqu'à sa mort auprès de lui, se maria. Depuis longtemps il entretenait d'affectueuses relations avec la famille Dehèque, dont il avait connu le chef, on s'en souvient, aux cours de Hase et de Boissonade. M. Dehèque, érudit délicat, helléniste distingué, homme affable et bon, qu'une sorte de destinée contraire détourna toujours de l'enseignement où le portaient ses goûts, était alors secrétaire chef des bureaux à la mairie du Xe arrondissement (plus tard le VIIe), mais sans renoncer à des travaux qui lui valurent en 1859 le titre d'académicien libre à l'Académie des inscriptions et belles-lettres. Il avait fait au jeune savant, qui le recherchait et que la communauté de leurs études rapprochait de lui depuis tant d'années, un accueil empressé. C'est dans cette maison, où les lettres étaient aimées et honorées, que M. Egger apprécia la distinction d'esprit, la haute raison, les vertus aimables de celle

lu d'un œil mourant les dernières épreuves. Il avait réglé d'avance la distribution des exemplaires entre *ses parents et ses amis :* sa volonté sera suivie avec respect. Ainsi, quelques vers simples et vrais, livrés au demi-jour d'une publicité intime, et le souvenir de nombreux bienfaits, voilà tout ce qui restera de trente-trois années qui furent sans tache, mais non sans nuage, vie trop courte et pourtant bien pleine des mérites qu'une autre vie peut seule récompenser.

« Paris, 26 janvier 1844. »

Ce petit volume, qui n'a pas été mis dans le commerce, a pour titre : *Au coin du feu, Vers dédiés à mes amis.* Paris, imprimerie de Crapelet, rue de Vaugirard, n° 9. Janvier 1844.

qui devait être, pendant plus de quarante ans, la compagne de sa glorieuse vie, et, quand vinrent les épreuves,
le soutien et la consolation des dernières années. Le
mariage eut lieu le 25 mars 1845. Un mois après
(27 avril), M. de Salvandy, alors ministre, envoyait au
jeune professeur la croix de Chevalier de la Légion
d'Honneur.

Au milieu des événements qui vinrent troubler la
France, M. Egger demeura fidèle aux habitudes de sa
vie studieuse. Tout entier à ses devoirs de savant, il se fit
toujours une loi de rester à l'écart des querelles religieuses comme des luttes politiques ; non par indiffé-
rence : il se tenait au courant des incidents de chaque
jour, s'acquittait ponctuellement de ses devoirs civiques,
volontiers même, dans l'intimité, donnait son avis sur
les hommes et sur les choses, mais il ne se laissa jamais
entraîner plus loin : homme de science, il se réservait
pour la science. Lui-même a raconté qu'en 1848 il fut
abordé, à la fin d'une leçon sur Platon, par un petit
vieillard d'aspect vénérable, qui lui offrit de le « porter
candidat aux prochaines élections politiques ; tout fier
d'être devenu électeur depuis un mois, en quoi, ajoute
M. Egger, j'avais le même honneur que lui, il osait me
promettre de recruter dans son département au moins
deux mille voix ! A vrai dire, il en aurait, je crois, fallu
quarante mille pour réussir, ce qui ôte à mon refus tout
mérite de modestie (1) ». A des sollicitations semblables
en 1874, M. Egger opposa la même abstention. En
revanche il ne refusait aucun des services qui pouvaient
être réclamés du savant. C'est ainsi qu'en 1848, lorsque
fut fondée l'École d'administration, il accepta d'en être

(1) *Tradition et Réformes*, p. 323.

nommé membre de la commission d'examen; surtout, lorsqu'en 1852 fut inauguré dans le nouveau régime d'études des lycées l'enseignement de la grammaire comparée, c'est à lui que le ministre demanda d'en tracer le plan et d'en rédiger le programme. M. Egger, qui avait ainsi l'honneur de créer dans nos colléges un enseignement jusqu'alors confiné à la Sorbonne ou dans des ouvrages d'érudition, fit plus : il écrivit en quelques semaines un petit traité sur la matière, les *Notions de grammaire comparée*, qui fut le premier de ce genre, et qui a rendu de grands services. L'auteur y exposait avec méthode et clarté les principes généraux de cette science alors peu connue en France. Le nouvel enseignement fut malheureusement enveloppé dans le juste discrédit qui atteignit le système Fortoul; mais le livre survécut, et tenu à jour par des révisions successives, il est parvenu à sa 8ᵉ édition, rare fortune pour de tels ouvrages (1)!

Comme la plupart de ses collègues de Sorbonne, M. Egger fit partie, de 1850 à 1853, des jurys de délégation qui alors se transportaient en province pour les examens du baccalauréat. C'est ainsi qu'il alla à Douai en 1850 et 1853, à Orléans et à Reims en 1851.

(1) Au sujet de la 7ᵉ édition, M. Bréal a très finement montré (*Revue critique* du 3 avril 1875, p. 209) que « l'originalité de ce livre est dans l'intime et utile mélange des données de la linguistique avec les enseignements de la grammaire gréco-latine... Également éloigné de l'engouement et des exclusions systématiques, il fait aux découvertes nouvelles leur part sans renoncer aux théories consacrées par l'expérience ». Cet ouvrage a été traduit en italien en 1853 et en hongrois en 1883.

L'autorité de M. Egger était devenue très grande. A
la Faculté des Lettres, il commençait à être l'un des
conseillers les plus recherchés de tous ceux qui pour-
suivaient les hauts grades. Bien peu se seraient risqués
à affronter les épreuves de la licence sans s'être aguerris
auprès de ce maître éprouvé, et presque tous, avant de
s'engager dans les longs travaux préliminaires au doctorat, allaient lui soumettre ou lui demander un sujet
de thèse. Il en avait toujours à offrir, jugeant avec une
sorte de flair ce qui pouvait le mieux convenir au pos-
tulant, à sa capacité d'intelligence ou de savoir, mieux
encore, le dirigeant dans ses recherches, l'assistant de
sa propre science, de ses notes, de ses livres, qui étaient,
on peut le dire, au service de ses élèves et de ses amis
autant qu'à son propre usage. Combien ont gravi l'es-
calier de la maison si connue de la rue Madame pour
s'épargner quelque longue station à la Bibliothèque de
l'Université, et toujours rapportant chez eux le volume
désiré, avec quelque mot aimable par surcroît ou quelque
avis précieux ! Entre tant de licenciés ou de docteurs
dont je pourrais produire le témoignage, je n'en citerai
qu'un, notre président, qui a reçu de M. Egger, au
cours de la préparation de son doctorat, des marques de
bon vouloir dont il conserve avec reconnaissance la
preuve écrite (1).

A l'École normale, l'activité du maître de conférences
n'était pas moindre, ni son action moins féconde.
M. Dubois, l'ancien Directeur de l'École, a pu attester
qu'il y avait « pour ainsi dire créé » (2) l'enseignement de

(1) M. Gustave Baguenault de Puchesse a été reçu devant la Faculté
de Paris licencié ès lettres en 1866, et docteur ès lettres en 1870.

(2) *Mémorial de l'Association des anciens élèves de l'École normale*,
p. 85.

la grammaire. Le mot n'est que juste, et, si les études grammaticales ont pris en France depuis ce temps une importance qu'entrevoyaient à peine les meilleurs esprits d'alors, M. Egger est au premier rang de ceux auxquels il en faut reporter l'honneur. Pénétré de la doctrine de Bopp et de notre Eugène Burnouf, il ouvrait à ses élèves des vues toutes nouvelles pour eux sur l'origine, la formation et le développement des langues. Ce n'était pas l'aride nomenclature de quelques formules abstraites, mais bien la vie même du langage se révélant par l'étude des mots, de leurs racines, de leurs fonctions, de leurs produits. Rien n'était fécond comme cet enseignement, qui, partant du langage, se ramifiait dans toutes les directions : arts, histoire, archéologie, grec, latin, français, idiomes de tous les temps et de toutes les races, le maître explorait tout, se laissant conduire aux rapprochements les plus imprévus, et cela avec la richesse d'information d'un esprit toujours en éveil, qui se tenait au courant des moindres progrès de la science. Il inspirait vraiment le goût de ces nobles études, et plusieurs, qui sont aujourd'hui des maîtres, ont senti leur vocation se décider ou s'affermir dans cette conférence, des linguistes comme M. Bréal, des antiquaires comme MM. Perrot et Heuzey, des épigraphistes comme M. Foucart, des philologues comme M. Benoist, et combien d'autres ! sans parler de ceux que leur goût propre portait ailleurs, mais qui se faisaient honneur, à l'occasion, de quelque maître travail de grammaire : telle cette leçon sur l'*Article* qu'avait rédigée le philosophe M. Lachelier, et que M. Egger, qui en avait gardé la copie, citait volontiers comme un des meilleurs souvenirs de sa conférence. Parmi tant de titres de ce savant à la reconnaissance de l'Université, ce n'est là ni le moindre, ni le moins considéré de ceux qui ont pu recueillir ces leçons précieuses.

Au reste, à l'École non plus qu'à la Faculté, il ne se croyait libre de sa tâche quand il avait terminé la conférence ou la leçon, et, si quelque doute était resté dans l'esprit d'un auditeur, ou si à lui-même la pensée était venue, chemin faisant, d'une vérification ou d'une addition, il conviait ceux qui l'écoutaient à le venir voir. Il était né professeur, comme on l'a dit souvent, et ne se lassait pas d'enseigner : dans son cabinet comme dans sa chaire, avec le ton familier d'une causerie comme sous la forme oratoire d'une leçon, il enseignait sans cesse. C'était pour lui un plaisir de réunir chez lui, le dimanche matin, dans une sorte de cercle intime, quelques visiteurs, auditeurs de son cours ou élèves de l'École : il était heureux de se voir entouré, écouté, surtout de sentir qu'il rendait à la science l'inappréciable service de la faire respecter et aimer.

Cependant, il avait commencé discrètement à songer à l'Institut. Professeur en Sorbonne, maître de conférences à l'École normale, lauréat de l'Académie des inscriptions, il pouvait se préparer à devenir le confrère des savants qui l'appréciaient déjà comme un des maîtres de l'érudition. Il s'était créé un nouveau titre à leurs suffrages par la publication, en 1849, d'un ouvrage dont j'ai déjà dit un mot, l'*Essai sur l'histoire de la critique chez les Grecs*, auquel il joignit une édition de la *Poétique d'Aristote* et d'*Extraits de ses Problèmes*, avec traduction française et commentaire. Un livre important sur le grammairien grec Apollonius Dyscole, où il appréciait avec sa science et sa sûreté de jugement habituelles la valeur des doctrines grammaticales de l'antiquité, accrut encore l'estime des juges compétents. Cette même année

(1854), la mort de l'académicien Guérard ayant ouvert une vacance, M. Egger se présenta et fut élu (28 avril). Un an après, de même que la mort de sa sœur avait presque coïncidé avec sa nomination en Sorbonne, et comme s'il était dans sa destinée que chacun de ses grands succès fût compensé d'une douleur, il perdit sa mère (15 avril 1855). Elle avait eu la consolation de voir son nom honoré du plus haut titre qu'un savant puisse envier, récompense suprême bien due au dévouement du fils comme à la courageuse tendresse de la mère. Un autre motif de confiance avait adouci l'amertume des derniers moments : Boissonade ayant informé le ministre de sa résolution de se retirer, M. Egger avait reçu la promesse de la chaire, où il fut appelé, en effet, le 4 juillet suivant; sa mère, sur son lit de mort, put lui exprimer sa joie de le voir enfin parvenu au terme des deux plus hautes ambitions qu'il pût concevoir.

A l'Institut, M. Egger fut dès l'abord ce qu'il devait être trente années durant, académicien laborieux, assidu aux séances, attentif à ses confrères, participant aux discussions où sa vaste science trouvait de fréquentes occasions d'intervenir. « Sa présence, a dit sur sa tombe son confrère M. Desjardins, suffisait pour tenir le lecteur sur ses gardes et le bureau en haleine : il y avait toujours à gagner à l'entendre, et son silence était certainement une approbation; car il croyait que la louange était le plus souvent stérile, et il avait bien raison. Tel nous l'avons vu, nos anciens pendant trente ans, et moi pendant dix. »

Il ne m'appartient pas de porter sur l'œuvre de M. Egger, académicien, un jugement pour lequel l'autorité me fait défaut. Il suffira, dans cette courte Notice, d'en donner une idée générale. Les Mémoires qu'il sou-

mit au jugement de ses confrères pendant sa longue
carrière académique traitent des sujets les plus divers : problèmes philologiques, recherches d'antiquité,
études littéraires, il a tour à tour abordé ces différents ordres de questions, et toujours avec une science
consommée unie à la plus élégante précision de style.
Bien qu'il se fût de préférence et depuis longtemps attaché à l'antiquité grecque, on n'est pas surpris de rencontrer dans la liste de ses travaux une *Notice sur un
document inédit pour servir à l'étude des langues romanes* (1857) (1) ; car on sait qu'il suivait avec une vive
curiosité le progrès des recherches sur ce groupe de
langues. Son goût pour les mêmes études lui a inspiré le
*Mémoire sur un procédé de dérivation très fréquent dans
la langue française et dans les autres idiomes néo-
latins* (1864) (2). Le grammairien, toujours diligent, avait
remarqué que certains substantifs français, auxquels on
rattachait d'ordinaire comme dérivés les verbes corres-
pondants, procédaient au contraire de ces verbes, si
bien que le rapport de parenté se trouvait renversé,
le substantif provenant du verbe et non le verbe du
substantif, tels sont : *cri* de *crier*, *défi* de *défier*,
dédain de *dédaigner*, *chauffe (surface de)* de *chauffer*.
Une fois sur cette piste, il dirigea avec méthode des
recherches qui lui firent découvrir par centaines des
produits de ce genre. C'est le résultat de ce travail
qu'il consigna dans son mémoire académique. Il le réim-
prima en 1874 dans la *Revue des langues romanes*
sous le titre plus précis : *Les substantifs verbaux formés
par apocope de l'infinitif*, et avec de nouveaux exemples.

(1) *Mémoires de l'Académie des Inscriptions*, t. XXI, 1re partie.
(2) *Ibid.*, t. XXIV, 2e partie.

Toutefois la plupart de ses mémoires traitent de l'antiquité grecque ou romaine. Deux ont un intérêt littéraire capital, l'un sur quelques nouveaux fragments inédits du discours d'Hypéride contre Démosthène dans l'affaire d'Harpalos, l'autre sur les *Œconomica* attribués à Aristote. Le premier (1870) (1) est un modèle de sagacité : non seulement M. Egger parvint à restituer, de façon à mériter l'approbation des juges compétents, le texte de trois lambeaux de papyrus récemment retrouvés en Égypte (1866), mais encore, s'autorisant d'une magistrale étude de M. Jules Girard, consacrée à ce procès célèbre, et couronnée en 1861 par l'Académie des inscriptions, il essaya de refaire l'argumentation de l'orateur, tâche périlleuse où sa pénétration d'esprit et sa grande connaissance de l'éloquence judiciaire à Athènes trouvèrent également leur emploi. Dans le mémoire sur les *Œconomica*, lu en 1879 devant l'Académie des inscriptions et belles-lettres, puis devant l'Académie des sciences morales et politiques, publié peu après dans les *Annales de la Faculté des lettres de Bordeaux*, et enfin dans les Mémoires de l'Académie des inscriptions (2), il s'agit d'un ouvrage en dix chapitres longtemps attribué à Aristote, que la critique moderne lui refusait dans son ensemble, tenant pour apocryphes les quatre derniers chapitres, et qu'une découverte récente avait démontré tout entier authentique, mais comme ayant pour auteur Théophraste. Cependant l'attribution n'était pas tellement sûre qu'il ne restât quelque doute. M. Egger examina de près cette curieuse question de propriété littéraire, et pour diverses raisons, surtout à

---

(1) *Mémoires de l'Académie des inscriptions*, t. XXVI, 2e partie.
(2) T. XXX, 1re partie.

cause des caractères du style, qui lui parut tout aristotélique, il conclut au maintien du traité tout entier parmi
les œuvres du Stagirite.

Deux autres mémoires touchent à des questions qui
concernent la vie publique ou privée des anciens, mais
qui ne sont pas sans intérêt pour les modernes.
L'un est une histoire des *Traités publics dans l'antiquité* (1861) (1). Il en conçut la pensée à l'occasion du
Congrès de Paris, qui termina, comme on sait, la guerre
de Crimée. Remontant jusqu'aux plus anciennes conventions connues, il montrait le droit des gens, contrairement à l'opinion commune qui lui attribuait une
origine plus récente et toute chrétienne, pratiqué en
Orient, en Grèce, à Rome; il se complaisait à énumérer
les plus vieux traités dont les historiens grecs nous ont
conservé la mention, traités de paix, de guerre, de
commerce, à parcourir la hiérarchie des diplomates de
tout grade qui composaient une ambassade athénienne,
depuis l'ambassadeur et les hérauts jusqu'aux officiers
inférieurs, sorte d'attachés et de secrétaires de légation,
à décrire enfin l'instrument des conventions et les précautions prises pour en assurer le caractère authentique. Ce mémoire, que goûtèrent beaucoup de lecteurs
étrangers d'ordinaire aux recherches d'antiquité, fut
réimprimé par l'auteur en 1866 et est regardé comme le
traité classique sur cette matière. L'autre est une étude
sur *Les Historiens officiels et les Panégyristes des princes
dans l'antiquité* (1873) (2). De même que les cours modernes ont connu sous le nom d'*historiographes* des
écrivains chargés officiellement d'enregistrer les hauts

(1) *Mémoires de l'Académie des inscriptions*, t. XXIV, 1re partie.
(2) *Ibid.*, t. XXVII, 2e partie.

faits du roi, de même l'auteur démontrait qu'il y avait eu dans le monde ancien des flatteurs officiels tenus de célébrer la vie publique ou privée des princes. Il suivait leur trace depuis la cour des rois de Macédoine, où Philippe et surtout Alexandre entretenaient auprès de leur personne comme une académie de lettrés, jusqu'à Rome, où les empereurs ont rencontré tant d'historiens complaisants qui, à la vérité, leur faisaient parfois expier dans quelque *Histoire secrète,* comme il advint pour Justinien et Théodora, les mensonges de leur histoire officielle.

On voit d'ici le genre d'intérêt de tels travaux, où les usages de la vie antique étaient mis en parallèle avec des usages presque semblables dans nos sociétés modernes. M. Egger aimait ces rapprochements; loin de les éviter, il les recherchait presque : il pensait que de si curieuses analogies, même en tenant compte de différences inévitables, nous aident à mieux comprendre le monde ancien. Il lui semblait d'ailleurs qu'en éveillant par ces piquantes études la curiosité des gens du monde il rendait service à la cause des lettres antiques. En général, lorsqu'il devait parler soit dans une séance publique à l'Institut, soit dans quelque conférence littéraire, il choisissait un sujet de ce genre, mettant une sorte de coquetterie de bon goût à rendre intéressante par cette comparaison avec le monde moderne l'étude des sociétés grecque ou romaine. De cette pensée sont nés tant d'attrayants chapitres de ses œuvres, l'étude sur *La profession d'avocat chez les anciens, Un ménage d'autrefois,* le court mémoire lu à la Société des antiquaires de France sur un sénatus-consulte contre les industriels qui spéculent sur la démolition des édifices, à peu près comme chez nous les fameuses *Bandes*

noires. Dans ce travail, développant cette idée que les
anciens ont connu beaucoup d'usages que nous croi-
rions volontiers modernes, il prenait plaisir à en rappeler quelques-uns déjà signalés par d'autres savants ou
par lui-même, l'emploi des pigeons voyageurs pour
l'échange des communications, celui des chiffres conve-
nus pour dérober aux cabinets noirs des Grecs et des
Romains le secret des correspondances ; l'usage d'une
sorte de sténographie pour la rédaction des procès-ver-
baux du sénat romain, l'idée d'une véritable télégraphie
militaire, l'habitude des voitures de louage, les ventes
au rabais pour cause de liquidation, l'institution d'une
lettre de crédit, des assurances mutuelles, des expositions publiques d'objets d'art. Toutes ces révélations
érudites étonnaient autant qu'elles charmaient. Même à
l'Institut, où ses auditeurs étaient mieux préparés à de
telles surprises, on lui savait gré, tout en goûtant sa
science, de la forme agréable dont il savait l'enve
lopper.

Une des publications importantes auxquelles il a pris
part dans les recueils de l'Académie est celle des *Papyrus
grecs du Musée du Louvre et de la Bibliothèque nationale*. On sait que Letronne, qui s'en était chargé,
mourut (1848) sans avoir pu l'achever. Brunet de Presle,
à qui l'Académie avait confié le travail, demanda plus
tard, pour mener l'entreprise à bonne fin, le concours
de M. Egger. Celui-ci eut à rédiger les tables, besogne
modeste en apparence, mais délicate, qui l'obligea de
réviser le texte entier, parfois la traduction, et dont il
s'acquitta si utilement pour l'entreprise commune que
le principal auteur crut devoir, dans l'Avertissement
placé en tête du volume, lui exprimer sa reconnaissance.

Ce sont là ses grands travaux à l'Institut. Je n'entreprends pas de donner même une idée de ses lectures moins importantes. L'analyse en serait impossible dans cette Notice, tant est grande la variété des questions étudiées ou signalées. Les *Comptes-rendus* de l'Académie en conservent du moins le souvenir. Ce qu'on peut dire, c'est que, durant les trente années de sa vie académique, il n'y a guère de séance où M. Egger n'ait pris la parole soit pour communiquer quelque brève observation sur un sujet d'antiquités, soit pour présenter de la part d'un auteur tel ouvrage dont il faisait valoir l'intérêt de nouveauté ou le mérite d'érudition.

Il est naturel que l'Académie ait tenu constamment à profiter de tant de zèle uni à tant de savoir. Aussi, M. Egger n'a-t-il cessé de faire partie des commissions les plus importantes, celles de l'École d'Athènes ou des Antiquités de la France, qui l'ont plus d'une fois élu comme rapporteur ; la Commission des travaux littéraires, chargée, comme on sait, de la direction des grandes collections publiées par l'Académie ; la Commission permanente des inscriptions et médailles, où son habileté de latiniste et d'épigraphiste a rendu plus d'un service. Dans toutes M. Egger était un collaborateur recherché, et dans les délibérations intimes, où se discutent les intérêts de l'Académie pour le recrutement de ses membres ou l'ordonnance de ses travaux, M. Renan atteste que ses confrères appréciaient les qualités de son judicieux esprit, de sa parole claire et correcte (1).

Pour achever de marquer son rôle à l'Académie des inscriptions, je dois ajouter qu'elle le choisit plusieurs

(1) *Journal des Débats*, nº du 4 septembre 1885.

fois comme lecteur dans ses séances publiques, notamment en 1861 (9 août), où il parla de *L'État-civil chez les Athéniens*, en 1862 (14 août), où il lut des *Observations sur un papyrus grec contenant des fragments d'un orateur inconnu ;* tout récemment, il venait d'être désigné pour lire, dans la séance publique annuelle des cinq académies (24 octobre 1885), les conclusions de sa nouvelle édition de l'*Essai sur l'histoire de la critique chez les Grecs*. En 1874, l'Académie le délégua avec M. le baron de Witte pour la représenter aux fêtes anniversaires de la fondation de l'Académie royale de Belgique. Enfin elle l'élut son vice-président le 8 janvier 1864 et son président le 6 janvier 1865. Au cours de sa présidence il porta la parole pour l'Académie aux funérailles de V. Le Clerc (14 novembre 1865), de même que, plus tard, pour la Faculté des lettres, à celles de Saint-Marc Girardin (avril 1873) et à celles de Patin (20 février 1876).

Les autres classes de l'Institut reçurent également de lui diverses communications. A l'Académie des sciences morales et politiques, il lut, en 1879, des *Observations et réflexions sur le développement de l'intelligence et du langage chez les enfants,* rédigées pendant les tristes loisirs de la Commune, et qui furent alors insérées dans les Comptes-rendus de l'Académie (1). A l'Académie des sciences, quelques confrères lui demandaient à l'occasion, pour la création de termes de physique ou d'histoire naturelle, des conseils que sa double compétence d'helléniste et de grammairien habitué à la formation des mots lui permettait de donner. Nul n'excellait comme lui à trouver le composé grec ou latin qui répondait le mieux au sens de telle découverte, à l'intention de

(1) Réimprimées depuis en 1 vol. in-12 (4º édition, 1883). Paris, Picard.

tel inventeur. Ces consultations l'amenèrent, en 1871, pendant le premier siège, à rédiger des *Observations critiques sur l'emploi des termes empruntés à la langue grecque dans la nomenclature des sciences*. S'autorisant d'exemples trop nombreux de mots scientifiques mal formés, *hectomètre, hectolitre, pluviomètre, rhéomètre, parallélipipède,* ou de mots qui, bien formés grammaticalement, ne répondent pas à l'idée qu'ils veulent traduire, *endosmose, exosmose, théodolite,* etc., il réclamait en faveur des règles étymologiques méconnues. Il est revenu plusieurs fois sur l'inconvénient de ces formations vicieuses : dans une conférence à la Société philotechnique, par exemple, il prit à partie le microphone récemment inventé. « Puisqu'il a l'oreille si fine, je lui dirai volontiers, avec toute sorte de respects pour le physicien, son père, qu'on l'a mal baptisé ; car *microphone* veut dire *instrument à petite voix,* et c'est justement à grossir la voix que le microphone doit s'employer (1). » Les *Observations* de 1871, lues à l'Académie des sciences, furent insérées dans les *Comptes-rendus* d'avril ; elles ont été reproduites en Appendice avec diverses corrections ou additions à la fin de la 8e édition des *Notions de grammaire comparée*. A la suite d'une discussion courtoise provoquée par cette Note dans la *Gazette hebdomadaire de médecine et de chirurgie* (2), et au cours de laquelle M. le Dr Dechambre avait contesté certaines étymologies, M. Egger revint sur le même sujet avec de nouveaux développements dans un article *Étymologie* destiné au *Dictionnaire encyclopédique des sciences mé-*

(1) *Revue politique et littéraire,* 1878.
(2) Année 1873, pages 47 et 413.

dicales (1), où il paraîtra prochainement. Les services qu'il rendait aux savants par ces conseils autorisés l'avaient déjà fait désigner en 1864 (17 juillet), comme membre du Comité de l'association scientifique pour l'avancement de l'astronomie, de la physique et de la météorologie. M. Egger entretenait d'ailleurs avec plusieurs membres de l'Académie des sciences, Bienaymé, Lamé, les frères Sainte-Claire Deville, surtout Michel Chasles, des relations personnelles amicales, et je ne jurerais pas qu'au fond dans ce commerce affectueux, auquel il se prêtait avec un empressement visible, il n'y eût en lui comme un secret sentiment de juste fierté à traiter de pair, lui, le fils de l'obscur inventeur de 1827, avec les hommes de science les plus renommés de son temps. Au reste, son esprit lucide ne répugnait pas à la rigueur du raisonnement mathématique : on se souvient que dans sa jeunesse il avait suivi volontairement certains cours de sciences, et ceux qui ne connaissent en lui que l'helléniste n'apprendront pas sans surprise qu'à sa sortie du collège, en 1832, il avait imaginé un nouveau pendule compensateur, dont le mathématicien Vincent, le futur membre de l'Institut, l'aida plus tard à rédiger la formule. Ce petit travail, communiqué par Vincent à la Société philomatique de Paris, dans la séance du 29 juillet 1843, a été réimprimé en appendice au volume *Tradition et Réformes*.

Cependant divers changements s'étaient produits dans la situation officielle de M. Egger. Devenu professeur titulaire à la Faculté des lettres, et dès lors participant

---

(1) Ce n'est pas le seul article que M. Egger ait écrit pour ce grand recueil : il rédigea également dans les derniers temps l'article *Encyclopédie*, qui ne tardera pas à y être publié.

aux examens de licence, il avait dû fermer sa conférence privée et cesser ses interrogations périodiques à l'École des Carmes. Rien ne s'opposait à ce qu'il gardât son poste à l'École normale. Mais sa vie était maintenant d'autant plus laborieuse qu'aux obligations du professeur en Sorbonne s'ajoutaient pour lui depuis quelques années les devoirs de l'académicien. Désireux d'ailleurs de laisser la voie libre à un maître, grammairien déjà fort renommé, M. Charles Thurot, professeur à la Faculté des lettres de Clermont, et son futur confrère à l'Institut, il demanda le 5 novembre 1861 un congé d'inactivité, prélude d'une retraite définitive. Le 4 novembre de l'année suivante, il se retirait en effet avec le titre de Maitre de conférences honoraire : même dans sa retraite il continua de se rendre utile à l'École pour les examens de classement annuel.

A cette époque (1861) M. Egger était placé par l'opinion de ses collègues et de ses confrères au premier rang des philologues et des hellénistes. Dans le domaine spécial des études de grammaire et d'antiquités, il allait devenir comme le chef reconnu de toutes les fondations et de tous les travaux. C'est à ce titre qu'en 1866 il participa comme président aux débuts officiels de la Société de linguistique (1), qu'il devait présider encore en 1870-1871 et en 1876 ; en 1869, comme membre correspondant, à ceux de la Société pour l'étude des langues romanes, à Montpellier. Dans le même ordre d'études son nom demeure associé à diverses publications

---

(1) Fondée en 1864 par l'initiative de MM. de Charencey et d'Abbadie, elle avait eu ce dernier pour président dès la fondation ; mais elle ne fut reconnue qu'en 1866, année où M. Egger inaugura la nouvelle série des présidences.

savantes qui datent de cette période, et qui allaient populariser en France les nouvelles doctrines grammaticales. Par exemple, M. Egger est un de ceux qui encouragèrent la traduction de la *Grammaire* de Bopp, et à la fin de la Préface du premier volume, M. Bréal remercia publiquement son ancien maitre, qui avait « prêté à ce travail, commencé sur son conseil, l'attention affectueuse et le concours efficace que trouvent auprès de lui toutes les entreprises utiles aux lettres (1) ». A de moindres travaux M. Egger ne prêtait pas un concours moins actif : je citerai seulement le *Dictionnaire étymologique dela langue française* de M. Brachet, pour lequel il écrivit une Préface (1869), et le *Manuel pour l'étude des Racines grecques et latines* (1869), que je m'excuse de mentionner ici ; mais je ne puis oublier que je dois aux conseils et à l'entremise de M. Egger de l'avoir publié, de même que la *Grammaire grecque* qui parut en 1873. C'est encore auprès de M. Egger, dans de continuels entretiens, avec le secours de sa riche bibliothèque, que Francis Meunier poursuivit ses belles recherches sur le Pronom latin (2), sur les Composés syntactiques en grec (3), sur les Mots grecs à déclinaison double (4). Jusqu'à la fin de sa vie M. Egger continuera ainsi d'assister les travailleurs, M. Boucherie pour la publication des Ἑρμηνεύματα et de la Καθημερινὴ ὁμιλία attribués par l'éditeur à J. Pollux

(1) *Grammaire comparée des langues indo-européennes*, par M. François Bopp, traduite par M. Michel Bréal. Paris, 1866 (t. Ier, p. LVII). Une 2e édition en a été publiée en 1882.

(2) *Mémoires de la Société de linguistique de Paris*, t. Ier, p. 14.

(3) *Annuaire de l'Association pour l'encouragement des études grecques en France*, 6e année, 1872, p. 245.

(4) Même *Annuaire*, 7e année, 1873, p. 61.

(1872) (1), M. Decharme, qui lui a dédié son beau livre *Mythologie de la Grèce antique* (1879, 2e édit. 1885), M. Edon, qui lui a demandé plus d'un avis pour ses consciencieux travaux sur l'*Écriture et la prononciation du latin* (1882), M. Choisy, dont les importantes *Études épigraphiques sur l'architecture grecque* (1884) lui sont dédiées, bien d'autres encore. Et ce n'est pas là, dans sa vie de savant, le trait le moins original : M. Egger a beaucoup produit ; il n'a guère moins aidé à produire, et il restera certainement un des érudits qui auront le plus contribué au progrès de la science à la fois par ses travaux propres et par ceux qu'il a suscités.

Les derniers ouvrages que j'ai rappelés nous ramènent à son œuvre d'helléniste. C'est surtout comme helléniste en effet que M. Egger exerça une sorte de suprématie. On a dit avec raison que la Grèce lui était comme une seconde patrie : il en aimait tout, non pas la langue seulement, mais le génie, les arts, la civilisation. Son active intelligence se sentait comme attirée vers cette race hellénique dont l'esprit curieux avait abordé toutes les questions et sondé tous les mystères, ceux de l'âme comme ceux de la science ; de même, éloigné en toutes choses du parti-pris et de l'exagération, il goûtait cette mesure exquise qui fait du génie grec, parmi les variétés de l'esprit humain, une exception merveilleuse et unique. Aussi n'en parlait-il qu'avec une sorte de gravité et d'émotion. « Nous n'avons pas vécu une vie d'homme, nous autres Grecs, et nous sommes nés pour faire l'éternel étonnement des hommes à venir (2). » Ce mot du grand ora-

(1) *Notices et Extraits des manuscrits*, publiés par l'Institut national de France, t. XXIII, IIe partie, et t. XXVII, IIe partie.

(2) *Athènes et Paris ou l'Éducation par les musées*. Paris, Delagrave (page 3).

teur athénien, ne dirait-on pas qu'en le citant il se
l'approprie ? et ne croirait-on pas entendre le patriote
justement fier des destinées de sa race ? Et plus bas, il
rappelle (avec quel sentiment de vénération presque religieuse !) le mot de Mme de Staël à Herculanum, en présence de quelques fragments de papyrus grecs : « Devant
ces fragiles débris, on n'ose respirer, car on craint que
le moindre souffle ne disperse cette poussière où de
nobles pensées sont encore empreintes (1). » Aussi,
même en dehors de la Sorbonne, il ne manquait jamais
une occasion de parler de l'objet de son culte : la Grèce,
l'art grec, le génie grec, c'est là le sujet presque constant des conférences qu'il a faites ou des discours qu'il
a prononcés devant les auditoires les plus divers. Quant
à la langue, il la possédait à fond ; il en avait plus que
la science que donne le maniement des auteurs, mais le
sentiment en quelque sorte naturel. Que de fois, feuille-
tant nos dictionnaires grecs qui enregistrent les mots
sans la mention d'un texte ou d'un nom d'écrivain, et
flairant quelque terme suspect, mal fait ou de formation
récente, il se plaisait à en deviner, presque toujours avec
une étonnante sûreté, la date ou l'auteur ! Aussi, parmi
tant de sujets d'étude, c'était toujours au grec qu'il
revenait de préférence : arts, littérature, institutions, il
en connaissait tout, les auteurs classiques comme les
byzantins, le grec ancien comme le moderne, le sacré
comme le profane. Et ce sera là, parmi les hellénistes
éminents dont la France peut s'honorer dans notre
siècle, sa marque distinctive. Sans être de préférence,
dans les choses grecques, antiquaire plutôt que lin-

(1) *Athènes et Paris ou l'Éducation par les musées.* Paris, Delagrave
(page 5).

guiste, ou critique d'art ou de littérature, il était
cependant maître en chacune de ces spécialités d'é-
tude : passionné pour le grec de l'antiquité comme
un Beulé, épris du grec contemporain comme un
Brunet de Presle, érudit comme Hase et fin lettré
comme Boissonade, il aura eu la gloire d'embrasser dans son admirable intelligence la science et
comme le sentiment de l'hellénisme entier. Il était
ainsi devenu comme le patron reconnu et en quelque
sorte officiel des études grecques en France. Tous
ceux qu'attiraient ces études pouvaient s'adresser à lui,
sûrs d'un bon accueil, savants de profession ou gens
du monde, magistrats comme M. Plougoulm ou
M. Dareste, prêtres comme l'abbé Cruice ou l'abbé
Thénon, hommes de science comme le docteur Fournier ou M. l'ingénieur Choisy. De là sont nées pour
lui bien des relations précieuses qu'il savait tourner
au profit de la science, avec le duc de Clermont-Tonnerre, le ministre de la Restauration, bien connu
comme helléniste par sa traduction d'Isocrate (1); avec
le duc d'Albert de Luynes, son confrère à l'Institut, et
si magnifiquement secourable aux savants et aux
artistes; avec le comte Sclopis de Salerano, qui pré-
sida le Conseil arbitral de Genève dans l'affaire de
l'Alabama (1872); avec le savant et libéral empereur
du Brésil, qui ne laissait guère passer l'annonce

(1) *Notice historique sur le duc de Clermont-Tonnerre, traducteur
et commentateur des œuvres d'Isocrate*, par E. Egger, 2ᵉ édition.
Paris, 1866. On sait que le général comte Aynard de Clermont-Tonnerre, troisième fils du duc, mort en 1884 au château de Bezonville,
près Sermain (Loiret), et que nous avons vu à Orléans chef d'état-major
du général commandant le 5ᵉ corps d'armée, avait conservé les tradi-

d'une découverte notable en épigraphie ou en littérature grecque sans lui demander quelque surcroît d'information. « J'attends avec impatience, lui écrivait le souverain, quelque travail sur la grande inscription trouvée à Délos. Je regrette infiniment que mes occupations ne me permettent pas d'étudier un peu plus l'archéologie grecque..... » Et le 1er septembre 1879 : « Vous avez eu l'occasion de connaître personnellement mon amour pour les lettres grecques et combien je vous estime : vous trouverez donc bien naturel qu'en lisant dans un compte-rendu de votre Académie, que l'on venait de découvrir des vers d'Euripide, d'Eschyle et deux belles épigrammes, j'aie eu l'idée de vous prier de m'en faire partager la jouissance le plus tôt possible. Je lis toujours vos articles si intéressants dans le *Journal des Savants*, et je vous prie de ne pas me retarder la lecture de vos travaux et de me croire toujours

« Votre bien affectionné,

« D. Pedro d'Alcantara. »

Enfin trois ans plus tard (14 décembre 1882) : « L'inscription athénienne me semble d'un haut intérêt; mais je n'ai pas encore pu l'étudier. Ne publierez-vous pas vos conférences à la Sorbonne ? Je me rappelle vous avoir entendu sur l'*Anabasis*. Ces études-là sont un grand soulagement pour mon esprit et la lecture de

tions paternelles : il parlait couramment le grec moderne et fut, de 1878 à 1881, membre du Comité de l'Association pour l'encouragement des études grecques en France.

bien des noms me rappelle vivement mon séjour à Paris.

« Comptez toujours sur la sincère estime de

« Votre affectionné,

« D. Pedro d'Alcantara. »

« Bien des souvenirs à tous vos confrères qui ont été si accueillants pour moi. »

On a plaisir à recueillir de tels témoignages, si honorables pour le savant qui les inspire comme pour le souverain qui les envoie.

Passionné pour les choses grecques, bienveillant à tous ceux qui s'en occupaient, à plus forte raison devait-il être hospitalier aux Hellènes établis à Paris ou qui le visitaient en passant. En effet, il ne venait guère en France de Grec notable qui ne tînt à honneur de le saluer. Tous lui étaient reconnaissants de son affection pour leur pays, de son zèle à les servir, des conseils qu'il leur donnait, alors même qu'ils ne les suivaient pas toujours. Selon le mot d'un de ses plus vieux amis, M. Saripolos, il était vraiment leur « proxène (1) ». On ne saurait mieux dire, ni marquer d'un mot plus expressif la communauté de bons offices qui unissait aux Hellènes de la vraie Grèce l'illustre Hellène français. Aussi son nom était-il populaire en Grèce : tous les lettrés le connaissaient et s'empressaient à lui faire hommage de leurs écrits ; tous les bureaux de revues ou d'associations savantes se faisaient comme un devoir de lui envoyer leurs publications. Dès 1856 (13 juin), le roi de Grèce, reconnaissant de tant de services rendus à l'hellénisme, lui fit remettre la croix de Chevalier de

(1) *Discours prononcé sur la tombe de M. Egger.*

l'Ordre du Sauveur ; onze ans après (20 avril 1867) M. Egger était promu officier, et neuf années encore plus tard (18 novembre 1876) commandeur.

Cette sorte de suprématie lui valut en deux occasions en France même l'honneur d'une désignation bien flatteuse, la première fois en 1867, lorsque fut fondée l'Association pour l'encouragement des études grecques en France. Pour présider à l'institution naissante il fallait un choix de noms qui ralliât toutes les bonnes volontés, celles des gens du monde comme des hommes du métier, des littérateurs comme des érudits. Parmi tant d'hellénistes diversement connus, ce fut le vénéré M. Patin, alors doyen des hellénistes français, que les fondateurs élurent comme président, en lui adjoignant comme vice-présidents MM. Egger et Beulé. Dès l'année suivante M. Egger devenait président à son tour : nous le verrons bientôt à l'œuvre dans cette fonction où il a rendu tant de services (1). Presque en même temps, et à l'occasion de l'Exposition universelle, M. Duruy, ministre de l'Instruction publique, avait eu l'heureuse pensée de faire retracer en une série de tableaux une image des progrès accomplis chez nous depuis trente ans dans chaque ordre de sciences. C'est à M. Egger qu'il demanda, comme au juge le plus autorisé, le Rapport sur l'état des études de langue et de littérature grecques en France (2). M. Duruy n'avait pas attendu ce travail pour récompenser le savant et le professeur : dès le 13 août 1866, M. Egger avait été promu officier de la Légion d'honneur.

(1) Sur la fondation et le développement de l'Association jusqu'en 1877, voir une Notice de M. Gustave d'Eichthal dans l'*Annuaire de l'Association pour l'encouragement des études grecques en France*, 11ᵉ année, 1877 (pages 1 et suiv.).

(2) Réimprimé dans l'*Hellénisme en France*, t. II, p. 441.

Sa renommée était alors considérable et dépassait de beaucoup les limites de l'Institut et de l'Université. Un grand nombre de sociétés savantes se l'étaient adjoint. Membre de la Société de l'Histoire de France, où il avait été admis le 8 janvier 1844, et qui devait l'élire en 1870 (4 mai) membre de son Conseil administratif, il était entré dans la Société des Antiquaires de France le 5 mai 1858, puis s'était agrégé successivement à la Société des Antiquaires de Normandie, à celles de Caen, du Hâvre, d'Amiens, de Dunkerque, d'Aix. Chez nous, et bien que ses attaches orléanaises fussent peu connues (pour ma part elles ne m'ont été révélées que bien après ma sortie de l'École normale), il fut l'objet d'égards particuliers, et nos trois Sociétés l'adoptèrent l'une après l'autre, la Société archéologique, dès 1861 (14 novembre), il y a de cela vingt-cinq ans, tout un quart de siècle, dont l'illustre M. Léopold Delisle demeure désormais parmi nos membres honoraires appartenant à l'Institut le seul représentant; l'Académie de Sainte-Croix en 1873 (14 mars); la Société d'agriculture, sciences, belles-lettres et arts en 1876 (8 janvier). A l'étranger même, il eut l'honneur d'être associé aux Académies royales de Berlin et de Belgique, et à diverses Sociétés d'Athènes.

Les grandes administrations ne négligeaient pas davantage le concours d'un auxiliaire si zélé pour toutes les entreprises utiles : en 1862, il fut nommé membre du Comité des souscriptions aux œuvres de littérature ou de science, comité fondé par le Ministère d'État d'alors, transféré depuis au Ministère de l'Instruction publique, et où M. Egger n'a jamais cessé de siéger. Deux ans après (6 mai 1864) il remplaçait M. Hase au Comité des impressions gratuites près l'imprimerie alors impériale.

Durant quelques années, il avait même accepté de figurer dans la Commission consultative de l'Institution des Sourds-Muets (6 mars 1861); mais sa vie de savant lui imposait trop de devoirs et de trop laborieux pour qu'il pût suffire utilement à des obligations si diverses : en 1865 il se démit de sa fonction à l'Institution des Sourds-Muets. Il se réservait au moins d'apporter à toutes les œuvres charitables, comme était celle-là, le concours de sa parole.

En effet, il accueillait volontiers comme un hommage à la science, autant et plus qu'à sa personne, toutes ces marques d'estime ; mais il ne déclinait aucune des charges qu'elles imposent. Partout où l'appelait l'intérêt des études ou le souci d'une bonne œuvre, il était toujours prêt à porter la parole : orateur de conférences à la Salle Saint-André, à l'Asile de Vincennes, à l'Association polytechnique ; de distributions de prix au collège Charlemagne, au lycée Louis-le-Grand, à l'institution libre de Saint-Vincent à Senlis ; de sociétés savantes à Caen, à Orléans, à Aix, à Marseille, partout il acceptait de présider ou de parler, et partout il avait l'art d'intéresser tant d'auditoires divers. Il se pliait sans effort au degré de leur intelligence ou de leur savoir, parlant à chacun le langage qui convenait, d'une cordialité paternelle pour les jeunes gens, plein d'égards pour le zèle des érudits provinciaux, prévenant surtout pour les illettrés qu'il se faisait une fête d'entretenir. Pour se faire entendre d'eux il n'y avait pas de précaution qu'il ne prît, et ce besoin de faire la lumière, qui est peut-être la marque la plus certaine d'un esprit supérieur, il ne l'éprouvait jamais plus vif ni plus impérieux que devant un auditoire d'ouvriers. En 1866, à l'asile de Vincennes, dans une des conférences instituées par l'impératrice, voulant faire comprendre ce qu'était le papyrus (1), il avait eu le soin d'apporter avec lui une tige du précieux roseau, et assisté de M. André, le jardinier principal de la Ville de Paris qui la lui avait procurée, après avoir expliqué ce qu'était ce végétal, où il croissait, de quelle manière on en utilisait les diverses parties pour en fabriquer des cordes, des tissus, des corbeilles (comme celle où fut déposé le petit Moïse), des calames, il fit couper devant son auditoire une partie de cette tige, montra de quelle façon on en rapprochait les lamelles, quelle préparation on leur faisait subir, comment enfin on obtenait un feuillet propre à recevoir l'écriture. Ce mode de fabrication une fois compris, voulant montrer l'objet même préparé, il fit circuler enfermés entre deux verres des fragments de papyrus antique. Quelle explication, même donnée par lui, eût valu cette leçon de choses? Mais en même temps quel sentiment délicat des égards que l'on doit aux humbles !

Le sujet de ces entretiens était d'ailleurs des plus variés : ici le papyrus, là une comparaison entre Athènes et Paris ; ailleurs le bon usage de la langue française ou l'utilité qu'on peut tirer des inscriptions. Mais partout, et quel que fût l'auditoire, c'était au culte du passé qu'il conviait les esprits et les cœurs, le passé de la France comme celui de Rome ou de la Grèce. « Un des signes de la supériorité morale des races auxquelles nous sommes fiers d'appartenir, disait-il (2), c'est le souci de se survivre à soi-même. Celles-là n'ont point d'avenir

---

(1) Conférences populaires faites à l'Asile de Vincennes : *Le Papier dans l'antiquité et dans les temps modernes*, par E. Egger. Paris, Hachette, 1866. Voyez particulièrement p. 13 et suiv.

(2) *Tradition et Réformes*, p. 206.

pour qui le passé n'est rien, et qui, selon la belle expression de Plutarque, laissent chaque jour tomber dans un gouffre d'oubli le trésor de leurs sentiments et de leurs pensées. La civilisation est une chaine qu'il ne faut pas laisser rompre, et à laquelle chaque génération doit ajouter un anneau. C'est ce qui donne à l'histoire, à l'étude des antiquités, un si noble rôle dans les sociétés humaines vraiment dignes de ce nom. »

Partout aussi, et quel que fût le sujet, il savait le rendre agréable par un tour de franchise et presque de bonhomie spirituelle. C'est encore là un des traits de sa physionomie de savant : nul n'a été plus érudit, et chez nul autre l'érudition n'a paru plus attrayante. Il détestait le pédantisme, qui ne choquait pas seulement son bon sens et son esprit de mesure, mais qui lui semblait comme une atteinte à la sincérité de la science. Par exemple, il ne pouvait souffrir l'emploi de ces termes modernes, savants et prétentieux, qu'il est presque toujours si facile de remplacer par un de nos vieux mots. Nul n'a plus fait que ce grand helléniste pour écarter de notre langue le flot de mots grecs qui la déparent et l'alourdissent, même quand ils sont bien faits, qui finiront par lui donner un air exotique, et dont ce n'est pas le moindre tort de contribuer à faire prendre le grec en aversion. Il ne manquait jamais une occasion de railler cette manie de parler grec en français. « Nous possédions déjà le Kaléïdoscope, le Phénakistiscope, dit-il, quelque part (c'était au moment de l'Exposition universelle de 1878, où il semblait que la Grèce eût été conviée au baptême de toutes les inventions de ce temps), et tant d'autres noms bien faits pour écorcher la langue des enfants qui n'y voient rien qu'une variété de la vieille lanterne magique. Voici maintenant le Praxinoscope et le

Lamposcope, deux termes à faire frémir et les Hellènes et les hellénistes... Quelque temps avant l'ouverture de l'Exposition, n'est-on pas venu me demander un bel et bon mot grec pour un briquet perfectionné, un autre encore pour je ne sais quel instrument destiné à battre la crême et à faire du beurre (1) ! » Aussi, à l'inverse de tant de conférences savantes, les siennes étaient goûtées, même des femmes, comme un des plus agréables délassements de l'esprit; et de ces entretiens familiers l'impression qu'emportait l'auditoire était que jamais la science n'avait été plus spirituelle sans cesser d'être exacte, ni plus française tout en demeurant imprégnée de l'antiquité.

C'est au cours de cette existence honorée et studieuse que la guerre de 1870 surprit M. Egger. Il approchait alors de la soixantaine. Bien que sa vie de savant ne l'eût guère préparé au maniement du fusil, il n'hésita pas un instant, et comme tant d'autres hommes d'étude éminents, qui firent alors simplement et sans bruit leur devoir, il résolut de s'enfermer dans la ville menacée. Il ne pouvait songer à braver les fatigues qu'affrontaient avec un élan viril tant d'hommes plus jeunes; mais, tandis que Mme Egger emmenait à Étretat sa fille, son jeune fils et ses parents trop âgés, M. Egger se faisait inscrire sur les registres des Vétérans chargés de la garde de l'intérieur de Paris. C'est ainsi qu'il passa les cinq longs mois du siège, isolé du monde extérieur comme tous ses concitoyens, et sans nouvelles des siens jusqu'au jour où l'une des rares dépêches qui pénétraient dans Paris vint lui annoncer la mort subite de M. Dehèque,

(1) Conférences de l'Association scientifique, dans la *Revue politique et littéraire*, numéro du 15 février 1879 (page 774).

en décembre 1870 (1). Dans une famille si étroitement
unie, et dont les membres se trouvaient séparés par la
rigueur des événements, c'était pour les uns et pour les
autres un coup doublement cruel. Sans s'associer aux
espérances que des esprits généreux persistaient à entretenir, mais sans se laisser atteindre par le décourage-
ment, M. Egger ne déserta aucune de ses obligations,
partageant ses loisirs forcés entre les devoirs civiques et
ses habitudes de travailleur. Le marquis de Saint-Hilaire,
dans sa Notice sur Brunet de Presle, raconte (2) avoir
vu un jour M. Egger avec son ami en faction devant
une boucherie de la rue de Rennes, les pieds dans la
boue, et faisant prendre patience à la file des femmes
qui venaient attendre leur maigre nourriture. M. Egger
ne parlait jamais des tristesses de ces mauvais jours
sans rappeler la résignation, presque la bonne humeur
de ces pauvres gens, durant les longues stations en plein
air, au plus fort des intempéries : un mot viril, une bou-
tade spirituelle, suffisaient à relever les cœurs, et ces
gardes nationaux, qui s'appelaient Duruy, Egger ou
Brunet de Presle, ne se faisaient pas faute d'employer
le remède. Ils se souvenaient d'avoir été professeurs, de
l'être encore à l'occasion, et de tous les bienfaits de leur
enseignement, ils n'étaient pas loin de croire que le
meilleur était peut-être encore le reconfort de leur chaude

(1) Voir, sur M. Dehèque, une Notice par M. Léon Heuzey, de
l'Institut (*Annuaire de l'Association pour l'encouragement des études
grecques en France*, 5e année, 1871, p. 180), et, dans le même volume (p. XLVII), deux pages de Brunet de Presle, enfin, dans la
Revue des cours littéraires (no du 19 août 1871), un article d'Albert
Dumont.

(2) *Annuaire de l'Association pour l'encouragement des études
grecques en France*, 9e année, 1875, p. 364.

parole et du bon exemple qu'ils donnaient. D'autres fois, c'était en travaillant que ces vaillants hommes, même au corps de garde, trompaient les ennuis du service : il y a, près de la rue de Vaugirard, un poste de police, devant lequel nous ne passions guère sans que M. Egger me rappelât qu'il y avait corrigé telle épreuve ou préparé telle lecture. En effet, à l'exception des cours de la Sorbonne, que le manque d'étudiants ne permettait pas de rouvrir, ni l'Institut ne vaquait, ni les sociétés savantes n'avaient suspendu leurs réunions. L'Association pour l'encouragement des études grecques, par exemple, tenait régulièrement ses séances chez Brunet de Presle. Le marquis de Saint-Hilaire a retracé avec émotion, dans cette même Notice sur Brunet de Presle, le souvenir de ces soirées, « où tous les assistants étaient en uniforme et venaient ou de la garde des remparts ou des postes les plus éloignés (1) », et où, devant sept ou huit auditeurs (mais quels auditeurs ! MM. Patin, Egger, Duruy, Caro, Brunet de Presle, Chassang, marquis de Saint-Hilaire), M. Gidel lisait, le 5 janvier 1871, premier jour du bombardement, « au bruit du canon qui tonnait et des bombes qui éclataient non loin de là, un mémoire sur un manuscrit grec, contenant une apocalypse de la Vierge Marie, qui fut inséré dans l'Annuaire en 1871 (2) ». Pareillement, c'est chez son président d'alors, M. Egger, que s'était réfugiée la Société de linguistique, et c'est dans le salon hospitalier de la rue Madame que furent lues, pendant ces jours néfastes, bien des notes curieuses, dont quelques-unes se ressentent des

(1) *Annuaire de l'Association pour l'encouragement des études grecques en France*, 9ᵉ année, 1875, p. 365.
(2) *Id., ibid.*

préoccupations du moment, la note de Francis Meunier, par exemple, sur l'étymologie des mots « cartouche, gargousse, giberne », lue à la séance du 19 novembre 1870 (1). A l'Institut, M. Egger n'avait manqué non plus à aucune des séances hebdomadaires. Parmi les travaux qu'il poursuivit au milieu de cette période de deuil public, je citerai seulement la Note communiquée à l'Académie des sciences sur la formation des mots scientifiques (2), le mémoire intitulé : *Des mots qui, dans la langue grecque, expriment le commandement et la supériorité*, et qui fut lu à l'Académie des inscriptions et devant la Société de linguistique (3), surtout une série d'articles insérés, en 1871, au *Journal des Savants*, sous le titre : *Des principales Collections d'inscriptions grecques :* c'est l'histoire des grands recueils d'épigraphie publiés en Allemagne, en Grèce ou en France. Après en avoir apprécié la méthode, l'auteur en faisait comprendre l'intérêt, et, revenant sur une idée qui lui était chère et qu'il ne se lassait pas de développer, il exprimait le vœu que des régions de l'érudition académique et du haut enseignement l'épigraphie descendit et prît place dans les livres d'enseignement secondaire. En tête du recueil de ces articles, il écrivit un court Avant-Propos qui se terminait par ces mots : « Quant à la rédaction, elle est d'un temps où les douleurs et les devoirs de la vie civique laissaient à un Français, resté volontairement dans Paris, bien peu de

(1) *Bulletin de la Société de linguistique de Paris*, n° 3. Juillet 1871.

(2) Voyez ci-dessus, p. 68.

(3) *Comptes-rendus* de l'Académie (1870) et *Bulletin de la Société de linguistique de Paris*, n° 3. Juillet 1871.

calme et de liberté d'esprit pour les travaux littéraires. Mais n'était-ce pas un devoir aussi de disputer aux douleurs du moment et de consacrer au pur culte de la science le peu d'heures que ne réclamaient pas impérieusement d'autres services ? D'ailleurs, je puis dire que, dans mes jugements sur les œuvres de l'érudition allemande, on ne trouvera pas trace de la moindre impression qui pût altérer les sentiments de la plus sincère équité ; et je souhaite que tous ceux qui, en Allemagne, apprécient nos travaux français se puissent rendre le même témoignage (1). » Belles paroles qu'on aime à relire à quinze ans de distance, et qui montrent de quels sentiments étaient animés les hommes qui représentaient alors, dans Paris assiégé, la science française.

Lorsque la paix eut ramené le calme dans les esprits, on sait de quelle ardeur s'éprit le pays tout entier pour la réforme de notre système d'éducation. Ce n'étaient que projets de réorganisation, associations pour l'étude des questions pédagogiques, fondations de toute sorte. Dans cette mêlée d'opinions, il était impossible que l'expérience d'un maître comme M. Egger ne fût pas utilisée : elle le fut d'abord au Conseil supérieur de l'instruction publique, où l'envoya siéger, dès 1873, l'Académie des inscriptions et belles-lettres, puis dans un des postes où son activité d'esprit, toujours en quête de progrès, et sa compétence reconnue de grammairien attentif aux découvertes de la science pouvaient rendre le plus de services aux études. M. Dutrey, qui présidait l'agrégation de grammaire depuis la mort de J. L. Burnouf, venait de mourir (1870) : M. Egger fut chargé de le remplacer. Une fois de plus, il témoigna, dans cette

(1) *Ibid.*, p. ii.

nouvelle fonction, de l'esprit d'initiative qui avait toujours animé son enseignement. Sans faire violence aux programmes, et en s'inspirant tout à la fois de l'esprit nouveau qui commençait à circuler dans l'Université et de la lettre du règlement interprété au sens le plus large, il introduisit dans l'épreuve orale certaines innovations, entre autres une courte exposition doctrinale sur un point de grammaire grecque ou latine, à l'occasion des textes expliqués. Si nos jeunes maîtres se sont initiés peu à peu aux méthodes grammaticales, que la France demeurait presque seule à ne pas pratiquer, on le doit, pour une part sans doute, à la publication de livres nouveaux qui, à ce moment, popularisèrent ces méthodes, mais pour une grande part aussi à l'initiative résolue du président du concours d'agrégation. Sur un autre point, l'étude du vieux français, son action n'a pas été moins efficace. C'est M. Egger qui, le premier, fit inscrire au programme le texte de Joinville. Pour la première fois, les candidats étaient invités à justifier d'une connaissance étymologique de la langue française. L'épreuve donna les meilleurs résultats. Beaucoup de maîtres prirent goût à cette étude nouvelle ; tous s'initièrent aux principes d'analyse qu'elle suppose. Une fois entrée dans les habitudes du concours, l'innovation s'établit, protégée, comme toutes celles qu'avait inaugurées M. Egger, par l'esprit élevé et libéral du Président qui lui succéda en 1875, M. Chassang (1). Ce qui prouve, d'ailleurs, que ces deux améliorations répondaient à un besoin des études, c'est que le principe vient d'en être consacré par la sanction du Conseil supé-

---

(1) Aujourd'hui Inspecteur général de l'enseignement secondaire, vice-président du jury pendant la durée de la présidence de M. Egger.

rieur (1). Même il s'en est fallu de peu que la haute
assemblée n'adoptât une proposition faite depuis longtemps par M. Egger, je veux parler de la fusion en une
seule des deux agrégations de lettres et de grammaire.
De même que dans son cours en Sorbonne il s'était
toujours préoccupé d'associer à l'étude littéraire des
textes certaines notions d'antiquités ou de philologie, de
même il regrettait que nos professeurs d'humanités privassent leurs élèves et se privassent parfois eux-mêmes
de ce secours, et comme il jugeait les professeurs de
grammaire en général trop peu littérateurs, il souhaitait
de voir les professeurs de lettres un peu plus grammairiens : il demandait donc qu'on imposât aux uns certaines épreuves littéraires, aux autres certaines épreuves
grammaticales. De là à ne constituer qu'une agrégation
il n'y avait qu'un pas : M. Egger n'hésitait pas à fran-
chir la distance. Je n'entre pas plus avant dans l'examen
de ce projet, dont la pensée repose sur un principe in-
contestablement juste, mais sans tenir peut-être assez
de compte d'objections diverses, et qui, en tout cas, se
heurterait dans la pratique à des difficultés presque
insurmontables. M. Egger eut du moins la satisfaction
de voir le Conseil réaliser une partie de son désir : le
Statut qui vient d'être arrêté dans la dernière session,
celle de juillet 1885, introduit dans l'épreuve écrite de
l'agrégation de grammaire une composition de littérature, dans celle de l'agrégation des lettres deux compositions grammaticales.

(1) Dans la session de juillet 1885, où le Conseil, réformant le Statut des diverses agrégations, a inscrit au programme de l'agrégation de
grammaire une explication de vieux français et des explications critiques
de textes grecs et latins, qui supposent certaines notions de grammaire
et de philologie.

C'est ainsi que cette vigoureuse intelligence marquait partout son empreinte. Presque au même moment, M. Egger donnait de la souplesse de son talent une autre preuve bien caractéristique. L'Association pour l'enseignement des jeunes filles, fondée en 1867, l'avait désigné comme président, pour remplacer M. Milne-Edwards, qui venait de résigner sa fonction (1875). Tâche délicate entre toutes : ne se pouvait-il pas faire que ce grand helléniste, ce grammairien éminent, familier avec tant de matières d'étude que ne comporte guère l'éducation, même la mieux ordonnée, des femmes, n'eût pour des élèves si nouvelles de trop hautes ambitions ? Ç'eût été le bien mal connaître, et pas un ne s'y méprit parmi les maîtres distingués qui le choisirent. Ce qu'en effet il apporta dans sa direction de bonne grâce tout ensemble et de ferme raison, de réserve délicate sans pruderie, d'esprit de nouveauté sans témérité, on peut le concevoir en relisant les allocutions qu'il prononça chaque année à la réouverture de ces cours (1). Aucun genre de connaissances, même philosophiques ou scientifiques, ne l'effraie, pourvu qu'on les dispense avec tact et mesure. Professeur de l'Association, de 1868 à 1875, avant d'en être le président, il avait donné l'exemple d'innovations heureuses, et, outre la littérature ancienne, on l'avait vu de 1871 à 1874 professer un cours d'histoire et de grammaire historique de la langue française (2). Le danger dont

(1) *Tradition et Réformes*, p. 100 et suiv.

(2) En 1867, date de la création des cours, l'enseignement comprenait huit cours : *économie domestique, littérature, histoire de France, géographie de la France, mathématiques, physique, chimie, histoire naturelle.* En 1882 (M. Egger exerça la présidence de 1875 à 1881), il y en avait quinze : *grammaire historique de la langue française, litté-*

il veut qu'on se garde n'est pas « de trop savoir, mais de mal savoir (1) » ; ce qu'il redoute, ce n'est pas « le savoir qu'on possède, mais le méchant usage qu'on en fait (2) ». Du reste, toujours fidèle à sa vieille méthode, celle qu'il avait pratiquée pour lui-même, qu'il ne cessait de recommander, et qui peut être regardée comme la règle-maîtresse de son enseignement à tous les degrés : apprendre pour savoir; de l'examen n'avoir souci que pour adapter à ses exigences variables la science acquise. « N'arrive-t-il pas chaque jour, disait-il, que le succès couronne, comme c'est justice, ceux qui ont uniquement songé à faire de bonnes études, ceux qui ont aimé les choses qu'on leur enseigne, la société des grands hommes, le spectacle des grands événements, la méditation des nobles pensées, consacrées par l'autorité des chefs-d'œuvre classiques (3)? » Et encore : « Qu'importe que certaines connaissances ne soient pas représentées dans le programme de l'examen auquel on tend ? Sont-elles pour cela moins utiles? Il y a des faits, il y a des idées qu'il faut avoir traversées une fois en sa vie pour être un homme com-

---

rature ancienne (grecque et latine), littérature française, histoire (ancienne, du moyen âge, moderne), géographie, arithmétique et géométrie, physique, chimie, zoologie, botanique, astronomie, beaux-arts (peinture et sculpture), beaux-arts (musique). En résumant ainsi le programme en juin 1882, M. le Vice-recteur Gréard annonçait que, l'année suivante, il y aurait, en outre, des cours de *littérature étrangère et de philosophie.* (L'*Enseignement secondaire des filles,* mémoire présenté au Conseil académique dans la séance du 27 juin 1882 par M. Gréard, membre de l'Institut, Vice-recteur de l'Académie de Paris. Paris, Delalain, p. 51.)

(1) *Tradition et Réformes,* p. 118.

(2) *Ibid.,* p. 126.

(3) *Ibid.,* p. 131.

plet, dût-on même n'y pas revenir. Il en reste dans l'esprit des impressions générales de rectitude et de justesse, qui ne paraissent point à la surface peut-être, mais qui forment le fond d'une raison solide, applicable plus tard dans toutes les carrières entre lesquelles vous aurez à vous partager ; il en reste une sorte de curiosité généreuse pour tout ce qui honore et fortifie l'intelligence humaine (1). » Ces conseils, qu'il adressait aux fils et aux frères, il les répétait en toute occasion aux mères et aux sœurs. « Il y a profit pour la jeunesse à embrasser, au moins sommairement, dans leur ensemble, les vérités dont la possession fait l'honneur de l'esprit humain. C'est ainsi qu'elle s'élève au-dessus des petits intérêts de la vie vers les régions supérieures où aspire ce que M. Villemain appelait si noblement et si justement le divin patriotisme de l'âme (2). » Belles et judicieuses paroles que n'eût pas désavouées l'éminent auteur du mémoire si connu sur l'*Enseignement secondaire des filles*, M. le vice-recteur Gréard (3).

De ces années d'activité date l'entrée de M. Egger au *Journal des Savants :* il en était devenu *auteur* en 1871 (6 octobre), à la place de M. Patin, promu *assistant;* lui-même devint *assistant* à la mort de M. Naudet. Dès 1871 et pendant le siège, il avait communiqué à ses futurs collègues le travail, mentionné plus haut, sur les Recueils d'inscriptions; depuis, il ne cessa d'écrire dans le Journal tantôt des articles de critique littéraire, par exemple sur le Roman grec, à l'occasion des travaux de M. Erwin Rohde; sur la Poésie alexandrine que

(1) *Tradition et Réformes*, p. 97.
(2) *Ibid.*, p. 133.
(3) Voyez la note 2 de la page 89.

venait d'étudier M. Couat; le plus souvent des comptes-rendus d'éditions nouvelles d'auteurs grecs : tels les articles sur les grandes éditions savantes de la librairie Hachette, l'*Homère* de M. Pierron, le *Sophocle* de M. Tournier, l'*Euripide* et le *Démosthène* de M. Weil; tels encore les articles sur l'*Apollonius Dyscole* de Schneider et Uhlig, sur l'*Hérodien* de Lentz ou sur le *Babrius* de Rutherford ; quelquefois des analyses d'ouvrages d'érudition, comme la traduction de la *Grammaire* de Bopp par M. Bréal, le livre de M. Baret sur la *Prononciation du grec*, le volume des *Mélanges* de Fr. Thurot, les *Opuscula* de Th. Vallauri, surtout les ouvrages de Corssen, de Schuchardt, de Brambach ; quelquefois même enfin des dissertations originales, comme ses Observations concernant une inscription attique, récemment découverte sur l'Acropole d'Athènes, ou sa Note sur une inscription inédite de Dodone, curieuse à la fois par l'exemple presque unique qu'elle a conservé d'une sentence d'absolution intéressante, et par des singularités de langue tout à fait rares. Il traduisait parfois le texte étudié, et toujours avec l'élégante précision qu'on admire dans ses traductions de la *Poétique* d'Aristote, et de celles des *Odes* de Pindare qu'il a mises en français pour compléter une version inédite de Boissonade (1) qu'il publia lui-même en 1867.

Du même temps date sa collaboration régulière au *Journal des Débats*. Il y écrivait depuis fort longtemps : par exemple, il y avait inséré, dès 1857, une Notice

---

(1) La version retrouvée dans les papiers de Boissonade était incomplète : il y manquait sept odes et deux n'étaient pas achevées. M. Egger a marqué de ses deux initiales celles qu'il a traduites en totalité ou en partie.

nécrologique sur Boissonade. A partir de 1871, il y publia tantôt des notices du même genre, sur Fr. Monnier, le précepteur du prince impérial, que M. Egger avait contribué à désigner au choix du souverain, et qui lui conserva toute sa vie une grande reconnaissance, sur Fr. Meunier, sur A. Boucherie; tantôt des articles de pédagogie ou de littérature : « Le grec est-il mort ? est-il mourant ? » — « Les méthodes, les livres, les professeurs. » — « Les cours ouverts et les cours fermés. » — « Grammairiens et littérateurs. » — « Notice sur les travaux de T. Vallauri », le célèbre latiniste italien.

En 1874, et de concert avec lui, l'objet de son enseignement en Sorbonne fut modifié : au lieu d'un cours unique de littérature grecque, on en créa deux, sur le modèle de l'enseignement depuis longtemps institué pour le latin, l'un d'éloquence grecque, qui fut confié à M. Egger, l'autre de poésie grecque dont le professeur fut M. Jules Girard, déjà connu par ses belles études sur Lysias, Hypéride et Thucydide, et qui publia depuis son ouvrage sur *Le sentiment religieux en Grèce,* une des œuvres maîtresses de la critique littéraire contemporaine, et qui devint le confrère de M. Egger à l'Académie des inscriptions.

Chargé de travaux si divers, professeur et académicien toujours ponctuel, membre actif de sociétés savantes et de comités au Ministère de l'instruction publique, collaborateur du *Journal des Savants,* du *Journal des Débats,* de revues d'érudition, président des associations pour l'encouragement des études grecques et pour l'enseignement des jeunes filles, orateur de conférences, auxiliaire de tant de travailleurs et conseiller de tant d'entreprises littéraires, par surcroît engagé dans une correspondance quotidienne avec des savants de tout pays ou des obligés de toute condition, et cependant ne négligeant aucun des devoirs qu'imposent les bienséances, on se demandera sans doute comment M. Egger pouvait suffire à tant d'occupations simultanées. Ceux-là seuls peuvent le comprendre qui vivaient dans l'intimité de cette existence laborieuse. Au travail dès le matin de bonne heure, il ne quittait guère son cabinet que pour se rendre où l'appelait l'alternance de tant de fonctions, même alors ne perdant pas une minute; si on l'abordait, emmenant avec lui jusqu'au Ministère, à la Sorbonne, à l'Institut, le visiteur de rencontre, ou, si l'entretien demandait un complément, assignant un rendez-vous prochain, toujours et partout exact, régulier, et cela sans paraître jamais affairé. Peu d'hommes ont su mieux régler l'emploi de leur temps; peu surtout ont autant travaillé, et, à côté des grands travailleurs de notre temps, les Le Clerc et les Littré, pour ne parler que des morts, il mérite d'avoir une place. Ces habitudes laborieuses, qu'il avait contractées dès sa première jeunesse, alors que le pressaient les nécessités de la vie, il les conserva jusqu'à la fin de sa vie, et quoique aveugle.

Joignez-y une extraordinaire facilité pour le travail. Il comprenait vite, même les questions qui lui étaient le moins familières, et une fois comprises elles demeuraient à tout jamais classées dans son cerveau. Non moins que cette aptitude naturelle, son immense lecture lui rendait plus aisée qu'à bien d'autres, même éminents, l'ordonnance rapide d'un sujet, la perception des grandes lignes et des points secondaires qui s'y pouvaient rattacher. Il avait tant lu, fait et mis en ordre tant d'extraits de livres de toute sorte, suivi, la plume à la main, les leçons de tant de maîtres, qu'il était, en

matière d'antiquité ou d'érudition, comme une sorte de
bibliothèque ou de musée vivant. Il n'y avait pas, on peut
le dire, dans cet ordre de sujets, une question qu'il ne
connût, sur laquelle il ne pût rappeler l'opinion de tel
ou tel, exposer son propre avis raisonné et motivé. De
là venait en grande partie, et sans diminuer pour cela
la part qu'il en faut attribuer à son talent naturel, l'abondance de sa parole ou l'aisance de son style. Comme
orateur ou comme écrivain, sa facilité était extraordinaire, et l'on en pourrait citer bien des preuves caractéristiques : aux obsèques de Saint-Marc Girardin (mort
le 1ᵉʳ avril 1873), M. Patin, qui devait parler au nom de
la Faculté des lettres, se trouva indisposé. M. Egger,
prévenu seulement au moment où commençait la cérémonie funèbre, prononça, après le duc de Broglie et
M. Buffet, un discours qu'il venait d'improviser, et que
toute l'assistance jugea vraiment éloquent. De même, en
1876, à l'ouverture des cours de jeunes filles, en Sorbonne, les élèves avaient été convoquées par erreur une
heure trop tôt : le professeur chargé du cours, ignorant
cette méprise, ne devait arriver qu'à l'heure réglemen-
taire. M. Egger, se chargeant de faire patienter l'assistance, fit sur le *pédantisme,* après s'y être préparé une
heure à peine, une de ses plus aimables et plus judicieuses causeries. Tout récemment enfin, quelques semaines avant sa mort, on sait qu'à l'Académie même,
l'ordre du jour se trouvant épuisé, et la séance fort
écourtée, M. Egger s'offrit à la remplir en improvisant
d'intéressantes explications sur les origines latines de
la langue roumaine. Cette abondance et cette facilité de
parole, quelques-uns les trouvaient excessives. Mais on
en peut penser ce que lui-même disait du système d'éducation qui procède, non toujours nécessairement par la

ligne droite, mais souvent par des échappées dans toutes les directions. « S'il y a de grandes routes, il y a aussi des chemins secondaires qu'il ne faut pas négliger ; il y a des digressions qui portent bonheur et dont il ne faut pas trop se défendre (1). » Au reste, comme le fait remarquer M. Bréal, « il y avait beaucoup à apprendre dans ces sinuosités d'une pensée qui se circonscrit d'avance pour ne pas dépasser l'exacte vérité (2) ».

Ajoutons enfin son admirable mémoire, non pas tant la mémoire mécanique qui retient la lettre des choses, quoique celle-là aussi fût chez lui d'une sûreté étonnante, que cette mémoire du cœur ou de l'intelligence, comme on voudra l'appeler, qui parfois oublie le mot, mais retrouve l'accent et fait revivre le sens intime d'un vers, d'une pensée, d'un développement.

C'est à ces dons naturels et à cette judicieuse répartition de son temps qu'il devait de pouvoir mener de front tant d'occupations qui auraient écrasé un travailleur ordinaire. Encore se faisait-il une règle de ne jamais refuser sa porte : à quelque heure du jour qu'on lui vînt demander un conseil ou un service, si ses devoirs ne l'avaient pas appelé au dehors, il était toujours prêt à recevoir le visiteur, et cela sans paraître jamais regretter les heures que dérobait à ses occupations cette continuité d'entretiens ; mérite rare et dont on devait savoir gré à un tel travailleur ; car, si tous les hommes d'étude ont quelque raison d'être ménagers de leur temps, il aurait bien eu, lui, le droit d'en être avare.

Seulement, on s'explique ainsi que M. Egger ait peu

(1) *Tradition et Réformes*, p. 132.

(2) Article nécrologique sur M. Egger dans le *Temps* du 6 septembre 1885.

voyagé. Retenu sans cesse à Paris par une multiplicité
de devoirs dont il tenait à ne négliger aucun, assidu à
son cours de Sorbonne à ce point qu'en quarante-quatre
ans il n'a manqué volontairement, je crois, qu'une
leçon, celle du 8 mai 1875, où il était venu présider une
de nos séances solennelles (encore l'autorisation de
s'absenter lui fut-elle régulièrement accordée sur la demande adressée directement au ministre par notre président d'alors, M. Boucher de Molandon), il lui restait
peu de loisir pour des déplacements lointains. Comme
son ami Brunet de Presle, rencontre singulière entre
deux savants également épris de la civilisation grecque,
il n'a jamais vu la Grèce. En 1878 (17 mai, 1ᵉʳ juin) des
lettres pressantes d'A. Dumont faillirent le décider à accepter la direction de l'École d'Athènes, que rendait va-
cante le retour en France d'A. Dumont lui-même. Après
réflexion, il y renonça, bien qu'avec regret. Longtemps
avant il avait eu la pensée d'assister avec M. Bréal aux
fêtes préparées à Berlin en l'honneur de Bopp dont le
premier ouvrage, le *Système de la conjugaison du sanscrit comparé avec celui des langues grecque, latine, per-
sane et germanique* (Francfort-sur-le-Mein, 1816), attei-
gnait sa cinquantaine; mais à ce moment même (1866)
l'ébranlement commençait en Allemagne pour les pré-
paratifs de mobilisation contre l'Autriche : les deux savants y renoncèrent. Sauf un voyage en 1841, avec un
de ses anciens élèves, sur les bords du Rhin, un autre à
Zurich, en 1844, pour certaines recherches en vue du
Recueil d'épigraphie latine alors projeté, enfin le voyage
en Belgique, au nom de l'Académie des inscriptions
(v. p. 67), il ne fit en général que des excursions en
France même. Du moins ne se refusait-il pas le loisir des
villégiatures au temps des vacances, ou de rares distrac-

tions qu'il savait tourner au profit de son instruction personnelle; car cet actif esprit ne pouvait se résigner au repos : comme à beaucoup d'hommes d'étude le mot célèbre : « *nunquam minus otiosus quam cum otiosus* (1) » eût pu être sa devise : une visite à l'atelier d'Ingres, une promenade à travers les magnificences du château de Dampierre (Seine-et-Oise), dont le duc d'Albert de Luynes, son confrère, lui faisait les honneurs, une excursion jusqu'au Mesnil (Eure), où M. Ambroise-Firmin Didot, son confrère aussi, lui faisait admirer ses belles usines, tels étaient parfois ses délassements. Surtout, il ne s'interdisait pas d'aller dans le monde : il y était aimé pour sa vive franchise et son obligeance et recherché pour sa conversation instructive et spirituelle. Il en goûtait d'ailleurs les jouissances délicates et se récréait au commerce de tant d'hommes distingués que ses relations de savant l'amenaient à fréquenter. De 1872 à 1877, en particulier, il était un des hôtes habituels de la maison de M. Thiers, où il se rencontrait avec d'autres universitaires ou académiciens, Mignet, Giraud, Bersot, M. Barthélemy Saint-Hilaire, M. Jules Simon; M. Thiers discutait volontiers avec lui sur des questions chéres à l'homme d'État toujours passionné pour les lettres, sur Polybe, par exemple, dont tous deux s'accordaient à admirer le sens politique, mais pour lequel M. Thiers souffrait à peine que son interlocuteur, faisant de justes réserves, ne le mît pas comme écrivain au rang d'un Thucydide ou d'un Tacite. Autant que la parole alerte et le savoir varié de M. Egger, M. Thiers appréciait son caractère élevé et sûr; et il lui témoignait d'ordinaire une véritable ami-

____

(1) *P. Scipionem dicere solitum nunquam se minus otiosum esse, quam cum otiosus.* (Cicéron, *De officiis*. III, 1.)

tié : « Mille remerciements pour vos précieux envois, lui écrivait-il le 21 août 1875, à la veille de quitter Paris pour une absence prolongée. Je mets dans mon sac de voyage le volume relatif aux questions de littérature ancienne. C'est la place réservée à ceux de mes livres desquels j'attends les plus agréables distractions et les plus fructueuses.

« A revoir cet hiver, avec le même désir de vous retrouver souvent à mon foyer, au milieu des amis de choix.

« Tout à vous,
« A. THIERS. »

M. Egger lui-même aimait à recevoir toutes les semaines quelques amis, et plusieurs qui liront ces lignes ne se rappelleront pas sans émotion les soirées aimables de chaque dimanche auxquelles Mme Egger, assistée de son gendre et de sa fille, M. et Mme Lereboullet, présidait avec une bonne grâce affable, et où les hôtes habituels, la plupart célèbres, d'autres aspirant à le devenir, voyaient arriver quelque étranger connu dans le monde savant, surtout quelque Hellène de marque. De ce salon hospitalier comme du cabinet de travail la politique était rigoureusement exclue; les lettres seules et les questions d'art défrayaient une conversation aimable et sans apparat. Aussi, même parmi les jeunes gens que M. Egger se plaisait à inviter, plus d'un se laissait-il gagner au charme de ces réunions simples et cordiales sans rien regretter de réceptions plus bruyantes ou plus fastueuses. Au milieu de cette famille qui l'entourait de tendresse, d'amis qui le comblaient de leurs égards, et dont quelques-uns lui rappelaient de chers souvenirs, M. Egger vieillissait doucement, heureux de tant de soins délicats, fier de se sentir respecté et honoré.

Les marques de considération, en effet, ne manquaient pas à cette existence modeste, mais non sans grandeur, et les plus illustres saisissaient avec empressement l'occasion de lui témoigner leur estime : « Mon bien cher confrère, lui écrivait encore M. Thiers le 18 août 1875, je vous remercie de me rappeler deux de vos écrits qui ont charmé tous les vrais érudits, et que je lirai avec le plus grand empressement. Malheureusement, je ne puis pas emporter beaucoup de livres, mais je fais chercher dans ma bibliothèque ce qui concerne les documents sur lesquels les historiens grecs ont fondé leurs récits. Ce ne sont pas des leçons de critique historique qu'on a à vous donner ; c'est à les recevoir qu'on doit se préparer, et c'est un plaisir bien réel que je ressens, toutes les fois que vous nous donnez un de vos moments.

Tout à vous de cœur,

« A. Thiers ».

Un an auparavant, le 5 mai 1874, présidant l'assemblée générale de la Société de l'histoire de France à la place de M. Guizot empêché, M. Egger avait dû naturellement parler de celui qu'il suppléait ; il l'avait fait avec la déférence due à un tel nom. Quelques jours après il recevait le billet suivant : « Vous avez ramené mon nom, mon cher collègue, en termes bien nobles et bien aimables pour moi. L'absence perd ses tristesses, quand elle est ainsi suppléée et honorée. Je ne regrette que de n'avoir pas entendu moi-même vos charmantes paroles ; j'en aurais été presque embarrassé. De loin, je n'ai fait qu'en jouir. J'en emporte au Val-Richer un bien doux souvenir.

« Tout à vous,

« Guizot. »

Les distinctions, comme on le pense bien, étaient venues d'elles-mêmes : Officier de l'Instruction publique,
de la Légion d'honneur, du Sauveur de Grèce, des
Saints Maurice et Lazare, du Lion de Belgique, il
avait été fait, par l'Empereur du Brésil, si bon appré-
ciateur du mérite, si justement populaire dans le
monde savant, et qui avait pour M. Egger, on l'a vu
plus haut, une estime particulière, Commandeur de
l'Ordre de la Rose (31 mars 1873). C'était le prélude de
la double promotion de Commandeur, qu'il devait bientôt recevoir dans les deux ordres de la Légion d'honneur et du Sauveur.

Nous touchons au pénible incident du décanat.
M. Patin, qui avait succédé, en 1865, à M. Le Clerc,
comme Doyen de la Faculté des Lettres, étant mort en
février 1876, les professeurs furent invités à élire son
successeur. Ils décidèrent (14 mars) de désigner pour
doyen celui d'entre eux qui avait à ce moment les plus
longs services, et de n'évaluer ces services qu'à partir
du jour où les professeurs avaient pris rang comme titulaires. Par suite de cette décision, les quinze années
pendant lesquelles M. Egger avait suppléé Boissonade
n'entraient pas en ligne de compte, et par là même il
ne pouvait être élu. Il en ressentit un vif chagrin ; mais
l'âme était trop vaillante pour s'abandonner ; il fut
d'ailleurs soutenu par d'innombrables témoignages de
sympathie, et quelques jours après (21 mars) le ministre, M. Waddington, l'appelait spontanément comme
successeur de M. Patin au Comité consultatif de l'enseignement supérieur.

Peu après il recevait de l'Association pour l'encouragement des études grecques une récompense dont l'intention délicate le toucha vivement. Il lui avait rendu, au

cours des dix années écoulées depuis la fondation (1867-1877), des services de premier ordre, s'employant de tout son zèle à recruter des adhérents, à provoquer des dons, à surveiller les intérêts de l'Association, de concert avec le dévoué M. Ruelle. Son rôle pendant toute cette période, écrivait M. G. d'Eichthal, a été pour la Société celui « d'une sorte de Providence (1) ». L'Association, qui lui avait renouvelé trois fois l'honneur de la présidence, en 1868, 1871 et 1876, voulut perpétuer l'expression de sa gratitude, et créant pour lui une fonction que n'avaient pas prévue les Statuts, elle lui décerna le titre, dont cette exception même faisait une distinction insigne, de Président honoraire. Il ne s'était pas borné aux bons offices qui assuraient la prospérité de l'Association; il avait encore prêché d'exemple en publiant dans l'Annuaire des dissertations nombreuses. Ces mémoires attestent le goût d'études variées qui était un des traits caractéristiques de son esprit. Le critique littéraire rédige les *Observations sur l'Eroticos inséré, sous le nom de Lysias, dans le* Phèdre *de Platon* (1871, p. 17), les *Observations nouvelles sur le genre de drame appelé satyrique* (1873, p. 40), les travaux intitulés *Des documents qui ont servi aux anciens historiens grecs* (1875, p. 1), *Callimaque considéré comme bibliographe,* etc. (1876, p. 70); mais, dans un recueil consacré à l'encouragement des études grecques en France, le savant n'oublie pas de rendre hommage à une glorieuse famille d'érudits, les Estienne, hellénistes et imprimeurs de grec au XVIe siècle (1869, p. 1), et le philologue recueille des *Observations sur*

(1) *Annuaire de l'Association pour l'encouragement des études grecques en France,* 11e année, 1877, p. 49.

*le vocabulaire technique des grammairiens et des rhé-
teurs anciens* (1877, p. 138) ou édite un *Index du Commentaire de Boissonade sur les* Heroica *de Philostrate*
(1876, p. 97). Devenu président honoraire il publia
encore, en 1878 (p. 175), un travail qui a pour titre :
*De la part qu'il convient de faire à l'histoire littéraire
dans l'enseignement secondaire du grec et du latin;*
en 1879 (p. 1), *Socrate et le dialogue socratique;* en
1880 (p. 1), un résumé, que M. Talbot rédigea, de ses
comptes-rendus de 1835-1836 sur l'épopée homérique,
d'après le cours de Fauriel; en 1883 (p. 1), un *Aperçu
historique sur la langue grecque;* en 1884 (p. 79), une
Esquisse d'un examen critique de la Théogonie *d'Hésiode.*

Les forces paraissaient, au moins pour le public,
n'avoir subi aucune atteinte ; pourtant ceux qui vivaient
auprès de lui n'observaient pas sans inquiétude quelques symptômes, indices de la cruelle infirmité qui allait
bientôt l'atteindre. Il passa ainsi les années qui suivirent
(1877-1880), continuant de remplir ses devoirs de professeur en Sorbonne, assistant aux examens de baccalauréat et de licence, présidant parfois les séances de doctorat, et, quant à son cours, qu'il n'avait pas discontinué,
« traînant de son mieux, comme il m'écrivait, par allusion à la *grande* et à la *petite* leçon, le char littéraire du
lundi et la brouette philologique du samedi. » Mais son
clairvoyant esprit ne se faisait point illusion : il se sentait vieillir ; la cécité le menaçait de plus en plus; des
pensées pénibles s'emparaient de lui. En 1878, il m'a-
dressait à Orléans un distique latin de sa composition,
et qui n'était autre qu'un projet d'épitaphe pour lui-
même. Comme je le suppliais d'écarter de telles préoccupations, il insista, m'envoyant la traduction, en un

distique grec, des deux vers latins, et me prévenant que.
le cas échéant, ce serait l'original latin qu'il faudrait
seul graver.

Grâce à Dieu, le malheur n'était pas aussi proche, et
sa vieille expérience devait rendre encore plus d'un service à la cause de l'enseignement. En 1880, lorsque se
firent dans les corps savants les élections pour le Conseil supérieur réorganisé, M. Egger reçut de ses confrères de l'Académie des inscriptions le renouvellement du
mandat qu'ils lui avaient déjà confié en 1873. On sait
quelles graves questions furent soumises à la haute
assemblée. Dans le conflit d'opinions qui se heurtèrent
au sein du Conseil, M. Egger se montra ce qu'il avait
toujours été, respectueux de ses adversaires et ouvert à
toutes les idées de progrès. Il était trop vieil humaniste,
surtout trop attaché à l'étude du grec, qu'il personnifiait
en quelque sorte dans notre pays, pour ne pas s'efforcer
de lui maintenir une place d'honneur dans le régime de
nos études; mais, d'autre part, il était trop de son
temps, qu'il avait tant de fois devancé, pour ne pas faire
bon accueil au nouvel enseignement industriel ; il souhaitait seulement que cet enseignement ne fût pas exclu-
sif, qu'on le rattachât, par une étude au moins sommaire
du latin, aux origines de notre langue et de notre civilisation, surtout qu'on lui ménageât, par des cours
appropriés, par des visites aux collections et aux musées, quelques échappées vers l'histoire, les usages, les
arts et les professions de l'antiquité. Les discussions de
programmes le trouvaient moins accessible, presque in-
différent : qu'on fixât tant d'heures pour les langues,
l'histoire ou les sciences, il s'en inquiétait peu. trop peu
sans doute, ne croyant guère à l'efficacité des programmes, et ne comptant pour le progrès des études que sur

l'intelligence et le bon vouloir commun des maitres et des élèves. « Tant vaut le maître, tant vaut le programme » était une de ses maximes pédagogiques favorites. « Améliorons les livres et les méthodes, écrivait-il (1), à la bonne heure ; mais songeons avant tout, professeurs de tous les degrés, à compléter notre savoir et à perfectionner la méthode vivante par excellence, qui est et qui sera toujours notre esprit. Ne comptons pas trop sur la vertu des règlements et sur les secours d'en haut. » Une mesure, au moins, la création des bourses de licence et d'agrégation, qui furent instituées par un arrêté du 3 juin 1880 (2), lui causa une véritable joie : il se reportait par la pensée à sa jeunesse laborieuse, à ses débuts pénibles ; les obstacles qu'il avait su vaincre à force de talent et de volonté, il se demandait combien d'autres les avaient surmontés comme lui, et comparant des temps si dissemblables, il trouvait dans ce contraste, en même temps qu'un motif de fierté patriotique, une raison nouvelle d'avoir confiance.

Au moment où nous sommes parvenus, M. Egger était devenu aveugle. Sa vue n'avait jamais été bonne, et il avait achevé de l'user par d'incessantes lectures, par le déchiffrement des inscriptions et des papyrus. En dépit des soins dévoués qu'il trouvait dans sa propre maison, le mal avait fait de 1877 à 1879 des progrès alarmants ; la cécité était complète l'année suivante. Ce coup, qui aurait accablé plus d'un vieillard, et qui devait être surtout cruel à un homme d'étude, lui fut moins sensible qu'on ne devait le craindre : il s'y était peu à

(1) *Tradition et Réformes*, p. 315.

(2) Un arrêté du 5 novembre 1877 avait été comme un premier essai d'organisation des bourses de licence.

peu préparé, et, lorsque toute espérance fut perdue,
après une courte crise d'un désespoir trop concevable,
il accepta cette épreuve avec une sérénité touchante,
réglant sa vie en conséquence, mais sans se dérober à
aucun des devoirs qu'il jugeait impérieux, parfois même
encore acceptant d'aller dans le monde, où sa bonne
humeur, l'entrain de sa conversation, sa promptitude à
reconnaitre au son de la voix les invités qui venaient le
saluer frappaient d'étonnement même ceux qui ne le
connaissaient pas.

Autour de lui tous s'ingéniaient à lui alléger son
infortune, sa compagne, dont le dévouement veillait
avec une sollicitude de tous les instants sur cette pré-
cieuse vie, ses enfants, ses petits-enfants dont la tendresse imaginait mille prévenances ; ses amis, plus
attentifs que jamais à l'entourer d'égards. Le plus difficile était de concilier avec la gêne d'une telle infirmité
les besoins du savant. Pour sa correspondance, qu'il ne
se résignait pas à cesser complètement, il eut à sa dis-
position un appareil ingénieux, qui lui permit de s'entretenir au moins avec ses amis les plus chers. Pour le
reste, sans se priver des bons offices de son entourage,
il se fit aider d'abord par le secrétaire instruit et
dévoué, qu'il avait auprès de lui depuis 1878, M. Roger
Peyre, qui dut malheureusement le quitter pour entrer
dans l'enseignement public (1), et plus tard par M. Victor Prou, bon helléniste et habile mathématicien (2).

(1) Aujourd'hui professeur agrégé d'histoire au collège Stanislas.

(2) Né à Tours le 9 février 1831, mort en cette même ville le
2 août 1884, ingénieur civil, successivement attaché à la Compagnie du
chemin de fer d'Orléans et à diverses sociétés industrielles, M. Prou a
publié plusieurs ouvrages fort importants, entre autres une édition, avec

Mais les services mêmes que ses secrétaires lui rendirent seraient demeurés insuffisants sans sa mémoire vraiment extraordinaire, surtout sans les habitudes d'ordre qu'il avait toujours eues. Non seulement en effet M. Egger possédait avec une grande sûreté la plupart des auteurs de l'antiquité; mais en outre son cabinet de travail aurait pu être offert en exemple à bien des savants : il n'y avait pas un livre sur les rayons de cette riche bibliothèque, pas un papier dans ce trésor de notes accumulées depuis tant d'années, dont le possesseur ne sût exactement la place, et, s'il en fallait rechercher un, il indiquait avec une exactitude qu'on n'a jamais, je crois, trouvée en défaut, le carton qui devait le fournir. Ses familiers avaient fini par ne plus même le remarquer; mais, si d'aventure la recherche se faisait devant un visiteur de passage, c'était une cause d'indicible étonnement. Avec cela, d'une adresse singulière, maniant sans embarras ses objets de travail habituel, les déposant à la place accoutumée, faisant lui-même le tri des brochures

traduction française, commentaire et dessins, de la *Chirobaliste* d'Héron d'Alexandrie (insérée dans le tome XXVI, 1re partie, des *Notices et Extraits des manuscrits*, publiés par l'Académie des inscriptions et belles-lettres), un autre mémoire intitulé *Les Ressorts-battants de la Chirobaliste d'Héron d'Alexandrie* (*Notices et Extraits des manuscrits*, t. XXVI, 2e partie), le *Théâtre d'automates d'Héron d'Alexandrie*, avec version française et notes (Mémoires présentés par divers savants étrangers à l'Académie, 1re série, t. IX). A l'aide du premier de ces ouvrages, M. Albert Piat, mécanicien français, a pu faire exécuter dans ses ateliers une véritable restauration de la Chirobaliste, qui a figuré à l'Exposition universelle de 1878, et qui est maintenant déposée au musée de Saint-Germain. (Renseignements extraits d'une Notice sur Victor Prou, par E. Egger, dans le *Biographisches Jahrbuch*, de Calvary, Berlin, 16 février 1885).

ou des papiers qu'il réservait pour ses amis, et les leur offrant de sa main.

Grâce à son industrie personnelle comme à tous ces secours étrangers, il put ne pas cesser de travailler : or, pourvu qu'il travaillât, la vie, au milieu des siens, lui était encore douce. C'est ainsi qu'il parvint à continuer son cours pendant cinq années (1880-1885), le préparant avec le même soin qu'autrefois, le renouvelant autant que le lui permettait la difficulté de ses recherches, et, chaque fois qu'il paraissait dans sa chaire, salué par d'unanimes applaudissements. Il s'était repris, en même temps, à ses travaux de cabinet, et dans le mouvement de son immense production, ces cinq années ne comptent pas parmi les moins actives. Par exemple, il n'avait pas cessé de collaborer aux *Débats* et au *Journal des Savants;* du même temps datent le mémoire sur les *Œconomica* (1), puis cette charmante histoire du Livre (2), qui a fait les délices de tant de lecteurs de tout âge, et qu'il avait d'abord publiée en une série de onze articles dans le *Magasin d'éducation et de récréation;* enfin l'ingénieux article, publié dans les Mélanges Graux (p. 35), et qui a pour titre : « *Question homérique : Manque-t-il un épisode dans le récit que fait Homère des voyages de Télémaque à la recherche de son père?* » C'est encore dans la même période qu'il commença, en collaboration avec le docteur Fournier, une traduction du *Traité des plantes* de Théophraste, dont le premier livre seul est achevé. Il ne se désintéressait pas davantage des questions de pédagogie, et c'est à lui

(1) Voyez p. **62.**
(2) Publiée chez Hetzel, en un volume in-12.

que le ministre confia en 1882 (25 novembre) la présidence de la Commission chargée d'arrêter le plan et la méthode des Lexiques pour le Baccalauréat ès lettres à partir de la session de 1883.

Malgré la continuité de tant de travaux son infirmité lui était parfois plus pesante. A ces heures tristes, un de ses délassements favoris était de composer de petites pièces de poésie latine. Bien qu'il admît, comme beaucoup de bons esprits, que les nécessités du temps présent ne permettent guère de conserver aux vers latins leur ancienne place dans le cadre de nos études, il ne se résignait pas pour sa part à les délaisser tout à fait. Il leur était reconnaissant de quelques-uns de ses succès d'autrefois, et un peu pour cette raison, beaucoup par suite d'un goût naturel, il se laissait aller à versifier. Il y excellait d'ailleurs, enfermant sans effort dans un vers élégant et ferme une pensée ingénieuse ou élevée. C'est lui, par exemple, qui a composé pour l'Académie des sciences (1875), sur la demande du grand chimiste Dumas, le vers concis et spirituel, qui fut gravé sur la médaille commémorative du Passage de Vénus :

Quo distent spatio sidera juncta docent.

Plus d'un de ses amis a reçu ainsi la confidence de vers toujours faciles, souvent gracieux, et qui décèlent la main d'un artiste habile. Au cours de la dernière année il avait encore écrit plusieurs pièces, dont une fort touchante, adressée au plus ancien survivant de ses amis de jeunesse (l'orléanais M. Médéric Fontaine), et où il déplore les tristesses de son infirmité et l'isolement auquel trop souvent elle le condamne. Jusque dans les derniers jours il a versifié, et l'on se rappelle que

M. Renan venait de recevoir de son ami un distique
auquel lui-même répondait, lorsque lui parvint de Royat
la fatale nouvelle (1). Souvent M. Egger traduisait en
vers grecs le distique ou la pièce qu'il avait tournés
d'abord en latin, parfois même il composait ses vers
tout de suite en grec, selon le goût et l'inspiration du
moment. On ne se risque guère en supposant que, seul
peut-être des savants de nos jours, du moins en France,
il avait conservé cette aisance et cette grâce à se jouer
avec la muse grecque. Involontairement on songe aux
érudits du XVIe siècle, avec qui M. Egger avait plus
d'un trait de ressemblance, la dignité de la vie, l'esprit
de tolérance, l'amour de la libre recherche, le culte du
grec, et auxquels il ressemble encore par ce goût pour
la versification grecque et latine. Plus rarement il
s'essayait à la poésie française : quelques amis se
rappellent avoir lu de lui d'agréables vers « Ma photographie », puis « A mes soixante ans », d'autres encore
composés pendant ses villégiatures, et qu'il ne produi-
sait d'ailleurs, sans en tirer gloire autrement, que dans
l'intimité.

Ces occupations mêmes ne suffisaient pas à son esprit
demeuré toujours actif. Non seulement il se faisait lire
les principaux articles de nos Revues savantes ; mais si
quelque travail lui paraissait, après une première lecture,
d'un intérêt particulier, il en demandait une analyse
exacte, notant les points qui lui semblaient d'importance, réclamant, s'il y avait lieu, un supplément d'information ou de preuves. Les questions universitaires ne
sollicitaient pas moins sa curiosité : sur le mouvement
des études dans nos lycées ou aux diverses agrégations,

(1) *Journal des Débats*, du 4 septembre 1885.

sur les travaux du Conseil académique de Paris, sur les mémoires que M. Gréard communique d'ordinaire au Conseil, et où sont agitées avec une si haute et lumineuse raison les questions d'éducation les plus délicates (1), il n'avait jamais assez de renseignements; d'ailleurs, toujours bienveillant, encourageant comme autrefois les travailleurs, ou, selon le degré de leur familiarité, les entretenant de ses propres travaux. Ceux qui fréquentaient en ces dernières années son accueillante demeure ne peuvent se rappeler sans attendrissement ce vieillard, presque toujours debout dans son cabinet, attentif au moindre bruit de la porte, la tête droite et le regard fixe comme s'il pouvait voir, cherchant à deviner le visiteur qu'on introduisait, le reconnaissant presque toujours au son de la voix, et, si ce visiteur était un ami, lui tendant la main vivement, comme pour faire comprendre qu'à défaut des yeux éteints le cœur restait bien vivant.

Sa vieillesse s'écoulait ainsi entourée d'hommages. Aux réunions annuelles de l'Association pour l'encouragement des études grecques, dont il était devenu, on s'en souvient, le président honoraire, les présidents qui se succédaient, M. Miller, son ami et son confrère à l'Institut, MM. les Inspecteurs généraux Glachant et Chassang, tous deux ses anciens élèves, le marquis de Saint-Hilaire, aimaient à le saluer en termes délicats de leurs respects et de leurs vœux. En 1883, quelques amis, se rappelant qu'il avait été reçu docteur cinquante

(1) Voir notamment *L'Enseignement secondaire spécial* (1881), *L'Enseignement secondaire des filles* (1882), déjà cité (p. 89, note 2, et p. 91 de la présente Notice), *La question des programmes dans l'enseignement secondaire* (1844), etc. Paris, Delalain.

ans avant, lui adressèrent leurs félicitations; il en fut vivement touché : c'était sa jeunesse, dont les promesses avaient été si bien tenues, qui revivait pour un instant devant lui, et, si ce souvenir était mêlé pour lui de bien des tristesses, il y retrouvait aussi, avec la conscience d'avoir fait tout son devoir, plus que son devoir souvent, quelque sérénité.

Cependant, en dépit de ces consolations et des soins pieux qui veillaient sur lui, il s'attristait. La mort de plusieurs amis chers avait ravivé en lui le sentiment de sa vieillesse éprouvée. Après le courageux Francis Meunier enlevé dès 1875, et dont la fin prématurée lui avait fait une vive impression, il vit disparaitre, en quelques années, un de ses amis de prédilection, Brunet de Presle, le vénéré Michel Chasles, Auguste Robert, l'un des compagnons de sa jeunesse; puis des hommes dans la force de l'âge : Anatole Boucherie, âme douce autant que vaillante; l'abbé Thénon, cœur ferme et droit; Albert Dumont, ravi dans tout l'éclat d'une gloire naissante, et dont la mort foudroyante lui causa une véritable douleur; d'autres encore, plus obscurs ou plus jeunes. Malgré la juste fierté que lui avait fait éprouver sa promotion au grade de Commandeur de la Légion d'honneur (27 juillet 1879), malgré la joie qu'il ressentit d'heureux événements de famille, la renommée croissante de son gendre, M. le docteur Lereboullet; les succès de ses deux fils, l'aîné devenu docteur ès lettres avec une thèse remarquée sur *La Parole intérieure,* déjà signalé parmi les maîtres de la psychologie contemporaine, aujourd'hui professeur à la Faculté de Nancy, et dont un mariage récent venait de combler les vœux ; le plus jeune, reçu en quatre ans licencié ès lettres, agrégé de grammaire, agrégé des

lettres, et depuis appelé comme professeur de troisième
au collège Stanislas, il avait comme le pressentiment
d'une fin prochaine. Sans rien témoigner des pensées
qui le préoccupaient, il voulut mettre en ordre divers
travaux en réserve dans ses cartons. Revenant alors en
arrière sur sa longue vie, il se mit en devoir de recueillir les écrits qui pouvaient le mieux faire comprendre
ce qu'il avait souhaité, tenté ou accompli pour le bien
de notre enseignement public. Déjà vingt ans auparavant, il avait publié deux recueils de morceaux ainsi
choisis. Mais ses *Mémoires de littérature ancienne* (1862)
et *de littérature ancienne et de philologie* (1863) avaient
un caractère d'érudition pure. Ce qu'il avait le désir de
faire cette fois, c'était, si je puis dire, son testament de
professeur. Lui qui avait toujours et partout réclamé
certaines innovations, et dont l'enseignement avait été
la mise en pratique de ces idées de progrès, il avait à
cœur de se redire à lui-même comment il avait compris son rôle d'éducateur. De cette pensée naquit le
livre *Tradition et Réformes*, imprimé en 1883, et qui
devait être le dernier ouvrage de lui publié de son vivant.
Il mit en tête quelques pages adressées « au lecteur »,
où il rappelait brièvement ses longs services, ses débuts,
sa carrière de professeur et d'écrivain. Ces pages, d'une
gravité singulière, où l'on sentait une émotion contenue,
furent comme l'adieu du vieux maître prenant congé de
tant de disciples qu'il avait contribué à former, et
devant eux se rendant le témoignage qu'il avait fait le
possible pour bien mériter de l'Université et de son
pays.

Sa conscience en repos de ce côté, il reprit à loisir
un grand travail auquel il voulait mettre la dernière
main, son *Essai sur l'histoire de la critique chez les*

Grecs, qu'il avait depuis longtemps projeté de réviser en vue d'une édition nouvelle. Pour suffire à cette tâche qu'il sentait devoir être laborieuse, il commença par décliner toute candidature au Conseil supérieur alors renouvelable (1884). Puis il demanda à M. Alfred Croiset, déjà maître de conférences à la Faculté des lettres, de le suppléer dans sa chaire. Pour la première fois libre de tout devoir professionnel, il se mit à l'œuvre, assisté (M. Prou venait de s'éteindre tristement au loin) d'un nouveau secrétaire, M. Crépin, aujourd'hui licencié ès lettres. Après un an d'un travail continu, la révision était achevée (1). Les derniers jours de l'année scolaire furent employés à l'achèvement d'un mémoire sur les *Couronnes chez les anciens,* commencé jadis avec le docteur Fournier, et destiné au *Dictionnaire des antiquités grecques* de MM. Daremberg et Saglio.

A ce moment (août 1885), M. Egger avait réglé l'emploi de ses vacances. Tandis que son plus jeune fils allait se distraire, dans un voyage en Suisse, des travaux d'une première année de professorat, lui-même, accompagné de Mme Egger, devait rejoindre à Royat M. et Mme Lereboullet qui s'y trouvaient installés avec leurs enfants, et de là, comme les deux années précédentes, aller demander au château du marquis de Saint-Hilaire, dans la Charente-Inférieure, une affectueuse hospitalité. Diverses préoccupations de famille retinrent M. et Mme Egger à Paris jusqu'au 22 août. Rien alors ne laissait pressentir le malheur prochain. Pendant toute la semaine qui précéda le départ, j'eus l'occasion de voir M. Egger presque chaque jour : son égalité d'humeur

(1) Le volume paraîtra avant peu à la librairie Pedone-Lauriel.

était toujours la même, comme toujours avec une
nuance de tristesse qui n'excluait pas quelque enjoue-
ment. Il m'entretenait des travaux qu'il venait d'achever,
de ceux qu'il comptait poursuivre tout en se reposant à
Royat, et ne montrait guère d'appréhension que pour
son retour qui devait coïncider avec la date des élections législatives et la rentrée scolaire : infirme comme
il était, et bien que protégé par le dévouement qui
veillait sur lui, il ne songeait pas sans ennui aux fatigues
d'un long trajet et à l'encombrement des gares. Le ven-
dredi 21, j'allai lui porter avec mes adieux mes souhaits
d'heureux voyage. Il me fit quelques recommandations
pour divers intérêts qu'il voulait bien me confier d'ordinaire, et je pris congé de lui. Je ne devais plus le
revoir. Dix jours plus tard, j'apprenais avec stupeur
la fatale nouvelle.

Il avait fait heureusement le voyage, et avait passé
au milieu des siens, tranquille et gai, les derniers jours
du mois. Le samedi 29 août, la journée avait été plu-
vieuse et maussade. Tandis que Mme Egger était allée
jusqu'à Clermont pour quelques emplettes, M. Egger
avait gardé le salon tout le jour, causant avec sa fille et
son gendre, se reportant avec eux à des souvenirs lointains, leur rappelant quelques incidents de sa longue
vie, s'entretenant de l'avenir de son plus jeune fils,
donnant même à son petit-fils, Pierre Lereboullet, la
leçon quotidienne. Cependant, Mme Egger était revenue,
et, selon la touchante habitude du dîner de famille,
deux des petites-filles de M. Egger étaient venues
prendre chacune par une main leur grand-père, qu'elles
menaient à sa place accoutumée avec une gravité presque
religieuse. Lui, avec sa bonne grâce sérieuse, se laissait
conduire, reconnaissant de ces soins tendres, mais sans

qu'on pût deviner son émotion autrement que par son silence même. La soirée s'était passée calme et heureuse comme la journée. Au matin, vers cinq heures, Mme Egger s'entend appeler : elle se lève et trouve son mari en proie à une crise de douleur vive vers le cœur. Depuis une heure, il souffrait, disait-il, à en crier; mais, craignant d'alarmer les siens, il avait étouffé son appel jusqu'au jour naissant. Son gendre accourant parvint à calmer la souffrance, et il y eut quelque apaisement jusque vers midi. A ce moment, le malade se leva, s'habilla en partie lui-même, et, comme il témoignait le désir de reposer, on l'installa dans un fauteuil, où il éprouva presque aussitôt un grand bien-être. Pour éviter que le moindre bruit troublât son sommeil, on se retira discrètement dans la chambre voisine. Peu après, Mme Egger crut entendre comme un long et bruyant soupir ; elle ouvrit doucement la porte : M. Egger était renversé sur son fauteuil, les bras pendants, le visage congestionné, les extrémités glacées; moins d'un quart d'heure après, en dépit des soins les plus énergiques et les plus dévoués, il était mort.

Il n'est que juste de dire que la France perdait en lui un des hommes qui l'ont le mieux servie et le plus honorée. Lorsque la triste nouvelle parvint à Paris, ce fut dans le monde savant une émotion générale. A l'Institut, à la Faculté des lettres, dans toutes les associations qui s'honoraient de l'avoir à leur tête ou dans leur sein, partout on eut le sentiment d'une grande perte, et le jour des obsèques, malgré l'absence de tant de familles alors éloignées de Paris, une foule émue se pressait dans l'église Saint-Sulpice. Au premier rang, les représentants de l'administration : au nom de l'Université, qu'ils avaient servie ensemble depuis tant d'années,

M. le directeur Zévort, l'un des plus considérables témoins de cette longue vie (1); pour le Ministre, son chef de cabinet, M. L. Robert; puis les délégations officielles : confrères, collègues, élèves, amis, obligés de tout âge et de toute condition, tous étaient venus, quelques-uns de fort loin, apporter un dernier hommage à l'homme bon, que tous avaient quelque raison de pleurer. Sur sa tombe, MM. Desjardins, au nom de l'Académie des inscriptions et belles-lettres; Himly, pour la Faculté des lettres; Hauréau, délégué du *Journal des Savants;* Jourdain, représentant de l'Association pour l'encouragement des études grecques; Saripolos, interprète des Hellènes de Grèce et de France, lui adressèrent les suprêmes adieux. La presse s'associa unanimement à ces regrets (2); même de l'étranger arrivèrent à Paris les plus touchants témoignages de l'estime qu'il inspirait partout, et jusque du Brésil l'empereur don Pedro, par une lettre qui vient d'être lue à l'Académie des inscriptions (3), a tenu à s'associer, en termes d'une grande noblesse, à ce deuil de la science et des lettres.

M. Egger méritait ces hommages et ces regrets. Depuis son humble et courageuse jeunesse jusqu'au

(1) On n'a pas oublié parmi nous que M. Zévort, Directeur de l'enseignement secondaire, et dont les attaches orléanaises sont bien connues, a débuté par la fonction d'Inspecteur d'Académie à Orléans (1er avril 1848) dans les services administratifs de l'Université, où il occupe aujourd'hui un si haut rang.

(2) Il suffira de citer les articles de MM. Renan (*Débats* du 4 septembre 1885), Bréal (*Temps* du 6 septembre), Huit (*Monde* du 9 septembre), Bigot (*Gagne-Petit* du 3 septembre), S. Reinach (*Biographisches Jahrbuch* de Calvary, Berlin). Voyez aussi le *Journal de Genève* (6 septembre), etc.

(3) Dans la séance du 30 octobre 1885.

dernier jour de sa vieillesse glorieuse, sa vie avait été un long exemple de dévouement à la science et au bien. A dix-sept ans, soutien de sa mère veuve et de sa sœur, déjà maître avant d'avoir cessé d'être élève ; à vingt ans, professeur à Paris après les plus brillants et les plus précoces succès dont l'Université ait gardé le souvenir ; à vingt-sept ans, professeur en Sorbonne et maître de conférences à l'École normale ; membre de l'Institut à quarante, il n'avait dû cette fortune éclatante autant que rapide qu'à son travail et à son énergique volonté. Puis, quand cette fortune était venue, au lieu de se reposer comme bien d'autres, fidèle à ce sentiment profond du devoir qui a été la règle de sa vie, il avait continué de travailler sans relâche, honorant son pays par son enseignement populaire bien au-delà de la Sorbonne, par ses travaux appréciés à l'étranger non moins qu'en France ; servant la science par tous les moyens, sous toutes les formes, dans toutes les associations où son nom était à la fois comme une force et un symbole respecté. Plus tard, lorsque vinrent les mauvais jours, on l'avait vu, après l'émotion du premier moment, supporter sa disgrâce avec une véritable noblesse d'âme, et, quand la plus cruelle des infirmités l'avait atteint, se soumettre à cette nouvelle épreuve avec une résignation sereine. Tant de courage, de dignité, de grandeur, lui avait valu d'universels respects, et c'était entouré des égards et de l'admiration de tous qu'il avançait en âge. Surtout, on l'aimait pour son exquise bonté. Humble de naissance, il avait conservé pour les humbles la sympathie d'un cœur généreux ; il se plaisait avec eux, et, de tous les auditoires qu'il a instruits et charmés, on l'a bien souvent entendu dire qu'aucun ne l'avait jamais plus intéressé ni ému ; pauvre

et sans appui, il avait trouvé dans sa jeunesse auprès
d'hommes excellents les encouragements qui lui avaient
ouvert la voie : il ne l'oublia jamais, et devenu capable
à son tour de se faire écouter des puissants, il se montra
secourable à tous ceux qui venaient lui demander un
conseil ou une protection. Aux jeunes gens surtout,
quand ils étaient laborieux, il aimait à frayer le chemin,
et l'on a pu dire avec raison qu'il n'attendait pas pour
cela d'être sollicité (1); de lui-même, discrètement, il les
signalait pour un avancement ou une distinction, et parfois la récompense était déjà accordée que le titulaire se
demandait avec étonnement d'où lui venait cette faveur
imprévue. Que de surprises délicates il a faites ainsi! et
combien lui ont dû leur fortune de savant ou de professeur! « S'il était possible à tous ceux qui ont été les
obligés de M. Egger de suivre son cercueil, écrivait un
journaliste au lendemain de sa mort, le convoi serait
long (2)! » — « S'ils parlaient tous aujourd'hui, disait
un autre, si chacun venait raconter à son tour ce qu'il
doit à M. Egger, le monde serait tout étonné de voir ce
qui peut tenir de bienfaits dans une vie de professeur,
et ce qu'il peut y avoir de bonté dans le cœur d'un savant (3). » S'il était tel pour ses auditeurs ou ses
élèves, on peut se figurer ce qu'il devait être pour
ses amis : à ceux qu'il avait ainsi choisis et comme
adoptés pour siens il se donnait sans réserve, vivant,
ce n'est pas une exagération de le dire, de leur vie,
prenant sa part de leurs joies et de leurs peines, et,

(1) M. le doyen Himly, dans le discours prononcé sur la tombe de
M. Egger.
(2) M. Ch. Bigot (*Gagne-Petit* du 3 septembre 1885).
(3) *Journal de Genève* du 6 septembre 1885.

quand ils étaient frappés, soit eux-mêmes, soit dans leurs plus chères affections, trouvant pour les pleurer ou s'associer à leur douleur des accents d'une tendresse pénétrante ! On l'a bien vu à la mort de Francis Meunier, d'Anatole Boucherie, d'Albert Dumont, d'autres encore. Quel mari, quel père devait être un tel homme, ceux-là seuls peuvent s'en faire une idée qui l'ont vu dans l'intimité de son foyer, entouré de sa compagne dévouée, si digne de le comprendre, de ses enfants dont il était fier, de son gendre qui était pour lui un autre sujet d'orgueil, de ses petits-enfants qui étaient la joie de sa vieillesse et qui ajoutaient au charme sérieux de cette patriarcale demeure la grâce de leur jeune âge.

Tel était l'homme. Mais son nom ne périra pas. Le souvenir n'est pas près de s'éteindre de ce long enseignement où, pendant plus de quarante années, il a fait aimer le nom de la Grèce, ses arts, sa civilisation ; où il a répandu dans l'âme de tant d'auditoires divers, de savants, de jeunes filles, d'illettrés, la semence de sa parole élégante et ingénieuse. De ses livres, on peut être assuré que la plupart lui survivront, et que, sans parler de tant de mémoires achevés, l'*Histoire de la Critique*, celle de l'*Hellénisme*, celle du *Livre*, d'autres encore, trouveront longtemps des lecteurs. Longtemps aussi, on se souviendra du patronat glorieux qu'il a exercé pendant plus de trente années sur toutes les choses de la Grèce dans notre pays, qui a fait de lui comme « le patriarche des études grecques (1) » en France, et qui lui a valu la reconnaissance et l'affection des Hellènes. Non moins que tout cela, ce qui préservera sa mémoire, ce sont les élèves qu'il a faits : parmi tant de savants

---

(1) M. Desjardins, dans le discours prononcé sur la tombe de M. Egger.

dont notre pays est justement fier, il aura eu cette
gloire, enviable entre toutes, et plus rare qu'on ne
pense, d'exercer une maîtrise, et il fallait bien que son
enseignement fût fécond et sa parole généreuse, pour
qu'il ait contribué à former, dans tant de directions
diverses, des disciples dont quelques-uns sont devenus
des maîtres célèbres à leur tour. C'est au milieu de ce
cortège innombrable d'amis et d'obligés de toute condition, au milieu de ce groupe d'élèves choisis, qu'il peut
se présenter à la postérité, et je ne crois pas que la
reconnaissance ou l'amitié m'égarent, si j'ajoute que tant
de mérites et de fortes vertus lui assurent parmi les
plus savants et les meilleurs hommes de notre temps
une des plus hautes places.

Encore ne le connaissions-nous pas tout entier. Sous
ces dehors sévères que redoutaient seulement, comme
on l'a si bien dit (1), ceux qui ne le connaissaient pas,
se cachait, — cela nous le savions, — un fonds inépui-
sable de bonté ; mais cette âme tendre était encore une
âme stoïque. En 1856, 1857, 1858, M. Egger avait souf-
fert des commencements d'une maladie de cœur, et la
douleur était parfois assez aiguë pour qu'il pût se croire,
lui, seul survivant de ses cinq frères et sœurs, menacé à
bref délai. Dans un de ces moments d'appréhension il
avait rédigé des confidences intimes qu'on a retrou-
vées dans ses papiers, datées de novembre 1856, et qui
contenaient ces mots : « J'ai le pressentiment d'une mort
subite... Ce pressentiment m'afflige sans me troubler... Ma vie est en ce moment si heureuse que je dois
la quitter avec regret ; la tâche d'ailleurs que j'ai à y
remplir est loin d'être achevée, et j'ai toujours tenu à
la vie plus encore pour ses devoirs que pour ses plai-

(1) M. le doyen Himly, dans le discours mentionné ci-dessus.

sirs. Mais je veux me défendre de toute faiblesse. Si je suis frappé subitement, que ma chère femme, que mes chers enfants, que tous mes amis sachent que l'âme du moins n'aura pas été surprise, qu'elle est depuis longtemps clairvoyante et résignée. La Providence a ses secrets où je me confie sans murmure... Les épreuves ne m'ont pas manqué ; puis-je être sûr de les avoir traversées sans erreur et sans fautes ? Mais la volonté du bien, une volonté constante, me fait espérer que Dieu me jugera avec indulgence, et que, s'il reste ici-bas quelque souvenir de moi, ce sera pour tous les miens un titre acquis à l'estime des honnêtes gens. » Et un peu plus tard, en avril 1857 : « Quel triste spectacle que celui de ce monde avec l'instabilité de nos fortunes et la brièveté de notre vie, si l'âme ne trouvait pas un appui hors d'elle-même et au-dessus d'elle-même... *Sursum corda*. Non, ces misères de la vie ne peuvent être une fin. Elles commencent au contraire quelque chose qu'elles n'achèvent pas. Les liens sacrés et doux qui m'attachent à ma famille, à mes amis, à mes élèves, ne peuvent être rompus sans retour par la mort. Il y a entre l'autre monde et celui-ci une communion des âmes où je m'attache avec ardeur. Dieu est, donc il est juste, et j'ai besoin de sa justice, non tant pour moi que peut-être il a comblé déjà, que pour ces milliers d'autres âmes plus éprouvées et plus malheureuses que la mienne. » C'est dans ce sentiment d'une fin toujours imminente, mais en même temps avec cette hauteur et cette fermeté d'âme qu'il a vécu, travaillant toujours, fidèle jusqu'au scrupule à tous ses devoirs, aux jours heureux comme aux jours sombres, toujours le même, tendre ou facile aux autres, dur à lui seul. Il y a seize ans, le 2 avril 1869,

Président de l'Association pour l'encouragement des études grecques, il saluait d'un dernier adieu, lors de l'assemblée générale, un de ses meilleurs amis, son confrère à l'Institut, M. Vincent : « Comme professeur, disait-il, et comme érudit, il a donné tous les bons exemples et surtout celui d'un admirable courage contre les souffrances du corps et contre celles de l'âme. Qu'il me soit permis d'en témoigner ici au nom des souvenirs d'une vieille amitié : ç'a été un spectacle à la fois triste et beau que la vie de cet homme de cœur... Avec la pensée des choses éternelles son âme, jusqu'au dernier moment, a vécu pour la famille, pour l'amitié, pour la science qui lui avait fait à l'Académie et, je puis dire aussi, parmi vous, une seconde famille. Combien on est heureux de croire, Messieurs, que ces fortes âmes ne quittent nos étroits horizons que pour en embrasser de plus larges et de plus purs, où brillera sans nuages devant elles la vérité si longtemps et si ardemment poursuivie au milieu des misères de ce monde! Et pourquoi chercherais-je une autre fin à ce discours que la religieuse impression de pareils souvenirs ? Ils ont leur moralité consolante : sachons nous y arrêter sans molle tristesse. L'hommage que nous rendons à nos morts est plein d'augures heureux et fortifiants; il affermit en nous l'amour du devoir et la confiance en l'avenir par la certitude que nul bon exemple ne sera perdu et que l'œuvre commencée ne manquera jamais de continuateurs. D'ailleurs, si nous aimons tant l'antiquité classique, dont le culte nous rassemble ici, n'est-ce pas parce qu'elle abonde pour nous en leçons qui enseignent tous les genres de courage, et parce que son viril génie nous défend dans les épreuves de la vie contre les défaillances de l'esprit et contre celles du cœur? (1) »

Qu'ajouterais-je à ces nobles paroles? Est-ce bien de son ami seul qu'il entendait parler? Lui, que hantait aussi la pensée des choses éternelles, qui écrivait dès 1856 ces confidences où se reflète son âme pure, qui composait vingt-deux ans plus tard la belle épitaphe qui sera bientôt gravée sur sa tombe :

> *Quantalibet cæcutit in his sapientia terris;*
> *Jamdudum alterius lucis amore trahor,*

en même temps que d'un confrère, d'un ami regretté, n'était-ce pas aussi de lui-même qu'il rendait par avance témoignage ?

Orléans, le 27 novembre 1885.

ANATOLE BAILLY.

(1) *Annuaire de l'Association pour l'encouragement des études grecques en France*, 3e année, 1869, p. XLIII.

TABLE DES MATIÈRES

IMP. GEORGES JACOB, — ORLÉANS.

APPENDICE

LITTÉRAIRE ET BIBLIOGRAPHIQUE

APPENDICE

LITTÉRAIRE ET BIBLIOGRAPHIQUE

PREMIÈRE PARTIE

APPENDICE LITTÉRAIRE [1]

I

CONCOURS UNIVERSITAIRES

Concours pour l'agrégation des collèges (agrégation des lettres, 1834). — V. la *Notice*, p. 15.

SONGE D'ENNIUS

Nostra Tarentinæ jam luserat æmula Musæ
Tentaratque graves si digne vertere posset
Musa choros, Græcumque imitari versibu'carmen.
Jam pronæ juvenum mentes, jamque ipsa senati
Majestas, dignata novis adsistere ludis,
Dulce insueta melos sensim auribus accipiebat.
Facta insperato nobis fiducia plausu
Major, inexpertos quæ corda citaret ad ausus ;

---

(1) Nous réunissons sous ce titre quelques travaux inédits de M. Egger (compositions scolaires pour les concours d'agrégation de 1834 et de 1840 ; pièces de vers latins ou grecs) et un choix de lettres soit de M. Egger, soit de personnages divers (académiciens, littérateurs, érudits) ; plusieurs de ces lettres compléteront utilement certains passages de la *Notice*.

Nescio quæ sensus tenuere injecta furoris
Semina sollicitos. Noctis mens pressa tenebris
Plenaque plaudentis grato rumore theatri
Cesserat in somnos. Oculis tunc magnus Homerus
Visus adesse mihi, propiorque adstare jacenti,
Elysio qualem sibi fingit Græcia campo
Heroum lætis cantus miscere choreis
Puraque divinæ decerpere gaudia vitæ.
Idem frontis honos, gravitate incedit eadem
Arduus ; ipsi alta quondam sub nocte natantes
Ignibu'nunc oculi redivivis acrius ardent.
Hoc mihi subridens vatum pater inclutus ore
Melliflua his tandem solvit præcordia verbis.
   « Jam satis, o vates, veteris conamine Livi
Mæonium sonuit Romana per oppida carmen ;
Roma Sophocleis per te satis artibu'suevit.
Ipsa sibi indigenum poscit jam digna poetam
Æneadum proles. Dudum jacet obruta Veiens
Terra, decem annorum sævis exercita bellis,
Victa suique dolo tandem concessit Ulyssei.
Quidquid Volscus habet camporum et ferrea Martis
Progenies, Samnitis quod grave sentit aratrum
In rigidos docile ad pugnam curvarier enses,
Quod Locri tenuere solum, quod Parthenidarum
Invasit pubes et Græco nomine gaudet
Romani fecere suum. Nec finibus arctis
Itala conclusos tellus tenet : ausa per altum
Insolitis fragilem committere fluctibu'cymbam
Romulidûm petiit longinqua pericula virtus.
Jam, quæ tuta fuit quondam maris aggere vasto
Insula victori completur milite portus.
Surrexere urbi extremis e gentibus hostes ;
Puppibu'Carthago innumeris pontum, irrita volvens
Consilia, intravit : ponto quoque bellipotentes
Biliu'Romanos vult esse. En ipsa tumultu
Africa terra tonat, novaque in Carthagine Troja est.
Vix tandem capienda, novum ni ferret Achillem
Scipiadum fecunda domus ! Sed talia vate

Facta carere suo atque umbris obducier ævi
Fata vetant, et quæ nos immortale superne
Diva regit, sidens Parnassi in rupibus altis.
  « Eia, age, divino quem numine Calliopæa
Sumere corda jubet Trojam celebrantis Homeri ;
Tempus adest, Enni ; cælestibus annue votis ;
Ecce tuam mea vena subit divinitu' mentem,
Carmina ut Iliacis pangas æqualia fatis. »

Concours pour l'agrégation des facultés, 1840.
V. la *Notice,* p. 33.

Examiner quelle autorité on doit accorder dans le jugement des faits
et des caractères au témoignage des *Oraisons funèbres* de Bossuet.

Bossuet écrit quelque part à un ami que la plus grande
preuve de déférence qu'on pût lui demander, c'était une
oraison funèbre. Il avait donc une conscience bien vive des
difficultés d'un pareil genre de composition et des sacrifices
qu'il impose parfois à la sévérité du saint ministère. L'anta-
goniste de Claude et de Paul Ferri, l'orateur des assemblées
du clergé, le défenseur de toutes les vérités chrétiennes
contre toutes les hérésies, même les plus innocentes ; le per-
sécuteur de ce Fénelon qu'il aima longtemps et qu'il estima
toujours, le censeur de tant de livres où l'erreur fut soup-
çonnée avant même de devenir contagieuse, l'évêque auquel
semble n'avoir manqué aucun genre de courage et qui sut,
un jour, attaquer une princesse de sang royal dans l'abbesse
irrégulière d'un cloître soumis à sa juridiction, pouvait-il
accepter sans scrupule la mission de raconter, du haut d'une
chaire chrétienne, la vie plus brillante que pure d'une jeune
princesse, ou les scandaleux égarements d'une intrigante
sans pudeur, ou la sèche histoire d'un administrateur égoïste
et dur ? Non, sans doute ; cet aveu même nous l'apprend ;
mais c'est tout ce qu'il nous apprend, et rien n'autorise à y
voir les regrets d'une conscience agitée.

Issu d'une famille sans noblesse, mais promptement élevé
par ses talents aux premiers rangs de l'Église et du monde,

9

Bossuet fut admis de bonne heure au secret de plus d'une intrigue, et l'expérience des affaires seconda la précocité de son génie. Dans la carrière de l'éloquence sacrée, les fautes mêmes de ses prédécesseurs ne manquèrent pas à son instruction. Ainsi avait-il pu entendre cet éloge funèbre de Gaston d'Orléans, oncle de Louis XIV, où le panégyriste *ne dit mot de ce qu'il fallait dire, et dit précisément tout ce qu'il fallait taire. (Mémoires de la Grande Mademoiselle.)* Il savait bien aussi que l'oraison funèbre n'est pas toujours appelée à célébrer les modestes vertus d'un supérieur de congrégation, et que si elle s'élève avec son sujet, elle devient plus difficile et plus périlleuse ; car elle trouve alors à la cour et dans le public deux tribunaux également difficiles à satisfaire. Ajoutez qu'entre les héros du siècle, bien peu avaient traversé, purs de crimes ou d'erreur, les désordres d'une minorité orageuse qui avait confondu tous les droits et tous les devoirs. Ajoutez enfin, durant les vingt premières années du nouveau règne, ce singulier mélange de gloire et de fastueux scandales, où la religion, toujours honorée, restait trop souvent impuissante. Voilà ce que Bossuet connut, et de bien près sans doute, et cependant, précepteur du Dauphin, ou évêque résident de Meaux. il n'éluda jamais le devoir de prêter sa voix aux grands deuils de la monarchie. S'il ne put réformer cette brillante corruption, il ne craignit pas de la peindre au pied des autels et il espéra quelquefois de la faire rougir. Jamais peut-être pareille épreuve ne fut imposée à un orateur chrétien ; mais aussi jamais orateur chrétien n'en fut plus digne. Sa force croit avec les difficultés ; il ne les accepte pas seulement, il les domine. Rien dans ses sujets qui l'arrête, ni les souvenirs de Mazarin odieux à toute la cour, ni la rébellion d'un prince du sang, en présence de ceux dont elle compromit l'autorité, ni les souvenirs plus scabreux encore de la mission d'Henriette d'Angleterre, ni les honteux désordres de la princesse Palatine, ni la monotone simplicité des vertus d'une reine *qui occupa vingt ans le trône sans le remplir (Saint-Simon)* ; ni même (car il faut bien compter aussi parmi les oraisons funèbres le sermon pour les vœux de Mlle de La Vallière) l'étrange nécessité d'humilier une pénitente si près du roi qui l'oubliait, en présence d'une reine qu'elle avait outragée. Son grand secret, au milieu de tant d'écueils, pour allier une noble franchise à de justes ménagements, c'est la religion, c'est la Providence qui rattache à ces têtes illustres le sort des nations entières, et pour dérouler ces ressorts, Bossuet a toutes les ressources d'un art plus qu'humain. Il a l'ardeur du Grand Condé avec la charité de Vincent de Paul : sur les champs de bataille, dans un hôpital, sous les réduits du pauvre malade, au milieu des conférences de nos ambassadeurs comme auprès de l'échafaud de Charles Ier ou du trône de Cromwel, c'est la même grâce dans les petites choses, la même noblesse dans les grandes, dans toutes, osons le dire, la même vérité ; non peut-être cette vérité de la biographie, qui doit tout raconter, tout juger, si elle peut, mais celle de l'éloquence religieuse qui prend du bien et du mal dans la vie de chacun ce qu'il en faut pour mettre au grand jour les lois de la justice divine, qui choisit sans doute, mais qui résume en le voilant ce qu'elle ne peut dire, et qui croit sa tâche remplie, quand elle a vivement frappé les imaginations et remué les cœurs.

Maintenant, viendrons-nous, avec les *Ana*, les lettres et les mémoires du temps, contrôler les faits et les caractères retracés dans les oraisons funèbres ? Demanderons-nous si la révolution d'Angleterre eut pour unique objet, dans les desseins de Dieu, la conversion d'une fille de Charles Ier, si la piété de cette princesse était vive et sincère autant que son esprit était aimable, et si en appelant l'*abbé* Bossuet auprès d'elle, on voulut seulement lui donner un confesseur *qui eût bon air à mettre dans la gazette ?* (*Mém. de Mademoiselle.*) Irons-nous chercher dans les mémoires d'une femme célèbre un plus exact détail de cette terrible scène ? Avec les naïves révélations de Mlle de Montpensier, écrirons-nous quelques noms propres sous les graves allusions que l'orateur a su faire aux dégoûtantes intrigues de la princesse Palatine ? Essaierons-nous de comparer le Condé de Bossuet à celui du cardinal de Retz ou de La Rochefoucauld, la magnifique description du mariage du roi avec les venimeuses médisances de Gui Patin ? Enfin, emprunterons-nous au duc de

Saint-Simon d'obscures et douteuses révélations sur les amours secrètes d'une reine à qui son époux a rendu au jour de sa mort un tardif, mais touchant témoignage d'estime et de respect? Travail curieux, sans doute, et que la diligence des éditeurs de Bossuet n'a pas encore épuisé, mais qui importe peu à l'appréciation de ses chefs-d'œuvre.

L'oraison funèbre, en effet, l'oraison funèbre chrétienne, comme Bossuet la comprend et comme il l'avait presque apprise à quelques-uns de ses pâles imitateurs, n'admet pas les timides procédés de la méthode historique. Sa critique, si je puis dire ainsi, est plus haute : elle ne dédaigne point les réalités de ce monde, mais elle s'élève au-dessus, et tout son art semble être de les tourner à l'effroi du méchant, à la consolation du juste, à la gloire de la religion. C'est par là qu'elle se distingue de ces monuments de l'éloquence païenne, où l'orateur, privé de grandes inspirations, tourne sans cesse dans les lieux communs et dans les subtilités d'un étroit patriotisme ; c'est par là surtout qu'elle se rattache à l'esprit général du grand siècle où Louis XIV et l'évêque de Meaux représentèrent si longtemps et si bien la majestueuse unité de l'État et de l'Église.

L'histoire a d'autres lois, d'autres conditions, qu'il ne faut pas imposer à l'oraison funèbre. Un homme qui fut éloquent par la science et pour elle, Georges Cuvier, l'a souvent répété : c'est une noble idée que celle qui nous réunit sur le bord d'une tombe pour y recueillir en silence les enseignements d'une vie illustrée par de grands malheurs, d'immortelles découvertes, par de grandes vertus ou même par de grandes fautes. Ces enseignements, il appartient à la religion de les ennoblir et d'y attacher de sublimes espérances. Plus tard viendra l'histoire qui parlera froidement à notre raison. L'éloge académique nous fait aimer la science et les douces récompenses qu'elle porte avec elle; l'oraison funèbre nous rallie aux vérités du Ciel par le spectacle du néant d'ici-bas. L'un et l'autre agrandissent les tableaux, épurent les portraits et les caractères : ce n'est pas là mentir à la vérité. Le Tacite qui écrira un jour l'histoire du siècle de Louis XIV ne cherchera pas dans les *Oraisons funèbres* de Bossuet tous les traits des illustres personnages que l'évêque de Meaux a si noblement pleurés ; mais il n'y trouvera pas d'erreurs volontaires, de honteuses falsifications. Après avoir recueilli, comparé toutes les dépositions de la médisance, comme tous les arrêts de la justice et tous les aveux de la bonne foi contemporaine, il aimera revenir à la contemplation de ces sublimes pages, et il trouvera que le génie, qui plane sur les faits pour en mieux saisir le sens et la profondeur, a bien aussi sa bonne foi, son exactitude et sa justice.

II

LETTRES DIVERSES

1º Lettre de Lamé, membre de l'Académie des sciences, au sujet de l'aérostat-poisson, imaginé par Gaston-Maximilien Egger, père de E. Egger. — V. la *Notice*, p. 8.

En janvier 1860, M. Egger, ayant lu dans un numéro du journal *Les Débats* la description d'un ballon inventé par un officier du génie, nommé Vert, qui l'avait baptisé du nom de *Poisson-Volant*, écrivit en marge du journal : « Cette idée d'un aérostat-poisson est celle même qu'avait eue mon père, et dont témoignent les dessins que j'ai conservés. E. Egger. » Il soumit ces dessins à son confrère, M. Lamé, membre de l'Académie des Sciences, qui demeurait dans la même maison que lui, rue Madame. M. Lamé répondit par la lettre suivante :

8 février 1860.

Cher et aimable voisin,

En plaçant les dessins dans un autre ordre, l'analogie et, conséquemment, la priorité, sont encore plus évidentes. Mais l'auteur de ces dessins a-t-il fait quelques expériences *en petit*, pour vérifier l'idée-mère ? C'est la réussite de cette idée qu'il importe surtout de constater.

Décidément la fièvre aérostatique apparaît périodiquement dans ce monde tous les trente-cinq à quarante ans : première période, Mongolfier et le ballon de Jemmapes; deuxième période, le vénérable inventeur que vous me signalez et plusieurs ingénieurs que j'ai connus vers 1825; troisième période, M. Vert et d'autres officiers du génie que le même sujet empêche de dormir.

La découverte de la navigation aérienne sortira-t-elle de là? C'est ce qu'on ne saurait prévoir. On peut, toutefois, affirmer que le grand problème serait résolu si l'on parvenait à obtenir un moteur de la force d'un cheval, et qui ne pèscrait qu'un petit nombre de kilogrammes. Aussi travaille-t-on dans ce sens.

M. le baron de Séguier, membre libre de l'Académie des sciences, est très au courant de tous les essais plus ou moins fructueux qui ont été faits pour diriger les ballons. Si vous le connaissez, montrez-lui ces dessins.

LAMÉ.

2° Correspondance avec M. Reinhold Dezeimeris, de Bordeaux, correspondant de l'Institut, au sujet d'un passage des *Géorgiques*. — V. la *Notice*, p. 23.

Lettre de M. Egger.

Paris, 13 septembre 1884.

Cher correspondant et ami,

En relisant, il y a quelques jours, le IV° livre des *Géorgiques*, j'ai trouvé ou je crois avoir trouvé un sens nouveau pour les deux mots : *vere suo* (v. 22) qui ont tant embarrassé les commentateurs. Vous trouverez ci-incluses les preuves à l'appui de ma petite découverte que je vous soumets, après l'avoir fait approuver par quelques philologues de mon voisinage. . . . .

E. EGGER.

P. S. — Vous devinez quel est mon sens nouveau : l'âge de juste maturité pour voler à travers champs.

Suivait une note ainsi conçue :

Varron (*De re rustica*, III, 16, 11), parlant de deux apicul-
teurs romains, dit : « ..... Tum eos et velle expectare, ut
suo potius *tempore* mercatorem admitterent, quam celerius
alieno, etc. »

Cicéron (*De lege agraria*, II, 2) : « ..... Petere consulatum
anno suo. Et... me esse unum ex omnibus novis hominibus
meminisse possimus, qui consulatum petierim, *cum primum
licitum sit*. »

Q. Cicéron (*De petitione consulatus*, VI) : « ..... Nedum ii
quibus saluti fuisti, quos tu habes plurimos, non intelligant
si hoc *tuo tempore* tibi non satisfecerint, etc. »

Virgile (*Georg.* IV, 190) :

> Post ubi jam thalamis se composuere, siletur
> In noctem, fessosque *sopor suus* occupat artus.

Servius explique le *vere suo* du v. 22, par : *vere grato,
aptissimo?*

Réponse de M. R. Dezeimeris.

Loupiac, par Cadillac (Gironde), le 20 septembre 1884.

Cher et illustre maître,

Je vous remercie de tout mon cœur de ce bon souvenir que
vous daignez m'envoyer et qui, pour m'être doux, n'avait pas
besoin de tenir à Virgile.

Oui, certes, vous avez raison de croire que le vers 21 du
Ier livre des *Géorgiques* a été mal expliqué par Servius, et que
les corrections arbitraires qu'on a voulu y introduire sont à
repousser.

D'un autre côté, votre relevé d'exemples sur l'un des em-
plois du mot *suus* est fort intéressant, et montre combien les
mêmes instincts de race nous conduisent à des expressions

similaires, puisque dans notre propre langue nous avons des analogues passant pour des gallicismes.

Toutefois, je ne pense pas que ce sens de *suus* soit applicable dans le passage cité des *Géorgiques*, et je vais vous dire mes raisons.

D'après votre lettre, je crois que vous seriez porté à croire que, dans *vere suo*, le mot *vere*, employé au figuré, serait un qualificatif de l'abeille, et s'appliquerait à son âge propre, à son état de jeunesse adulte.

Mais, plus j'examine le passage (*Georg.*, IV, 18-24), et plus je vois la nécessité de conserver la mention du *printemps* proprement dit, de celui de la nature. Reste à expliquer le *suus* qui a offusqué les éditeurs et leur a fait chercher des variantes arbitraires. — A mon sens, ce qui a été la cause de la difficulté est l'oubli de ce fait que la répartition des saisons chez les Romains ne concordait pas avec la nôtre. Cette notion utile avait cependant été rappelée par J.-H. Voss, dans son excellent commentaire allemand. Notre printemps officiel commence à la fin de mars, et, ce moment même étant celui de la sortie ordinaire des abeilles, on s'est demandé pourquoi Virgile avait appelé printemps des abeilles, *vere suo*, ce qui, en somme, est le printemps de tout le monde. Mais les Romains faisaient commencer cette saison, non pas au 20 mars, mais au 9 février, en sorte que cette concordance de l'essaimage avec l'ouverture du renouveau n'existait pas pour eux. A l'entrée du printemps des Romains, il faisait froid. Virgile lui-même l'a dit, en commençant son poème (I, 43) :

> Vere novo, gelidus canis cum montibus humor
> Liquitur.

et Ovide l'a dit plus expressément encore (Fast. II, 149) :

> Quintus ab æquoreis nitidum jubar extulit undis
> Lucifer, et primi tempora veris erunt.
> Ne fallere tamen, restant tibi frigora, restant,
> Magnaque discedens signa reliquit hiems.

Ce n'est évidemment pas en cette période du *vere novo* que les abeilles songeraient à sortir, et, si elles le faisaient, elles n'auraient pas alors, comme le constate le texte contesté (I, 23), à se protéger *contre la chaleur, decedere... calori.* Une telle condition ne se présente que vers la fin de mars ou dans le mois d'avril. Cette partie spéciale du printemps, c'est « le printemps des mouches à miel », *vere suo.* C'est parce qu'il fait déjà chaud alors qu'elles ont besoin de s'abriter contre les coups de soleil,... *calori;* mais comme on est encore en un temps où le feuillage est peu développé, il faut, près de leur ruche et pour leur fournir l'ombrage et l'abri, *obumbret,* un arbre à feuilles persistantes. *hospitiis frondentibus,* et Virgile propose pour cela l'olivier sauvage, *oleaster,* ou bien le palmier, *palma.*

Vous devinez, après tout ceci, pourquoi j'aurais peine à voir retirer de ce passage la mention du printemps, en tant que saison de l'année, puisque (si j'ai bien compris le poète) tout repose sur la notion des faits matériels relatifs à une partie spéciale de cette saison. A propos de *vere novo* (Georg. l, 43), Servius dit : « Anni quatuor sunt tempora, divisa in ternos menses, qui ipsorum temporum talem faciunt discretionem, ut, primo mense veris, *novum* dicatur *ver;* secundo, *adultum;* tertio, *præceps.* Sic enim Sallustius dicit ubique : *nova æstas; — adulta, — præceps,* etc. » Il me semble qu'en disant *vere suo,* Virgile n'a pas voulu faire autre chose que désigner par un des faits rustiques les plus connus cette troisième partie du printemps, *ver præceps.*

Je ne m'excuse pas de ne point appliquer ici votre ingénieuse et utile observation. Je sais que ce que vous recherchez avant tout, c'est la vérité; et ma qualité de paysan (presque du Danube) n'a d'autre compensation que de m'avoir fait remarquer bien des choses de la nature qui peuvent parfois servir à faire trouver cette vérité dans les *Géorgiques.* Je ne prétends pas l'avoir rencontrée cette fois; mais je serais assuré de l'avoir fait, si mon explication avait votre assentiment. Je serais bien heureux d'apprendre qu'il en fût ainsi.

Recevez, cher et illustre maître, l'expression de mes sentiments les plus affectueusement respectueux.

R. Dezeimeris.

NOTE COMPLÉMENTAIRE.

Un homme qui fut l'héroïque ami de Roland et de Mme Roland, Bosc, observateur passionné et savant de la nature, a dit, dans un article sur les *Saisons* (*Dictionnaire d'agriculture* de 1823, t. XIII, p. 378) :

« Les astronomes divisent l'année en quatre saisons de trois mois chacune : le printemps qui commence au 20 mars ; l'été qui, etc... Mais pour l'agriculture, les saisons commencent à d'autres époques... A leur égard, le printemps, par exemple, commence lorsque la végétation commence à se développer... Dans cet ouvrage, c'est toujours le *printemps des agriculteurs*... que j'indique, lorsque je parle du printemps en général, etc. »

Ainsi Bosc a eu, comme Virgile, le dessein de spécifier certaines conditions spéciales de la division des saisons. Son « printemps des agriculteurs » (qui peuvent dire ainsi *ver nostrum*) comprend, comme celui des Romains, toute la période qui commence avec les premiers indices de végétation, et, comme cela ne peut correspondre avec l'émigration des abeilles, il faut que celles-ci aient leur printemps particulier dans le printemps général, *ver suum*.

Nouvelle lettre de M. Egger.

Château de Saint-Hilaire, par Soubize (Charente-Inférieure),
25 septembre 1884.

Mon cher ami,

Il fait bon d'écrire à un correspondant si bien préparé pour répondre en connaisseur, et, quant à moi, je réplique aujourd'hui avec d'autant plus de plaisir que je crois être, d'avance, à peu près d'accord avec vous.

Ma proposition n'était peut-être pas expliquée en termes assez clairs. Je ne prétends nullement enlever au mot *vere* son sens propre ; mais en le rapprochant des mots circonvoisins : *Prima, novi reges*, et *juventus*, je demandais que l'on entendît *suo*, non pas seulement dans le sens vague de *grato*, mais dans celui de la *maturité* des jeunes essaims pour sortir de la ruche et vaquer au travail de leur industrie. De même qu'il y avait un âge de maturité légale pour les magistratures, à Rome, de même Virgile marque, pour la *juventus* des abeilles, le moment de l'année où leurs *novi reges* peuvent les conduire hors de la ruche, et quelles précautions encore cette jeunesse exige pour le succès de sa première campagne.

Ne sommes-nous pas bien près de nous accorder ? Cela ne m'empêche pas de vous dire : Merci, pour les précieux rapprochements que contient votre note. Je la rangerai en bon lieu, dans quelque cellule de ma ruche philologique.

Mon fils Victor est retenu à Nancy, pendant ces vacances, par les heureux soins d'une grossesse de sa femme. Son frère Max vient d'obtenir en Sorbonne un second titre d'agrégé, et nous sommes, justement à cette heure, en quête pour lui d'une fonction parisienne, fût-ce la plus modeste, qui lui permette de ne pas s'éloigner trop du foyer domestique, et de mon cabinet toujours studieux.

Ces renseignements et ces souvenirs vous sont écrits par la main de mon hôte et ami, le marquis de Saint-Hilaire, qui, redevenu possesseur du domaine patrimonial, en Saintonge, voudrait bien y avoir apporté votre expérience en agriculture.

A vous de cœur, mon cher *Servius Honoratus*.

E. Egger.

3º Lettres de Wladimir Brunet de Presle, membre de l'Académie des inscriptions et belles-lettres. — V. la *Notice*, p. 26.

18 avril 1838.

Mon cher ami,

Je ne vois pas dans le recueil de Ross l'inscription que vous recherchez. Mais, de peur d'inadvertance de ma part, je vais remettre le livre à Mademoiselle votre sœur, si cela ne la charge pas trop. Gardez encore les volumes de Bœckh dont vous tirez un si bon profit. Ces colosses d'érudition font sur moi l'effet des grands monuments de l'Égypte sur les pauvres fellah qui habitent à leurs pieds. Ils ne comprennent pas que ce soient des êtres de leur espèce qui aient pu les élever. Mais vous, vous ferez comme nos ingénieurs qui ont su transporter dans notre pays le plus précieux de ces chefs-d'œuvre. Pour moi, je m'occupe de chansons, et aussi de faire entrer les noms de quelques-uns de nos contemporains grecs dans l'encyclopédie. Bientôt il me faudra partir pour Brest d'où je reviendrai peut-être avec une fièvre de travail, après avoir été privé deux mois de tout commerce littéraire. S'il en est ainsi, j'en profiterai pour me mettre tout de bon à fouiller le sol égyptien. Mais je crains plutôt d'achever là-bas d'oublier grec et latin, à moins que vous ne soyez assez bon pour m'y adresser quelquefois de ces lettres cicéroniennes dont le fond et la forme sont faits pour ranimer le goût des études, même en Bretagne.

Tout à vous,

WLADIMIR.

Mardi 24 avril 1838.

Mon cher ami,

Je m'approchais de vous tout à l'heure uniquement pour vous remercier de m'avoir fait assister à une séance si intéressante pour tous les auditeurs et dont vos amis ont joui doublement. Vous m'avez demandé si j'avais quelque objection à vous faire. Je me serais gardé de vous les présenter devant l'assemblée ; car si quelque chose m'en a suggéré, c'est le succès même que vous avez obtenu. Cette masse de faits curieux habilement enchaînés, et exposés avec cette vivacité de débit qui peut à peine suffire à l'étendue de votre érudition, était bien faite pour faire comprendre tout l'intérêt de l'exégèse et de la critique. Aussi chacun a-t-il abondé dans votre sens, et même essayé d'étendre, s'il était possible, le cercle que vous veniez de tracer. Parmi les observations qui se sont produites, une m'a paru mériter surtout considération. Les

préceptes moraux, qui, réunis en corps de doctrine, seraient
rarement écoutés, peuvent s'insinuer sous l'autorité des auteurs anciens. Cette idée a paru favorablement accueillie
comme l'introduction de l'histoire des sciences, de la critique
et de l'exégèse dans le cours des études. Qui pourrait con-
tester, en effet, surtout après vous avoir entendu, l'intérêt
d'observations de ce genre semées avec discernement au
milieu de la tâche aride des pauvres écoliers. Ma seule objection, ma seule crainte est que l'intérêt de ces questions ne
fasse négliger les études préliminaires indispensables. Peut-
être l'abus est-il moins à craindre que je ne me le figure. Car
il suppose dans le professeur une variété d'instruction peu
commune. Et l'on ne trouvera pas beaucoup de professeurs,
comme MM. Hase et Boissonade, dont les commentaires font
oublier le texte. Vous, mon cher ami, vous êtes venu à leurs
leçons, après des études arides, mais fortes, et vous avez
regretté de n'avoir pas été initié plus tôt aux *aménités* de
l'étude, et vous voulez en faire jouir vos successeurs. Pour
moi, j'ai suivi leurs cours avant seize ans. Je suis un écolier
gâté. Je n'étais alors pas assez instruit et pas assez raison-
nable, et j'ai fait comme ces enfants gourmands qui ne man-
gent que l'assaisonnement des mets qu'on leur sert. Je me
suis attaché aux questions de critique historique, géographique ou littéraire sur des auteurs dont je n'aurais pas toujours su faire l'analyse grammaticale. Aujourd'hui, je sens
trop souvent que l'édifice pèche par la base, et je n'ai pas le
courage de reprendre en sous-œuvre mon éducation. Eh bien !
je crains qu'en voulant perfectionner l'éducation des collèges,
on ne s'expose à un pareil danger. Songez qu'une question
géographique ou de chronologie, amenée incidemment, exige,
pour être comprise, des développements qui peuvent absorber
une séance, et qu'il n'est pas de page des auteurs anciens qui
ne présente matière à de semblables *excursus*. Restera-t-il
assez de temps pour faire marcher l'explication verbale, qui
n'offrirait en comparaison que peu d'intérêt aux élèves et au
professeur ? De pareils développements me semblent avoir
leur place marquée dans l'enseignement supérieur de l'Université. Un professeur de la Faculté des lettres, qui les négli-

gerait, changerait la chaire en une succursale, assez inutile, de celles du collège, tandis qu'elle doit offrir un complément immédiat à l'enseignement qu'on y reçoit. Malheureusement, les cours de la Sorbonne ne sont plus guère suivis que par des auditeurs bénévoles, on pourrait presque dire par les oisifs de la science.

Pour conclure, car il est près de minuit, je crois qu'il faudrait resserrer les liens qui unissent les cours de la Faculté des lettres à l'enseignement des collèges, et tenir la main à ce que la critique et l'exégèse ne se perdent pas dans la première avant d'examiner s'il est possible, et s'il ne serait pas un peu dangereux, de les introduire dans la seconde. En un mot, si cela dépendait de moi, vous n'introduiriez pas l'exégèse au collège, mais vous la développeriez en Sorbonne.

Votre ami,

Wladimir.

P.-S. — J'ai été au moment de prendre la parole sur la question du βῆβη, ayant suivi avec attention des troupeaux de moutons pour étudier leur prononciation.

4º Lettre de Villemain pour recommander le projet de l'ouvrage que M. Egger publia en 1843, sous le titre de *Latini sermonis vetustioris reliquiæ selectæ.* — V. la *Notice*, p. 35.

Je n'ai pas encore, Monsieur, répondu à l'envoi fort savant et fort curieux qui m'était obligeamment adressé de votre part (1). Mais je vous prie de croire que j'en ai senti tout le prix : non seulement vous êtes un habile éditeur ; mais ces études si approfondies que vous faites sur la langue latine vous mettront à portée de rendre de plus en plus instructif et piquant le travail dont nous avons parlé, et que je recommande toujours à votre zèle de philologue et d'homme de goût. Avec votre érudition et votre esprit, vous ne ferez pas

(1) La lettre n'étant pas datée, il est difficile de deviner avec certitude à quel ouvrage Villemain fait allusion. La suite de la lettre autorise à penser qu'il s'agit de l'édition de Varron (1837) ou de celle des fragments de Verrius Flaccus avec le fragment de J. Pompeius Festus (1838).

seulement une compilation, mais un livre qui manque à nos études et à l'histoire de la littérature latine. J'espère, Monsieur, que votre santé vous permet de mener de front cela et d'autres choses, et je serai toujours bien charmé d'en causer avec vous. Vous me trouveriez presque tous les soirs.

Recevez, Monsieur, la nouvelle assurance de ma considération très distinguée.

VILLEMAIN.

Ce 21 janvier.

5° Lettres adressées à E. Egger par divers savants pour le projet de publication d'un *Recueil général d'épigraphie latine.* — V. la *Notice,* p. 36.

Lettre de F. Dübner (1).

Monsieur et cher collègue,

Je viens d'arriver et dans quel arriérage (*sic*)! Il faut que je me contente de vous écrire ces lignes à la hâte.

Quant aux inscriptions, tous les savants que j'ai vus, à leur tête MM. Jacobs et Hermann, sont enchantés de cette entreprise et désirent vivement qu'elle s'accomplisse. J'aurais désiré pouvoir leur communiquer votre rédaction du plan ; mais ne l'ayant pas, j'ai dû plus de douze fois en faire l'exposition orale. A quelques petites remarques près, qui ne sont d'aucune portée pour l'ensemble, on en était généralement content. Si un cahier paraissait avec l'exposé du plan, l'ouvrage aurait le plus immense retentissement en Allemagne, et un nombre fort considérable de souscripteurs. Cette entreprise n'aurait pas d'égale en grandeur et en intérêt et tournerait tous les yeux vers elle. Il me semble que quelques *Inscriptions de la Gaule,* où probablement il n'y a pas grand'chose de nouveau à découvrir ou à déterrer par des fouilles, pourraient être exécutées sans trop grand retard ; car je ne suis pas d'avis de lancer le plan sans une partie de l'exécu-

_____

(1) Non datée ; le timbre de la poste est du 9 novembre 1843.

tion : il y a dans ce temps trop de *promissores largo hiatu*.
Sur tout cela, nous allons parler oralement : le temps ne me
permet aujourd'hui que ces deux mots précipités.

Tout à vous, Monsieur, dévoué,

Fr. Dübner.

Lettre de Mommsen.

Monsieur,

Il y a quelques mois que les journaux allemands annon-
cèrent le projet d'une collection complète des inscriptions romaines, proposé par le ministère français de l'instruction
publique. Ce vaste plan a démontré de nouveau aux étrangers
que l'administration française savait apprécier et seconder les
besoins de la science et se charger de ces ouvrages, qui ne
peuvent pas être achevés par des individus ; il est digne de
votre patrie de faire pour les monuments du peuple romain
ce que l'Allemagne fait en ce moment même pour ceux de la
Grèce. Aussi, je félicite bien sincèrement le pays où une pareille entreprise a été conçue, qui, pour moi en particulier,
est des plus intéressantes. La science spéciale à laquelle je
me suis voué, celle du droit romain, m'a fait bientôt sentir
que pour l'approfondir il ne suffisait pas de connaître les lois
du *Corpus juris*. Ayant essayé de joindre à cette étude du
droit la connaissance des mœurs romaines et de l'organisation de cette république, je n'ai pas tardé à en apercevoir
l'influence favorable. Voyant que de toutes les sources dont
ces études se nourrissent, celle des inscriptions était la plus
négligée quoique une des plus abondantes, je me résolus de
donner le temps qui me restait à étudier ces monuments et à
les rapprocher de ma science. Des découvertes importantes
furent ma récompense, dont quelques-unes se trouvent consi-
gnées dans l'ouvrage ci-joint, sur les corporations des Romains. Mais, en même temps, je me suis trouvé à même de
juger des obstacles immenses qui s'opposent à l'usage des
collections des inscriptions latines et de leur imperfection

sous tous les rapports. En commençant, j'eus l'intention de joindre à mon traité un exposé de celles des inscriptions qui se rapportent aux corporations romaines ; mais j'aperçus bientôt que, même avec l'application la plus consciencieuse, je ne faisais que feuilleter un livre qu'on ne pourrait lire en entier avant la publication d'un *Corpus inscriptionum latinarum*. Je renonçai ainsi à ce projet, sauf à y revenir, si cet ouvrage tant désiré venait à être recommencé par un gouvernement éclairé et hardi. Ce désir, exprimé fortement à la conclusion de mon livre, a été accompli par le gouvernement français plus tôt que je ne l'aurais attendu. Avant que j'en fusse instruit, je résolus de me charger moi-même de la partie de cet ouvrage qui ne saurait être bien traitée que par un légiste : je me proposais de recueillir les lois romaines qui ont été conservées en bronze. S. M. le roi de Danemark m'ayant accordé les moyens nécessaires pour séjourner quelque temps en Italie et réviser les textes sur les originaux avec le soin le plus scrupuleux. Maintenant le projet français, en comblant mes vœux, a renouvelé mon désir ardent de coopérer aux travaux relatifs à votre projet de collection. Dans ce but, j'ai voulu me mettre en rapport avec votre Comité ; peut-être que ses intentions se trouveront d'accord avec mes souhaits sous l'un ou l'autre rapport. Ne sachant pas de quelle manière on se propose d'exécuter le projet, je m'abstiens de m'expliquer davantage : je ne demande pas mieux que de consacrer mes loisirs à un ouvrage indispensable pour les futurs progrès de la science. Le zèle et la patience ne me manqueront pas : je suis étranger, mais je n'y vois pas d'obstacle, puisque vous n'invitez pas seulement vos compatriotes à participer à ces recherches. Les nations s'honoreront mutuellement, en s'entr'aidant dans leurs travaux réciproques. Puissé-je, par mon voyage, qui aura lieu dans trois mois, pouvoir contribuer au profit de votre projet !

Agréez, Monsieur, le témoignage de la haute considération avec laquelle j'ai l'honneur d'être, Monsieur, votre très humble et dévoué

Th. Mommsen, D^r iuris.

Altona, le 6 juin 1844.

10

Lettre de Wilhelm Freund.

1er décembre 1844.

Monsieur,

Comme tous les philologues et amateurs de l'antiquité romaine, je prends le plus vif intérêt à la publication d'un nouveau *Corpus inscriptionum latinarum*, que Son Excellence le Ministre de l'Instruction publique, M. Villemain, a commandé l'année passée, et des labeurs presque herculéens duquel vous avez bien voulu vous charger : c'est pourquoi tous les savants, auxquels votre mérite littéraire est assez connu, vous feront un jour les remerciements les plus chauds et sincères.

En vertu de mes études philologiques, dont les fruits sont recueillis dans mon grand *Dictionnaire latin*, je m'occupe depuis bien des années, et quant à la grammaire et à la lexicographie, et quant à l'histoire et aux antiquités, des *inscriptions latines*, et j'ai amassé un apparat épigraphique bien étendu, chronologiquement disposé, depuis le chant des Frères Arvales jusqu'aux IVᵉ et Vᵉ siècles de notre ère.

C'est pourquoi j'éprouve le vif désir de pouvoir prendre part à la grande œuvre que vous préparez à présent, et à qui, j'espère, mes études épigraphiques seraient peut-être de quelque utilité. L'ordre géographique étant adopté, je voudrais bien me charger de la publication des inscriptions trouvées *in Italia superiore*, *in Germania*, *in Britannia*, aussi bien que d'un *Lexicon epigraphicum* le plus complet possible.

En m'appuyant sur la recommandation bienveillante de M. le professeur Hase, je me permets de vous demander, Monsieur, si vous voulez être assez bon de me donner la permission de prendre part, de la manière dont je viens de vous parler ou d'une autre, à la grande entreprise scientifique du *Corpus inscriptionum*. L'impression de mon dictionnaire latin sera achevée dans quelques semaines, et je serais alors prêt si cela vous convenait, d'appliquer mon activité à l'ouvrage épigraphique.

Veuillez me répondre, Monsieur, sitôt qu'il vous sera convenable. Agréez, Monsieur, l'assurance de ma parfaite estime et considération.

Votre très humble,

Dr WILHELM FREUND.

Neue-Friedrich-Strasse n° 47.

Berlin, 1er décembre 1844.

6° Correspondance de Boissonade avec E. Egger. — V. la *Notice,* p. 25 et suiv.

Lettre de Boissonade à E. Egger.

Jo. Fr. Boissonade Eggero viro doct. S. p.

Longinum curis tuis (1) perpolitum incredibili cum voluptate accepi, eumque mora quam brevissima interposita legam. Eum gestio legere. Is enim est Longinus auctor qui per se alliciat lectorem, et, libello raptim inspecto, intellexi multum esse in te eruditionis, diligentiæ multum. Inde te studiis nostris magnum adjumentum et ornamentum fore lætus auguror. Quod in fronte primæ pagellæ te meorum auditorum numero modeste accenseas, id per mihi jucundum fuisse fateor. Nam quid professori potest jucundius accidere quam si audiat juvenem eruditissimum e suis scholis potuisse nonnihil capere utilitatis ? Spicilegio bibliographico addesis : « Remarks on the supposed Dionysius Longinus with an attempt to restore the treatise on Sublimity to its original state. » London. 1826, etc. Vale, Eggere doctissime ac mihi favere perge.

Lutet. prid. Id. Aug. 37.

(1) V. la *Notice*, p. 26.

Lettre d'E. Egger à Boissonade.

Eggerus Boissonado viro clarissimo S. p. (1).

Quod tibi librarii manu scribo, vir clarissime, id vel indicio erit me dexteræ usum desiderare. Et quidem pauci dies elapsi sunt, ex quo vici proximi stratis cubitum impingens tantum non fregi. Ne quid pejus accidat, ut pote maneo, medicus jubet me cubiculum servare. Nolui tamen facere moram quin debitum tibi solverem, promissoque non ita recenti facerem satis, præsertim cum nimis diu operæ Festum exire festinantem detinuerint. Habes igitur criticam historiolam miseri hujus libri quem a Verrio Flacco primum conditum, deinde a Pompeio Festo breviorem factum, a Paulo Diacono brevissimum flammæ et vetustas ultimo malo affecerunt. Habes præterea nova cura collectas Verrii Flacci reliquias, notulas perquam breves, indices non absolutos, sed accuratius compositos, præsertim in nominibus auctorum, monumentorum, etc. Qua in parte novissimi editoris diligentia maxime desiderabatur.

Quæ a benevolo lectore judicia me expectare sub finem præfationis significavi, tum de ratione perfectæ operæ, tum de proposito inchoandi laboris alius, ea me desiderare intelligas velim potissimum a te qui, etsi te in his grammaticorum latinorum litteris hospitem dictitas, id nemini justo disciplinarum tuarum arbitro persuadebis. Equidem ita tibi petitionem meam probari cupio non ut ad continuandum opus utcumque excitet, sed etiam, si æquum est, a progrediendo ulterius deterrear. Vale, vir eruditissime, et salubri severitate res meas juvare perge.

<hr>

(1) Lettre non datée; mais la phrase d'envoi de Verrius Flaccus et la mention de l'accident survenu à l'auteur montrent qu'elle a dû être écrite vers la fin de 1838 (v. la *Notice*, p. 26 et 27).

Lettre d'E. Egger à Boissonade.

E. Egger Boissonado, viro summo S. p. (1).

Quod Psellum domi me legere et prælectionibus tuis doctissimis absentem interesse voluisti, cui eas audire vix jam liceret, valde tibi me obligatum profiteor, vir summe. Psellum equidem nomine tenus noveram, etsi fuerit homo scholasticus de nostra familia, quo majori studio excussi librum, ipse in cathedra recens, quique multa quotidie soleam effutire πρὸς τοὺς βραδύνοντας τῶν μαθητῶν, magnum opellæ meæ pretium laturus si per me tantum placeant discipulis nostris Plato et Herodotus, quantum commentariis tuis effecisti ut nugator iste Byzantinus doctis omnibus placeret. Vale, vir summe, nostris conatibus favere perge. Festum Pompeium expectans, qui ad finem jam properat, mox tuum judicis formidabit acumen.

XII kal. nov.

Lettre de Boissonade à E. Egger.

L'honneur que vous voulez bien me faire, Monsieur, vous et M. Galusky (*sic*) (2), je l'accepte avec reconnaissance, ce qui va sans dire, et aussi avec un vrai plaisir. Car j'y vois un témoignage d'intérêt et d'amitié qui me touche sensiblement. Il y a dans votre lettre de certains termes de *maître* et d'*élève* qui me flattent, mais que j'entends avec des restrictions con-

(1) Lettre sans millésime ; l'édition des poésies de Psellus par Boissonade est de 1838.

(2) Exactement Galuski, comme l'écrit Boissonade lui-même (v. ci-dessous, p. 152). Il s'agit probablement dans cette lettre d'une dédicace offerte à Boissonade de la *Méthode pour étudier l'accentuation grecque,* publiée par MM. Egger et Galuski, en 1844. (V. la *Notice,* p. 37.)

venables. Il est un vers de comédie que je sais fort bien et dont j'ai eu souvent à faire l'application : Πολλοὶ μαθηταὶ κρείσσονες διδασκάλων.

Agréez, Monsieur, mon dévouement affectueux.

BOISSONADE.

3 novembre 1843.

Lettre de Boissonade à E. Egger.

Vos aperçus sur Voltaire et Lucien m'ont paru pleins de justesse, Monsieur, et comme tout ce que vous écrivez, d'un excellent style. Mais pourquoi parler même brièvement de Philostrate et de Psellus, etc.? Laissons toutes ces misères dans l'oubli. Λάθε βιώσας est, a toujours été ma devise. Où voyez-vous donc qu'il y ait nécessité à revenir sur des livres de cette nature? Employez mieux votre temps. Je vous prie bien instamment de renoncer à cette idée.

Votre dévoué et reconnaissant

BOISSONADE.

12 septembre 1845.

Il y a dans cet article sur Lucien, par vous cité trop obligeamment, je ne sais plus quelle confusion typographique ou autre, pour laquelle M. Michaud m'avait promis un carton, qu'il n'aura sans doute pas fait. Les libraires ont peu de mémoire pour ces promesses-là.

Lettre de Boissonade à E. Egger.

Ἐγγέρῳ εὖ πράττειν,

Τῷ φιλολόγῳ δῶρόν ἐστι πάντων χαριέστατον λόγος· οὐκοῦν, εἴ γε φιλολόγος ἐγώ, ὥς φασί τινες οἷς οὐ μάλα πείθομαι, τί ἂν ἑλοίμην ἢ λόγον, καὶ Ἐγγέρου λόγον ; οὐδείς ποτε καλανδικὰ ἔδωκέ μοι ἀρέσκοντα μᾶλλον· παιδείαν γὰρ ἅμα καὶ κομψότητα εἰς ἓν συνελθούσας βιβλιδάριον τὸ σὸν ἀναγνοὺς εὗρον.

Ἔρρωσο. Ὁ σὸς κατὰ πάντα,

Βοασσονάδης.
τῇ αῃ τοῦ ιανουαρ. ,αψμς

1er janvier 1846.

Réponse d'E. Egger à Boissonade.

Ἔγγερος Βοασσονάδῃ εὖ πράττειν,

Τοιαῦτά μοι ἔπεμψας χαριστήρια, φίλτατε διδάσκαλε, ἃ χαριστηρίων καὶ αὐτὰ δεῖσθαι ἐδόκει. Ἐγὼ δὲ μάλ' ἠπόρουν πῶς ἂν ἀξίως ἀντεπιστείλω, εἷς τῶν ἐν ἡμετέρῳ τῷ Πανεπιστημείῳ οὐκ ἄγαν ἀττικιζόντων. Τολμητέον ὅμως τοῦ τε πρέποντος ἕνεκα καὶ ὅτι οὐ σκυθρωπόν σε τῶν συλλαβῶν δοκιμαστὴν, ἀλλὰ τὴν διάνοιαν, μᾶλλον δὲ τὴν ἔργῳ φιλοστοργίαν ἀττικῆς ἐκείνης τῆς ἐν λόγοις κομψότητος προτιμῶντα γιγνώσκω.

Ἔρρωσο, οὐκ ἄνευ Μουσῶν αἷς οὔποτε, ἡμῶν γ' ἕνεκα, πλέον τοῦ δέοντος ἐνασχολήσει·

τῇ θ'ῃ Ἰανουαρίου.

9 janvier.

Lettre de Boissonade à E. Egger.

Recevez, Monsieur, mes sincères compliments sur l'heureux événement dont vous me donnez la nouvelle (1). Si Mᵐᵉ Dacier, à laquelle vous avez pensé, eût assisté à la naissance de la petite nymphe Égérie, et que, pareille aux bonnes fées des vieux contes, elle eût voulu la douer, se rappelant que la science ne l'avait pas rendue très heureuse, elle eût dit, peut-être, non sans quelque pédanterie :

Ἐμοῦ γένοιο, θύγατερ, εὐτυχεστέρα,
Τὰ δ'ἄλλ' ὁμοία.

Je ferai aussi le pédant, en vous reprenant d'avoir, dans votre élégante étude sur Aristarque, fait de six étoiles ou de six poètes, la pléiade alexandrine qui, historiquement ou astronomiquement, en comptait sept. S'il y a variété sur les noms, il n'y en a pas, je crois, sur le nombre. La seconde

(1) M. Egger venait d'annoncer à Boissonade la naissance d'un premier enfant, sa fille Ida, aujourd'hui Mᵐᵉ Lereboullet.

pléiade alexandrine, formée sous les auspices du pape Alexandre VII, était aussi composée de sept poètes; et aussi de sept poètes la pléiade de Paris, où brillaient Rapin, Commire, Santeul, Ménage, etc. Les Anglais ont leur pléiade de grécistes, de sept grécistes : Bentley, Dawes, Markland, Taylor, Toup, Tyrwhitt et Porson.

Ceci établi, je vous accorde encore moins de composer une pléiade bucolique de trois poètes seulement, Bion, Moschus et Théocrite. Et pour vous contredire encore, j'ajoute par un amour de la vérité qui, en moi, surpasse l'amour-propre, que je ne puis en conscience accepter les titres de noblesse philologique que vous me faites l'honneur de m'accorder. Je n'appartiens pas du tout à l'illustre famille d'Aristarque, ou, si, par hasard, la parenté existe, je suis un collatéral si éloigné, si dégénéré, qu'il vaut mieux n'en pas parler.

Si jamais j'ai eu une grande surprise, et une très agréable surprise, c'est de trouver mon nom cité dans un article sur Schlegel. M. Galuski est pour moi plein d'indulgence, et cette indulgence est excessive. Dites-lui toute ma reconnaissance. Je suis aussi bien sensible à l'extrême complaisance du savant M. Havet.

Votre bien dévoué,

Boissonade.

4 mars 1846.

7° **Lettre de Sainte-Beuve, de l'Académie française, à E. Egger.**

Ce 25 décembre.

Monsieur,

Je suis bien sensible à votre flatteuse attention (1), et je vous en aurais déjà remercié, si je n'étais plus occupé que je

(1) Il s'agit d'une lettre que M. Egger avait écrite à Sainte-Beuve à l'occasion d'un article du célèbre critique sur Napoléon écrivain militaire (*Causeries du lundi*, t. 1, p. 182), et dans laquelle M. Egger avait fait quelques réserves sur l'atticisme de Xénophon, tel que paraissait l'entendre Sainte-Beuve. Voici le passage visé dans la lettre de M. Egger et que Sainte-Beuve s'applique

ne puis dire. — Vous avez bien deviné en pensant que je n'avais voulu que toucher les différences qui séparent Napoléon, écrivain, des anciens que vous connaissez si bien. Ceux mêmes qui n'ont fait que les entrevoir ne peuvent méconnaître ces différences. Pour Xénophon, en parlant de son atticisme, je n'ai nullement entendu exclure par ce mot la simplicité, la familiarité et, au besoin même, la crudité de l'expression. Mais l'atticisme de diction, selon moi, réside plutôt dans le tour, dans la manière de dire, dans une certaine façon à la fois négligente, aisée et choisie. Xénophon si simple est tout plein de ces petits mots qui donnent à la pensée toutes ses nuances, et au fait toutes ses circonstances. Napoléon est plus positif et si brusque, qu'il a même supprimé, pour ainsi dire, la conjonction *et*.

Vous n'êtes pas trop *petit*, Monsieur, pour venir dans ces essais d'analyses ; vous n'êtes que trop fort et trop savant : là est pour nous la difficulté. Je ne choisis point absolument mes sujets ; je les concerte avec la direction du *Constitutionnel* ; je propose, j'insiste, j'ajourne ; j'obéis enfin aux conditions nouvelles du mode de publication que j'ai accepté et où j'ai à vaincre des difficultés d'un nouveau genre. J'ai donc besoin de votre indulgence, non seulement pour ce que je dis, mais aussi pour ce que je diffère et que j'ajourne.

Agréez, je vous prie, l'expression de mes sentiments les plus distingués et les plus obligés.

SAINTE-BEUVE.

à justifier : « Napoléon..... est simple et nu. Son style militaire offre un digne pendant aux styles les plus parfaits de l'antiquité en ce genre, à Xénophon et à César. Mais chez ces deux capitaines si polis la ligne du récit est plus fine ou du moins plus légère, plus élégante. Napoléon est plus brusque, je dirais plus sec, si de temps en temps les grands traits de son imagination ne faisaient clarté. Il a reçu, on le sent, une éducation moins attique, et il sait plus d'algèbre que ces deux illustres anciens. Sa brièveté a un cachet de positif. En général la volonté se marque dans son style. »

8° Fragments de lettres du duc d'Albert de Luynes, membre libre de l'Académie des inscriptions et belles-lettres. — V. la *Notice*, p. 74.

A l'occasion de l'inauguration de la statue de Jeanne d'Arc par Foyatier, la municipalité d'Orléans avait eu la pensée de faire frapper une médaille commémorative de cette cérémonie. M. Egger, consulté par M. Mantellier, alors Directeur du Musée historique d'Orléans (depuis Correspondant de l'Institut, et Conseiller à la Cour de cassation), avait écrit au duc de Luynes pour lui demander de vouloir bien désigner un graveur. Le duc de Luynes répondit par la lettre suivante, en date du 14 mai 1861 :

Je ne saurais répondre avec certitude à votre question sur le meilleur graveur à proposer au maire d'Orléans. Si la détestable statue équestre de M. Foyatier doit figurer sur cette médaille, le premier venu est bon pour la reproduire. Si l'on veut, au contraire, un graveur dont l'œuvre fasse, en quelque sorte, oublier un si malheureux monument, il faut le bien choisir, et surtout ne pas lui imposer des idées municipales. Dans les souvenirs que je puis recueillir, MM. Barre, Bovy et Ondiné sont restés les meilleurs. Ce que je connais de M. Bovy me le ferait préférer. Toutefois, le meilleur de ces artistes ne peut se comparer, préjugé à part, aux graveurs, auteurs des médaillons romains que j'ai vus dans la collection de M. Dupré il y a quelques jours. Mais on ne peut évoquer ceux-là, et il faut se contenter des vivants.

Le 4 janvier 1862, quelques mois après la mort de sa seconde femme (juillet 1861), le duc écrit d'Hyères :

Vous m'enseignez par votre exemple, mon cher confrère, que l'on peut dompter une poignante douleur et se consacrer avec une énergie nouvelle au bien de ceux que la cruelle mort a encore épargnés : mais, je l'avoue, si autrefois je l'ai pu, aujourd'hui je n'en ai plus la force... Je crois qu'il y a dans la vie des événements qui nous avertissent que son terme approche et qu'il est temps de tourner son esprit vers d'autres pensées.

D'Hyères encore, le 5 novembre 1865, il écrit, à propos de la notice composée par M. Egger sur le duc de Clermont-Tonnerre :

Comme dans tout ce que vous écrivez, j'y ai trouvé cette délicate appréciation du bien exprimée en termes élégants et simples, qui rehaussent le mérite de l'auteur et de son sujet. J'ignorais, je l'avoue, que M. de Clermont-Tonnerre fût aussi bon helléniste ; mais j'ai vu avec grand plaisir combien, en le louant, vous avez su faire aimer son caractère et la conduite de toute sa vie. Dieu nous donne dans ce qui était la noblesse beaucoup d'hellénistes semblables !

On a vu (Notice, p. 92) que M. Egger avait publié, en la révisant et la complétant, une traduction de Pindare par Boissonade. De concert avec MM. Paul et Gustave Boissonade, fils de l'illustre helléniste, l'ouvrage avait été dédié au duc de Luynes. En tête du petit volume et à la suite de la dédicace, l'éditeur avait fait imprimer en épigraphe le fragment de Pindare suivant, qui était une allusion délicate au généreux emploi que le duc faisait de sa grande fortune :

Ὁ πλοῦτος εὐρυσθενὴς,
ὅταν τις ἀρετᾷ κεκρα —
μένον καθαρᾷ βροτήσιος ἀνὴρ,
πότμου παραδόντος αὐτὸν ἀνάγῃ
πολύφιλον ἑπέταν.

(Pyth. V, 1.)

Cette citation était suivie d'un passage des Éphémérides de Boissonade ainsi conçu : « Le 13 avril 1855, M. le duc de Luynes, avec une grâce infinie, vient à ma place pour me demander de lui permettre de se charger des frais de mon édition de Lysias (1) ; il a une grande fortune et encourage magnifiquement les artistes et même les philologues. Cette offre absolument spontanée m'a sensiblement touché (2). Nous en devons

---

(1) Il s'agissait d'un travail de Boissonade sur le discours de Lysias, au sujet du meurtre d'Eratosthène. Ce travail est resté inachevé.

(2) C'était M. Egger qui avait signalé au duc de Luynes, lequel était entré aussitôt dans ses vues, ce service à rendre à Boissonade.

reparler, mais je n'accepterai pas : ses libéralités peuvent avoir maint emploi plus utile. »

Lorsque le volume fut imprimé, M. Egger alla à Dampierre l'offrir au duc auquel il se félicitait, disait-il, de procurer une visite où on lui donnait quelque chose sans rien demander. Le duc, qui avait accepté la dédicace par une lettre du 4 juin 1867, et cela dans des termes d'une extrême modestie, fit au visiteur le plus aimable accueil, et quelques jours après (19 août 1867), il envoyait à M. Egger une lettre où se lit le passage suivant :

J'ai écrit à M. Boissonade dès le lendemain de votre visite, mon cher confrère, pour lui témoigner la gratitude que je lui dois ainsi qu'à vous. La citation des Éphémérides de feu Monsieur son père et l'épigraphe tirée de Pindare m'ont profondément touché, et je vous prie de recevoir comme lui mes très vifs remerciements pour cette honorable dédicace et pour les sentiments qui vous l'ont inspirée. Je suis honoré de vous avoir cette obligation et vous en offre l'expression avec celle de l'attachement bien dévoué de votre très peu digne confrère.

D'ALBERT DE LUYNES.

Le 15 octobre 1867, le duc annonçait à son correspondant le mariage de son petit-fils Charles, duc de Chevreuse, avec la fille du duc de Bisaccia ; le duc de Chevreuse devenait duc de Luynes quelques mois après ; c'est le même qui mourut à Patay. Il avait pour frère le duc de Chaulnes, dont le nom est si connu par les douloureuses contestations entre la duchesse de Chevreuse, sa mère, et la duchesse de Chaulnes, sa veuve.

Par une dernière lettre du 21 octobre 1867, datée de Dampierre, le duc annonçait à M. Egger son départ pour Rome, où il mourut le 15 décembre suivant.

9° Lettres du duc de Clermont-Tonnerre. — V. la *Notice*, p. 74.

Monsieur,

J'ai trouvé, à mon retour des eaux d'Aix-la-Chapelle, l'intéressant travail dont vous avez eu l'extrême amabilité de m'envoyer un exemplaire. Je me suis empressé de le lire et de le méditer, et j'ai hâte de vous remercier. C'est une vraie conquête pour la science littéraire et hellénique que la découverte du discours funèbre d'Hypéride en l'honneur de Léosthène et de ses compagnons d'armes, et c'en est une pour la littérature française que la traduction que vous en avez donnée, que j'ai comparée avec le texte, avec autant d'intérêt que d'attention, et à laquelle, bien qu'en ne vous refusant pas l'usage d'une indispensable liberté, vous avez donné des traits de ressemblance tels avec l'original, que ceux qui ne pourraient pas lire le texte pourront se dire qu'ils ont une véritable connaissance d'Hypéride, quand ils auront lu une traduction qui en est, pour ainsi dire, une contre-épreuve. J'ai principalement remarqué, Monsieur, avec quelle habileté et quel bonheur vous êtes parvenu à suppléer les nombreuses et regrettables lacunes que le temps avait produites dans le précieux papyrus qui, grâce à vous, se trouve nous avoir rendu dans son intégrité, après plus de deux mille ans, l'œuvre du grand orateur et avoir restitué à la mémoire du héros qu'il avait célébré les louanges qu'il avait méritées par ses exploits.

J'ai été frappé comme vous, Monsieur, du reflet d'Isocrate qui apparaît visiblement dans le discours d'Hypéride ; mais à cela, comme vous, je ne vois rien qui doive surprendre, puisque Hypéride avait été le disciple d'Isocrate ; les jeunes gens destinés à acquérir de la célébrité dans l'avenir, lors-qu'ils ont le bonheur de travailler sous la direction de quelque homme d'une grande supériorité, reçoivent de son génie une impression plus forte et plus durable que les autres, parce qu'appréciant mieux ses leçons, ils leur donnent une attention plus profonde et plus suivie. Or il était naturel qu'un effet de cette nature se produisît d'Isocrate à Hypéride, et Isocrate à coup sûr eût été loin de s'en plaindre, s'il eût vécu à cette époque, lui qui pardonnait à ses adversaires de se servir de ses arguments et de ses paroles, se réservant seulement le droit de se servir de ses propres richesses, si l'occasion s'en présentait.

Parmi les imitations d'Isocrate que renferme le discours

d'Hypéride, la plus remarquable est dans le rapprochement que fait Hypéride de la guerre lamiaque avec la guerre de Troie, de même qu'Isocrate avait rapproché cette dernière guerre de la guerre contre les Perses. L'objet commun des deux rapprochements ne pouvait être pris dans une sphère plus élevée, et les deux orateurs semblent s'être efforcés de déployer toutes les magnificences de leur génie. Or il semble qu'ici la supériorité doit appartenir évidemment au maître sur le disciple. Elle apparaît dans le choix même du point commun de comparaison. En effet, on conçoit parfaitement qu'Isocrate n'ait pas craint de placer la guerre persique au regard même de la guerre de Troie : il n'existe pas dans l'antiquité une guerre plus noble et plus sainte dans son motif, plus glorieuse dans ses développements, plus grande dans ses résultats que la guerre persique, et les vérités qu'elle a fournies à l'histoire soutiennent la comparaison avec les fictions de la guerre des héros et des demi-dieux ; mais personne ne s'expliquera comment on a pu, si ce n'est pour faire ostentation de talent et d'éloquence, essayer d'assimiler la guerre lamiaque à la guerre de Troie. Les sentiments des chefs et des soldats étaient certainement les mêmes : le but était aussi la gloire, la puissance, le salut de la Grèce ; mais la guerre de Troie était une guerre juste en même temps que politique, car elle punissait une grande injure, en même temps qu'elle prévenait un grand danger ; tandis que la guerre lamiaque, si elle était conforme à la politique absolue, en ce sens que la Macédoine était attaquée dans un moment où la guerre d'Alexandre la plaçait dans une situation périlleuse, était une guerre sans justice, puisque cette agression avait lieu pendant qu'on était en paix, et qu'aucune atteinte réelle n'avait été portée aux traités. Enfin, pour ce qui touche à l'importance des deux guerres, il est certain qu'il n'y a pas de comparaison à établir entre le siège de la petite ville de Lamia et celui de la capitale de l'Asie, entre une guerre qui dure un an et se termine par une défaite et une lutte de dix ans qui a pour résultat la destruction d'une puissance qui menaçait de soumettre la Grèce entière.

Quant à l'œuvre considérée en elle-même, on est heureux

d'y retrouver les principes de philosophie d'Isocrate : le respect des dieux, l'amour de la patrie et cette profonde conviction de l'immortalité de l'âme, comme de la justice divine, que professait aussi Platon ; comme aussi tout le monde admirera l'élévation et la grandeur des pensées, la noblesse et l'énergie du style ; seulement il est probable que quelques lecteurs regretteront qu'il n'ait pas été donné à Hypéride d'atteindre cette douceur harmonieuse par laquelle Isocrate rivalise avec les poètes et surpasse tous les orateurs.

Je m'arrête, et déjà, Monsieur, j'ai dépassé les limites que j'avais voulu me fixer. Permettez-moi de réclamer votre indulgence pour de simples aperçus que je soumets à votre jugement, et permettez-moi aussi, en vous renouvelant mes remerciements, de me féliciter avec vous, pour la science, de la découverte d'un si beau discours, considéré comme à jamais perdu depuis si longtemps.

Agréez, Monsieur, l'assurance de ma haute considération.

Duc de Clermont-Tonnerre.

Glisolles, le 10 octobre 1858.

Dans la lettre suivante, en date du 21 novembre 1863, le duc, qui parlait facilement l'anglais, l'allemand, l'italien et l'espagnol, explique comment il apprit le grec :

Quant au grec, dit-il, j'avais pris de bonne heure la résolution de l'étudier à la première occasion où j'en aurais la possibilité sans nuire à des choses de devoir, et, afin de m'obliger à tenir ma résolution, j'avais pris l'engagement avec moi-même de ne jamais lire Homère en français, afin de le lire pour la première fois dans l'original grec. J'avais tenu ma résolution, et ayant été nommé maréchal-de-camp et commandant de la brigade des grenadiers à cheval de la garde, je me trouvai assez de loisir pour étudier le grec. J'y mis de la suite et de l'ardeur ; je continuai, autant que je pus, étant ministre, et par le conseil du savant M. de Pouqueville, qui m'honorait de son amitié, j'entrepris plus tard la traduction d'Isocrate.

..... Ce n'est pas en 1830, mais en 1828, que je me suis

trouvé éloigné des affaires par la dissolution du ministère de Villèle, dans lequel j'avais été successivement ministre de la marine et de la guerre, et je crus alors remplir un devoir de dire au bon roi Charles X, en lui témoignant mes regrets, que j'étais surtout affligé, parce que je craignais que notre ministère ne fût dans la nuance de royalisme la plus forte qui pût convenir à la France.

10⁰ Lettres du comte Sclopis de Salerano. — V. la *Notice*, p. 74.

Turin, 19 mars 1871.

Cher ami et honoré confrère,

Il me faut absolument de vos nouvelles : j'ai besoin de savoir comment vous vous trouvez, vous, cher ami, et toute votre famille, après ce que je n'hésite point à appeler un grand désastre politique et moral. J'ai été dans le temps effrayé en lisant dans les journaux que plusieurs obus étaient tombés rue de Madame ; cette rue est longue, et j'espère qu'ils auront éclaté loin du n° 48 (1). Mais encore Mᵐᵉ Egger et vos enfants n'ont-ils pas été trop vivement émotionnés ? Étaient-ils sortis de Paris avant l'investissement de la ville ? Vous-même, comment allez-vous ? Car après tout on peut bien braver les dangers, sans se mettre pour cela à l'abri des atteintes des influences malsaines provenant du mauvais air et de la mauvaise nourriture. Soyez donc assez bon pour me renseigner sur tout ce qui tient à vous. Je vous en remercie d'avance.

Au milieu de toute cette agitation, de tout ce fracas, de toutes ces anxiétés, la conduite tenue par l'Institut a été admirable : c'est la tranquillité d'Archimède. Voilà encore un triomphe de la science, la supériorité morale prouvée matériellement.

Maintenant après ces rudes épreuves, ces énormes sacrifices, que se prépare-t-il chez vous ? J'ai la plus haute idée des forces de toute espèce que possède la France, et je ne doute point que sous peu elle se redresse complètement ; je

(1) Aujourd'hui n° 68.

ne crains pour elle que l'effet des dissensions politiques, les discordes civiles. On peut croire cependant que l'expérience du passé répondra de la sagesse de l'avenir. On se retrempe dans l'adversité. La fortune peut-être vous avait trop souri ; vous avez abusé de ses avances ; mais vous ne tarderez pas à vous appuyer sur quelque chose de plus solide : la fermeté des institutions et la vigueur de la discipline. Croyez, cher ami et honoré confrère, à la sincérité de l'intérêt que je prends au bonheur de votre noble patrie, et au dévouement affectueux que j'ai pour vous. Offrez, je vous prie, mes respects à Mme Egger, et recevez les compliments empressés de Mme Sclopis.

Frideric SCLOPIS.

Genève, hôtel de la Paix, 20 juillet 1872.

Cher et honoré ami,

Je ne pense pas que vous puissiez faire à mes collègues en arbitrage le tort de croire qu'ils n'apprécieraient point votre excellent travail sur les *Traités publics* chez les Grecs et les Romains. Nous ne sommes point des barbares, et si vous voulez nous faire cette largesse, vous pourriez être sûr de notre reconnaissance. Seulement, je vous dirai qu'outre les cinq arbitres (ou plutôt les quatre, car, pour ma part, j'ai déjà reçu ce présent), il y a les deux Agents d'Angleterre et d'Amérique, et ensuite quatre avocats, tous gens de beaucoup de mérite et très connus dans le monde diplomatique.

Je vous prie de présenter mes devoirs à Mme Egger et de me croire à vous de cœur.

Frideric SCLOPIS.

M. Egger ayant fait à tous les membres, agents et conseils du Tribunal d'arbitrage l'envoi indiqué dans la précédente lettre, le comte Sclopis lui en accusa réception par la lettre officielle suivante :

Genève, le 30 juillet 1872.

Monsieur,

Dans la séance tenue aujourd'hui par le Tribunal d'arbitrage, je me suis empressé d'offrir, d'après votre désir, et de

11

votre part, à chacun de MM. les arbitres, de MM. les agents des gouvernements américain et britannique et de leurs conseils respectifs, un exemplaire de vos « Études historiques sur les Traités publics chez les Grecs et chez les Romains, depuis les temps les plus anciens jusqu'aux premiers siècles de l'ère chrétienne ».

Cette offre a été agréée par ces Messieurs avec les sentiments de la plus haute estime, due aux mérites bien connus de l'auteur, et avec tout l'intérêt que leur inspire ce genre de travaux qui se rattache particulièrement à leurs études habituelles.

C'est donc en leur nom que je vous adresse, Monsieur, les remerciements les mieux sentis.

Très flatté de devenir auprès de vous l'organe de ces sentiments, je vous remercie à mon tour de m'avoir procuré cette occasion de vous renouveler l'assurance de mes vives sympathies et de mon parfait dévouement.

Votre dévoué serviteur et confrère,

Frédéric Sclopis.

A la lettre officielle était jointe la lettre particulière suivante :

Cher ami et très honoré confrère,

Après la lettre en grand format que je vous ai expédiée ce matin, *ex ædibus palatinis*, c'est-à-dire de l'Hôtel-de-Ville de la colonie des Allobroges, vous recevrez cette minuscule, qui vous parlera, comme toujours, avec effusion, de mon amitié, et vous renouvellera mes remerciements pour l'envoi des livres. J'étais fier de présenter en votre nom un excellent ouvrage, dont mes collègues feront sans doute leur profit.

Mme Sclopis a rempli la tâche que vous désiriez. Elle a écrit de sa main *nitide et diligenter* les noms des destinataires, avec l'hommage obligé de l'auteur. Pour que vous connaissiez bien les noms de ces Messieurs, la même main vous les écrira de nouveau. Tout ce monde-là est très bien pour moi, et nous continuons notre travail avec assiduité. Les jours où nous ne nous réunissons pas, nous faisons notre devoir chez nous, et cela durera encore assez longtemps. En attendant, *et nunc et semper*, croyez à la sincérité de mes sentiments affectueux.

Frideric Sclopis.

Turin, 2 décembre 1872.

Cher et honoré ami,

Les deux exemplaires du mémoire de M. Le Blant sur *Le détachement de la patrie* me sont parvenus ainsi que votre aimable lettre du 25 du mois dernier. Je vous remercie de ce double témoignage de votre gracieux souvenir. L'Académie recevra avec reconnaissance le travail de M. Le Blant, qui appelle une attention particulière d'abord par le mérite de l'ouvrage, ensuite par la spécialité du sujet. Aurions-nous cru aux jours de notre jeunesse devoir être réduits à ce point de désorganisation morale d'avoir à plaider la cause de la nationalité et de la vraie patrie? L'Académie ne manquera certainement pas d'apprécier la haute portée des études auxquelles M. Le Blant se livre avec tant de succès...

Frideric Sclopis.

Turin, 23 mars 1877.

Oh! la bonne, l'aimable, la chère lettre que vous venez de m'écrire! Recevez donc tous mes remerciements, cher et illustre ami, du soin que vous avez pris de me tenir au conrant de vos études, de vos habitudes et même de vos mondanités...

J'aime à vous voir dans ce salon de M. Thiers, où j'ai si souvent, dans mes voyages alors fréquents à Paris, reçu un accueil si gracieux et si flatteur. Ne m'oubliez pas, je vous prie, quand vous serez au milieu de cette société d'élite. Dites à l'illustre maître de la maison que je ne cesse d'être son admirateur; parlez à ces dames du prix que j'attache à la bienveillance dont elles ont bien voulu m'honorer.

Vous me dites qu'il faut des ambitieux pour mener un peu les hommes, mais qu'il n'en faut pas trop. Je voudrais bien voir quelque grand ambitieux capable et puissant nous tirer de l'état d'incertitude et d'angoisse dans lequel l'Europe s'épuise depuis bien des années.

..... Vous me parlez d'une esquisse d'une histoire générale de la langue grecque : c'est l'histoire tout entière qu'il faut dire. Vous en avez déjà, par vos travaux précédents, donné une grande partie. Qui mieux que vous pourrait comprendre et conduire à terme ce grand ouvrage? C'est vous qui pourrez alors vous écrier : *Exegi*, etc. A l'œuvre donc, cher et illustre confrère, et que je puisse encore vous applaudir.

..... Croyez à la sincérité de mon affectueux dévouement.

Frideric Sclopis.

11⁰ Lettres de M. A. d'Abbadie, membre de l'Académie des sciences. — V. la *Notice*, p. 68.

Cher confrère,

Votre dernier filleul est depuis deux jours chez le petit-fils du grand Herschel. Je ne sais encore si, tout entier à la construction de son appareil, il voudra élever votre créature et la présenter au monde savant en reniant son enfant mulâtre dit *gravimètre*.

Je vous remercie pour vos Notions élémentaires de grammaire comparée, et suis peu surpris d'en voir la 8ᵉ édition, car vous vous imposez au lecteur et je me suis donné le plaisir de vous relire. Permettez-moi à cet égard deux petites remarques : à la page 55, je voudrais supprimer le mot *tous* dans la 14ᵉ ligne, car les Anglais, même illettrés, disent toujours *she* (elle) en parlant d'un navire. Il est vrai que l'exception confirme la règle et que vous n'aviez pas à citer d'exceptions.

Venons à l'autre remarque. Il s'agit d'une *quæstio vexata* et tellement vexante pour moi, que j'ai oublié la très vraisemblable explication donnée par un auteur allemand pour l'origine de *théodolite*. Il citait tous les livres qui en ont parlé successivement, et concluait comme votre texte : « Mauvaise composition et fautes d'impression. » Biot, dont je suivais le cours d'astronomie en 1831, donnait magistralement θεάομαι et δολιχός, mais comme Biot n'était point philologue, il resta court quand je lui demandai comment un χ peut se changer en *t*.

Je voudrais que votre appendice fût lu et relu par tous nos confrères, car la fièvre de l'hybridité s'étend d'une manière alarmante.

Veuillez agréer l'expression de mes sentiments distingués.

Antoine D'ABBADIE.

Paris, 1881, juillet 10.

Cher confrère,

En vous remerciant pour le don de vos « Notions de grammaire comparée », où vous châtiez à si juste titre la manie contemporaine des nouveaux mots hybrides comme *pluviomètre*, etc., permettez-moi d'ajouter quelques détails sur le *théodolite*, instrument dont j'ai fait grand usage en Afrique.

L'étymologie que vous citez pour ce terme est ancienne, car je l'ai entendu proposer, en 1831, par Biot dans son cours de la Sorbonne. J'objectai alors à cet astronome qu'un χ grec ne saurait se changer en *t*, mais Biot, n'étant pas philologue, ne fit pas cas de mes scrupules.

M. Radau, mathématicien français, vient de m'envoyer la note suivante qui jette un peu de lumière sur la question :

« De Morgan, auteur anglais, dit que le mot *théodolite* a été employé pour la première fois dans l'ouvrage de Leonard et Thomas Digges, intitulé : *Geometrical practise named pantometria* (London, 1571) ; il y signifie simplement un cercle divisé, muni d'une alidade. William Bourne, dans son *Treasure for Travailers* (1578), désigne le même instrument par les mots *horizontall or flatte sphere :* le mot *alidade* s'écrit chez lui, d'abord *alydeday*, ensuite toujours *athelida*. Il nomme *athelidated circle* ce que Digges appelle *theodolited circle*. On est donc tenté de supposer que *théodolite* a été formé, par corruption, du terme *alidade*. Le dictionnaire de Savérien, publié en 1753, dit que le théodolite est un instrument semblable à un graphomètre. Dans un brevet américain on trouve le mot *théodolite*, dès l'année 1738. Ce brevet fut pris par Roland Houghton pour un *new theodolite by which land could be surveyed.* »

Je me plais à croire que vous vous joindrez à moi pour engager les érudits à faire pour les auteurs français une revue analogue à celle que de Morgan a effectuée pour les livres en langue anglaise. Il faudrait y énoncer le sens qu'on a attaché au terme *théodolite*. Chez nous, c'est une lunette munie de deux cercles divisés et perpendiculaires. Ailleurs, c'est tantôt une lunette mobile dans le sens vertical et munie d'un seul cercle horizontal ; enfin, en Allemagne, dit-on, un théodolite est une lunette mobile au centre d'un cercle qui peut être établi à volonté dans une situation verticale ou horizontale.

Voilà beaucoup de mots à propos d'un seul : ils m'amènent au moins à vous renouveler l'expression de mes sentiments très distingués.

Antoine d'Abbadie.

Abbadia, Hendaye, 1881, X^{ro} 9.

12° **Lettres d'Auguste Barbier, de l'Académie française.**

Paris, 10 octobre 1872.

Monsieur et cher confrère,

J'ai bien des excuses à vous faire pour avoir si longtemps tardé à vous remercier de l'envoi de vos *Mémoires de littérature ancienne*. De la souffrance, divers déplacements, ont interrompu ma lecture de votre excellent livre, mais enfin j'en ai pris connaissance entière, et je puis vous exprimer tout le plaisir qu'il m'a causé. C'est un ouvrage si substantiel et si plein d'érudition, qu'il faudrait être un Boissonade ou un autre Egger, permettez-moi cette façon de dire, pour en discourir pertinemment. Je ne suis qu'un poète, un amoureux des Muses, prenant la fleur des choses et, partant, n'ayant guère compétence pour discuter le fond ; n'importe, tous les points d'histoire littéraire ancienne élucidés par vous m'ont paru l'être d'une manière profonde et piquante à la fois, et, tous, ils m'ont vivement intéressé. Vous avez rectifié dans mon esprit bien des idées trop légèrement acceptées, et je vous en remercie. Parmi vos doctes chapitres, ceux qui m'ont particulièrement attaché sont vos dissertations sur Homère et ses traducteurs, vos opinions sur le théâtre grec, sur la poésie pastorale, l'histoire et la poésie légendaire, et enfin votre charmant parallèle de Voltaire et de Lucien. Tous vos jugements me paraissent portés avec beaucoup de mesure et une grande finesse de pensée, et à ces mérites se joint une constante élégance de style. Il n'est pas difficile de retrouver dans votre œuvre et dans votre enseignement quelque chose de la tradition voltairienne. Vous tenez, à mon sens, au grand Arouet non par le fond entièrement, mais par la forme. En un mot, votre critique est bien française : elle est claire, spirituelle, instruite et concise. Sous ces rapports, combien je la préfère à cette critique allemande, fort savante, il est vrai, mais si lourde, si diffuse, si chimérique parfois et toujours si pédante !

Je n'ai pas encore achevé la lecture du poème de votre ami, M. Robert, mais je compte bientôt lui dire quel est mon sentiment au sujet de cette haute et grave conception.

Veuillez, Monsieur et cher confrère, agréer l'assurance de mes meilleurs sentiments.

Votre bien dévoué,

Auguste BARBIER,
de l'Académie française.

Paris, 9 octobre 1879.

Monsieur et cher confrère,

En revenant de la campagne, j'ai trouvé votre aimable envoi. Je vous remercie de ce bon souvenir. J'ai lu avec un vif intérêt votre dissertation sur *Socrate et le Dialogue socratique*. Il est possible, et je le crois avec vous, que cette forme de discours ait été employée avant le grand esprit qui en fit usage, mais ce qui me paraît certain, c'est que le génie de Platon la rattachera éternellement à Socrate.

Votre critique est de celles qui me plaisent le plus. C'est une investigation savante et judicieuse sous une forme précise, claire et élégante, en un mot, éminemment française. Votre nouvel opuscule contient un beau portrait du divin causeur d'Athènes, et j'applaudis de tout mon cœur à ce trait final : l'Atticisme, autrement dit la mesure et l'élégance, *était pour Socrate une seconde forme du patriotisme.*

..... Continuez, Monsieur et cher confrère, à nous montrer la route du beau et du bien ; vous avez en moi un auditeur attentif.

Agréez, je vous prie, l'assurance de mes sentiments les plus distingués et les plus dévoués.

Auguste BARBIER.

III

CHOIX DE PIÈCES DE POÉSIE LATINES ET GRECQUES (1)

1. — Traduction en vers latins de l'inscription commémorative de la bataille de Leuctres (371 av. J.-C.). Épitaphe du béotarque Xénocratès et de ses deux compagnons, qui furent chargés de porter à Jupiter Trophonius le bouclier d'Aristomène.

Ξενοκράτης

Θεόπομπος

Μνασίλαος

Ἁνίκα τό Σπάρτας ἐκράτει δόρυ, τήνακις εἶλεν

Ξεινοκράτης κλάρῳ Ζηνὶ τρόπαια φέρειν,

οὐ τόν ἀπ' Εὐρώτα δείσας στόλον οὐδὲ λάκαιναν

ἀσπίδα· Θηβαῖοι κρείσσονες ἐν πολέμῳ.

Καρύσσει Λεύκτροις νικαφόρα δουρὶ τρόπαια

οὐδ' Ἐπαμεινώνδα δεύτεροι ἐδράμομεν·

(1) Entre beaucoup de morceaux de ce genre, nous nous bornons à choisir une traduction d'une courte inscription grecque, et deux pièces, l'une

Traduction de M. Egger :

Lancea cum Spartæ regnaret, numine sortis
    Xenocrates jussus ferre tropæa Jovi
Sprevit ab Eurota missos et scuta Laconis
    Hostica : *Thebanis bellica palma venit.*
Proclamat Leuctris partum virtute tropæum,
    Nos Epaminondæ non præiere pedes (1).

2. — Vers composés en 1883.

Επτ᾽ ἐτέων δεκάδας μικταῖς ἐτέλεσσα τύχαισιν,
    Ἄλλοτε μὲν πένθους, ἄλλοτε δ᾽ εὐφροσύνης.
Νῦν δέ, πέλας θανάτοιο, μίαν, φίλοι, εὔχομαι εὐχήν.
    Εἴθε νέων γενεαῖς ὄλβια πάντα ῥέοι.

3. — Vers composés en 1884 et envoyés par M. Egger à M. Médéric Fontaine, le seul survivant de ses amis de jeunesse, en août de la même année.

Quis mihi tot steriles horas pensabit, inersque
Otium et ingrato producta silentia sommo ?
Dum viget ingenium, memorique in mente recursant
Et studia et fidis doctrina recondita chartis,
Quas oculata manus vigili versare labore
Gaudebat, quæssu cumulatas usque diurno.
Sedula quantumvis refovens me cura meorum
Solatur, pro me vigil atque industria, ne quid

en vers grecs, l'autre en vers latins, d'un caractère particulièrement touchant : la première est comme l'adieu du vieillard aux jeunes gens qu'il avait toujours aimés, accueillis et encouragés ; on ne peut se défendre d'une émotion bien naturelle en lisant dans la seconde les beaux vers où l'auteur, tout en déplorant la cruelle infirmité de ses dernières années, se console en évoquant les pieux souvenirs du passé et les espérances sereines de l'avenir.

(1) Publiée par E. Egger dans le *Bulletin de correspondance hellénique* (II, p. 24), puis reproduite par M. Salomon Reinach dans son *Traité d'épigraphie grecque* (Paris, E. Leroux, 1885), p. 159.

Dispereat vitæ segni per inane veterno ;
Sunt tamen in longis vacua intervalla diebus,
Scriptor ubi lectorque deest, ubi languet inermis
Dextra, jacetque animi sensim languentis imago.
Hinc sopor invadit sensus, hinc sæpe vagantur
Ante oculos passim falsæ ludibria musæ.
Rursus at ipse dolor rapit ad cœlestia fessum
Limina, functorumque pios mihi reddit amores ;
Unde redux, ad vos, recreatæ pignora vitæ,
Deferor, atque novas conor mihi sumere vires ;
Jamque meas pax illustrat divina tenebras.

  Tum stylus auxilio est, qui docta subditus arte
Aptatur digitis, servus simul atque magister,
Quique regit docilem certo moderamine dextram,
Nec patitur nimium incomptos discurrere versus.
Sic percepta olim visu spectacula vivis
Redduntur tabulis, sic uno e pectore sensus
Pectus ad absentis norunt se tradere amici,
Grataque per cæcam commercia jungere noctem.

DEUXIÈME PARTIE

BIBLIOGRAPHIE DES TRAVAUX DE M. E. EGGER [1]

SOMMAIRE

I

Ouvrages. — Opuscules.

II

ARTICLES DE REVUES ET DE JOURNAUX.

1834. *Journal général de l'Instruction publique*, Paul Dupont.

1837. *Revue française.*

1842. *Revue de l'Instruction publique*, Hachette et Cie.

1844. *Dictionnaire des Sciences philosophiques.*

1844. *Revue archéologique.*

1845. *Encyclopédie du XIXe siècle.*

1846. *Nouvelle Revue encyclopédique.*

1848. *Journal des Savants.*

1850. *Journal des Débats*, journal quotidien.

1850. *L'Ordre*, journal quotidien.

1852. *Nouvelle biographie universelle.*

1854. *Revue contemporaine.*

1855. *L'Athenæum français.*

1855. *Revue des Cours publics.*

1858. *Bulletin et Mémoires de la Société des Antiquaires de France.*

1860. *Revue européenne.*

1860. *Gazette des Tribunaux*, journal quotidien.

(1) Cette bibliographie a été rédigée par Mme Egger, qui a bien voulu nous autoriser à la joindre à notre *Notice.*

1864. *Le Correspondant.*

1868. *Annuaire de l'Association pour l'encouragement des études grecques en France.*

1868. *Société de linguistique.*

1874. *Revue des langues romanes.*

1874. *Bulletin de la Société de l'Histoire de Paris.*

1877. *Bulletin de correspondance hellénique.*

1877. *Magasin d'éducation et de récréation.*

1879. *Annales de la Faculté des Lettres de Bordeaux.*

Recueils et Journaux divers où *un seul* article se trouve inséré.

III

INSTITUT DE FRANCE.

Académie des inscriptions et belles-lettres.

a. — Mémoires.

b. — Lectures en séances publiques.

Académie des sciences.

Comptes-rendus hebdomadaires.

Académie des sciences morales et politiques.

Comptes-rendus de M. Vergé.

IV

Discours. — Conférences. — Collaborations.

OUVRAGES.

THESIS PHILOSOPHICA : De Archytæ tarentini pythagorici vita, operibus et philosophia disquisitio : in-8°, 67 pages. Parisiis, excudebant F. Didot fratres, 1833.

THÈSE DE LITTÉRATURE. Étude sur l'éducation, et particulièrement sur l'éducation chez les Romains, depuis la fondation de Rome jusqu'aux guerres de Marius et de Sylla, in-8°, 46 pages. Paris, imprim. de Didot frères, 1833.

Longini quæ supersunt græce, post edit. Lipsiensem a. MDCCCIX aucta et emendata. LXXVI-253 pages in-16. Paris, Bourgeois-Maze, 1837.

M. Verrii Flacci fragmenta post editionem augustinianam denuo collecta atque digesta. Sexti Pompei Festi fragmentum ad fidem ursiniani exemplaris recensitum. XXIV-358 pages in-16. Bourgeois-Maze, 1838.

Varronis librorum de lingua latina quæ supersunt juxta recensionem et cum argumentis C. O. Muelleri. Lipsiæ apud Michelsen, 1837, in-16, 249 pages.

Latini sermonis vetustioris reliquiæ selectæ, in-8°, XXII-428 pages. Paris, Hachette, 1843.

Examen critique des historiens anciens de la vie et du règne d'Auguste. Mémoire couronné par l'Académie des Inscriptions et Belles-Lettres, in-8° de 476 pages. Paris, Dezobry et Magdeleine et Cie, 1844.

Recherches sur les Augustales, suivies des fragments du testament politique d'Auguste connu sous le nom de Monument d'Ancyre. Paris, Dezobry et Magdeleine et Cie, 100 pages in-8°, 1844.

Essai sur l'Histoire de la Critique chez les Grecs, suivi de la Poétique d'Aristote, et d'*extraits de ses problèmes*, avec traduction française et commentaire, VIII-548 pages in-8°, 1849. Paris, A. Durand. (2e édition chez Pedone-Lauriel, mai 1886.)

Notions élémentaires de grammaire comparée, pour servir à l'étude des trois langues classiques, conformément au nouveau programme officiel, in-12, VIII-179 pages. Paris, Durand, 1852.

2e édition, VIII-179 pages (1852)-1853.

3e édition, VIII-216 pages, 1854.

4e édition, VIII-216 pages, 1854-1855.

5e édition, VIII-216 pages, 1856-1857.

6e édition, revue et augmentée de quelques notes, XI-226 p., 1865.

7e édition, revue, corrigée et augmentée, XV-231 pages. A. Durand et Pedone-Lauriel, 1875.

8e édition, XV-247 pages, 1880.

Traduit en italien par Diamilla Muller, in-12, 1853; Torino, Botta; Milano, Dumolard; Genova, Rossi.

Traduit en hongrois par Bartal Antal. Budapest, 1883, Hoffman és Molnar.

Apollonius Dyscole. Essai sur l'histoire des théories grammaticales dans l'antiquité, 349 pages in-8°, 1854. Paris, A. Durand.

Mémoires de littérature ancienne, in-8°, xxiii-520 pages, 1862. Paris, A. Durand.

Mémoires d'histoire ancienne et de philologie, in-8°, xi-516 pages, 1863. Paris, A. Durand.

Étude historique sur les traités publics chez les Grecs et chez les Romains, depuis les temps les plus anciens jusqu'aux premiers siècles de l'ère chrétienne. 320 pages, Nouvelle édition in-8°. Paris, A. Durand, 1866.

L'Hellénisme en France. Leçons sur l'influence des études grecques dans le développement de la langue et de la littérature française, 2 vol. in-8°. 1er vol., viii-472 pages; 2e vol., 498 pages. Didier et Cie, 1869.

Aristote. Poétique, avec des extraits de la Politique et des Problèmes. — Texte grec, avec commentaires en français.

La première édition se trouve à la suite de l'*Histoire de la Critique*.

2e édition revue et corrigée, in-12, vii-141 pages, 1874.

3e édition revue et corrigée, in-12, vii-141 pages, 1874.

4e édition revue et corrigée, in-12, vii-141 pages, 1875.

5e édition revue et corrigée, in-12, vii-141 pages, 1876.

6e édition, xii-144 pages, 1878. Paris, Hachette et Cie et Pedone-Lauriel.

Aristote. Poétique, avec des extraits de la Politique et des Problèmes. — Traduction française, 2e édition revue et corrigée, in-12, vii-63 pages, 1874.

3e édition, 1875.

4e édition revue, corrigée et augmentée de la traduction des extraits de Proclus relatifs à la *Poétique*, vii-65 pages, 1878.

Observations et réflexions sur le développement de l'intelligence et du langage chez les enfants. (Extrait du compte-rendu de l'Académie des Sciences morales et politiques.)

1re édition, in-8°, 72 pages, 1879.

2e édition, in-12 ou in-18, 103 pages, 1880.

3e édition, 103 pages, 1881. Paris, Alphonse Picard.

4e édition, 1883.

Histoire du Livre depuis ses origines jusqu'à nos jours.

1re et 2e éditions, septembre 1880.

3ᵉ édition, octobre 1880.

4ᵉ édition, novembre 1883. Hetzel et Cⁱᵉ, in-12.

La Tradition et les Réformes dans l'enseignement universitaire. – Souvenirs et conseils, in-8ᵒ, xxiv-368 pages. Paris, G. Masson, 1883.

OPUSCULES.

Projets et rapports relatifs à la publication d'un *Recueil général d'épigraphie latine*, 1843, in-8ᵒ, 36 pages.

Epigraphices græcæ specimina selecta in usum prælectionum academicarum, 44 p. in-8ᵒ, 1844. Dezobry, Magdeleine et Cⁱᵉ.

Notice biographique. Catalogue composant la bibliothèque de M. Mauger, précédé d'une *Notice biographique* par E. Egger, vii-127 pages. Paris, Delion, 1862. *Notice*, i-vii.

Observations sur un fragment oratoire, en langue grecque conservé sur un papyrus provenant d'Égypte. Paris, 1862, in-8ᵒ, 16 pages. Librairie académique Didier et Cⁱᵉ.

Notice historique sur le duc de Clermont-Tonnerre, traducteur et commentateur d'Isocrate. Paris, Lainé, 1865, in-8ᵒ, 43 pages.

2ᵉ édition, octobre 1866, 47 pages.

3ᵉ édition, 1868, 52 pages.

Traduit en anglais, imprimé et publié chez Lainé, 1867 (48 pages).

Notice nécrologique sur M. Casimir Leconte, in-8ᵒ, 7 pages. Paris, 1867, typographie Renou et Maulde.

Préface. A. Brachet. Dictionnaire étymologique de la langue française avec une préface par E. Egger, membre de l'Institut. Hetzel, Paris, 1868, cvii-560 pages. Préface 12 pages. — Réimprimé dans *Tradition et Réformes*, page 179.

Rapport sur les études de langue et de littérature grecque en France, 40 pages. Paris, 1868, imprimé par autorisation de Son Exc. le Garde des Sceaux, à l'Imprimerie impériale. — Réimprimé en Appendice dans l'*Hellénisme en France*, t. II, p. 442.

Appendice. — L'Iliade d'Homère, texte grec, etc., suivie de dissertations sur diverses questions homériques, par Alexis Pierron, 2 vol., 1869. Paris, Hachette et Cⁱᵉ. Appendice vii-584-592. Observations sur la plus ancienne rédaction des poèmes homériques, par E. Egger, membre de l'Institut. —

N. B. Cette dissertation n'est pas simplement la reproduction de ce qu'on lit p. 515-523, dans les Notes de l'*Histoire de la Critique chez les Grecs*. M. Egger avait donné son texte revu, corrigé, augmenté, et tel qu'il l'avait préparé pour une impression future.

Les Substantifs Verbaux formés par apocope de l'infinitif. Observations sur un procédé de dérivation très fréquent dans la langue française et dans les autres idiomes néo-latins. Montpellier, au bureau des publications de la Société pour l'étude des langues romanes. Paris, chez Pedone-Lauriel, x-67 pages, 2ᵉ édition, revue, corrigée, augmentée, 1875. La 1ʳᵉ édition était un Mémoire académique. Voir plus bas.

Mélanges Graux. Paris, Ernest Thorin, LVI-823 pages, 1884, in-8ᵒ. Question homérique. Manque-t-il un épisode dans le récit que fait Homère des voyages de Télémaque à la recherche de son père? p. 35-39.

JOURNAUX ET REVUES.

Journal général de l'instruction publique. — Actes officiels. — Cours publics. — Littérature. — Sciences. — Beaux-arts. (Paul Dupont, imprimeur-éditeur.)

Volume III, nᵒ 38, p. 181, 1834, 13 mars :

De l'enseignement de la grammaire en général.

Nᵒ 104, p. 340, 1834, 30 octobre :

(Premier article).

Revue philologique. — Objet de cette revue. — La philologie en Allemagne. — Scepticisme romantique. — Réaction. — MM. Lœrs, Knebel. — Une édition allemande. — MM. Klotz, Steigerthal, de Sinner. — Angleterre; M. G. Burges. — Tacite : M. Kiessling. — Nouvelle espèce de commentaire. — Une séance de l'Agora; le panégyrique de Trajan ; M. Stiévenart et M. Burnouf.

Vol. IV, nᵒ 1, p. 2, 1834, 2 novembre :

Cours publics. — École royale des langues orientales. Cours de grec moderne et de paléographie grecque. M. Hase, professeur (premier article).

Nᵒ 7, p. 31, 23 novembre :

(Deuxième article).

Vol. IV, nᵒ 17, p. 77, 1834, 28 décembre :

Revue philologique. (deuxième article). — L'ordre et le désordre dans les travaux philologiques. — Difficulté de suivre dans cette revue une méthode constante. — Les livres classiques et élémentaires. — Plutarque : M. Vœgelin. — Tacite : M. Bœttiger. — Sophocle : M. Neue. — M. de Sinner : édition du Banquet de Platon. — Boissonade : opuscules de Théophylacte. — Nouvelle édition des œuvres complètes de saint Jean Chrysostome. — Considérations sur le choix et l'usage des manuscrits. — MM. Burnouf, Vanderbourg, Achaintre, É. Leo.

N° 47, p. 213, 1835, 12 avril :

Revue philologique. — Langues orientales; MM. E. Burnouf et Brosset. — Langues classiques. — Aperçu général sur l'étude des sources historiques. — Sources de l'histoire de la grammaire grecque. — Quelques-uns des travaux contemporains sur ce sujet. — Influence de Niebuhr ; — MM. Classen, Ranke, Ritschl, Hésychius. — Thomas Magister. — Orus et Orion.

N° 51, p. 239, 1835, 25 avril :

Cours publics. — École des langues orientales : Cours de paléographie grecque ; M. Hase, professeur. 1834-1835. Premier article.

N° 64, p. 315, 1835, 11 juin :

Premier semestre. — Deuxième article.

N° 66, p. 330, 1835, 18 juin :

Bibliographie de l'agrégation. — Classes de grammaire et classes supérieures des lettres. Indications nécessaires aux concurrents.

Volume IV, n° 74, p. 377, 1835, 16 juillet :

Revue des travaux universitaires. — Importance des livres classiques. — Abrégé d'histoire ancienne, par M. Bourgol. — Choix méthodique de l'Histoire naturelle des animaux, d'Élien, par M. Valatour. — Traduction de ce recueil, par M. Kumann.

N° 76, p. 390, 1835, 23 juillet :

Correspondance. — A propos d'une accusation dirigée contre l'étude des écrivains de l'antiquité (signé : un agrégé de l'Université).

N° 78, p. 403, 1835, 30 juillet :

Méthodes d'enseignement. — Tableau synoptique et comparatif des trois langues française, latine et grecque, dédié à mes élèves, par M. Th. Leturqle, maître de pension à Rouen.

Volume IV, n° 80, p. 412. 1835, 6 août :

Doctrine du progrès. — La Boussole (à propos d'un article inséré dans le *Journal général*, de M. Bodin).

N° 81, p. 417, 1835, 9 août.

Examens de doctorat ès lettres. — Thèses de MM. Guigniaut, Gros et Schwalbé.

N° 83, p. 429; 1835, 16 août :

Littérature ancienne. — Du latin des premiers siècles littéraires de Rome ; le grec moderne.

N° 87, p. 453, 1835, 30 août :

Revue classique. — Les préfaces et les commentaires. — Le chef-d'œuvre d'un inconnu. — Réaction nécessaire. — Choix d'élégies latines, avec des imitations françaises, par M. L. M... — Études grammaticales et littéraires de quelques morceaux de poésie latine, par M. Toussaint Révillon. — Comparaison de la forme et du but des prosodies en Allemagne et en France. — Deux prosodies nouvelles, de MM. Rel et Cabaret-Dupaty.

N° 91, p. 477, 1835, 13 septembre :

Littérature latine. — Une édition et un nouveau manuscrit du Dialogue sur les orateurs.

N° 99, p. 525, 1835, 11 octobre :

Histoire. — La Grèce moderne.

Volume V, n° 3, p. 19, 1835, 8 novembre :

Littérature. — Précis de l'histoire de la littérature en France, depuis les temps les plus reculés jusqu'à la Restauration, par M. Aigre.

N° 5, p. 36, 1835, 15 novembre :

Rhétorique. — Coup d'œil sur l'histoire de cet art, depuis les anciens jusqu'à nos jours. — De deux nouveaux traités de rhétorique. — Une réflexion générale.

N° 12, p. 94, 1835, 10 décembre :

Revue classique. — Grammaire grecque de M. Burnouf; influence de cet ouvrage sur les progrès de l'enseignement du grec; questions sur la grammaire grecque, — Cours de thèmes de MM. Le Bas et Régnier. — Grammaire latine de Lhomond. — Les idiotismes de Viger. — MM. Villemereux, Guéroult, de Blignières, Noël et de Fallens, et leur grammaire.

N° 15, p. 116, 1835, 20 décembre :

Archéologie. — De la peinture chez les anciens. (Résumé d'une dissertation de M. le professeur Tœpffer, de Genève, sur la peinture ancienne, etc.)

N° 18, p. 139, 1835, 13 décembre :

Revue classique. — Le théâtre grec et le théâtre latin. — Éditions de MM. Vendel-Heyl, de Sinner, Quicherat, etc.

N° 22, p. 169, 1836, 14 janvier :

Littérature latine. — Métamorphoses d'Ovide, traduction nouvelle, par M. Gros.

N° 23, p. 179, 1836, 17 janvier :

Revue classique. — Extraits des principaux monuments de l'éloquence profane et religieuse des anciens (1er article). Le Conciones.

N° 24, p. 190, 1836, 21 janvier :

Bibliographie. Histoire de l'éducation. — Commentatio de historia educationis et per nostram ætatem culta et in posterum colenda. — Scrps. Alexander Kappius archigymnasii Susatensis prorector Hammonæ, 1834, in-4°.

N° 30, p. 233, 1836, 11 février :

Philosophie morale. — *Les Devoirs des hommes*, discours à un jeune homme, par Silvio Pellico de Saluces, traduit de l'italien en grec moderne par Cébès de Thèbes. Paris, librairie J.-A. Macklein, 1835, in-12.

N° 33, p. 261, 1836, 21 février :

Revue classique. — Éloquence religieuse et profane des anciens ; extraits des orateurs attiques et de Cicéron, par M. Ragon (2e article).

N° 37, p. 295, 1836, 6 mars :

Biographie. — Notes de Vico sur l'art poétique d'Horace.

N° 44, p. 345, 1836, 31 mars :

Traditions tératologiques, ou récits de l'antiquité et du moyen-âge en Occident, sur quelques points de la fable, du merveilleux et de l'histoire naturelle, publiés d'après plusieurs manuscrits inédits grecs et latins et en vieux français, par B. de Xivrey. Paris, 1836.

N° 47, p. 371. 1836, 10 avril :

Faculté des Lettres. — *Cours de M. Fauriel.* — 1er article. — (Dans ce cours, M. Fauriel expose et discute les recherches et les opinions des littérateurs allemands sur l'histoire et l'authenticité des poèmes attribués à Homère.)

N° 52, p. 409, 1836, 28 avril :

Instruction supérieure. — De la monographie et du doctorat ès-lettres.

Nᵒ 52, p. 411, 1836, 28 avril :

Faculté des Lettres. — Cours de M. Fauriel (2ᵉ article).

Nᵒ 63, p. 489, 1836, 5 juin :

Littérature grecque. — Collection des rhéteurs grecs publiés par M. Chr. Walz.

Nᵒ 64, p. 507, 1836, 9 juin :

Faculté des Lettres. — Cours de M. Fauriel (3ᵉ article).

Nᵒ 65, p. 517, 1833, 12 juin :

Revue classique. — Extraits de Tacite et des historiens grecs. — Chrestomathie grecque. — Extraits d'Athénée.

Nᵒ 70, p. 556, 1836, 30 juin :

Faculté des Lettres. — Cours de M. Fauriel (4ᵉ article).

Nᵒ 74, p. 588, 1836, 14 juillet :

Cours de M. Fauriel (5ᵉ article).

Nᵒ 81, p. 645, 1836, 7 août :

Cours de M. Fauriel (6ᵉ article).

Nᵒ 82, p. 653, 1836, 10 août :

Faculté des Lettres. — Épreuves du doctorat.

Nᵒ 86, p. 681, 1836, 25 août :

Philologie. — Coup d'œil sur quelques travaux de la philologie grecque contemporaine, en vue du programme publié par le conseil royal de l'Instruction publique, pour le concours d'agrégation de philologie.

Nᵒ 89, p. 708, 1836, 4 septembre :

Faculté des Lettres. — Cours de M. Fauriel (7ᵉ article).

Nᵒ 92, p. 731, 1836, 15 septembre :

Cours de M. Fauriel (8ᵉ article).

Nᵒ 98, p. 783, 1836, 9 octobre :

Cours de M. Fauriel (9ᵉ article).

Volume VI, nᵒ 4, p. 28, 1836, 27 novembre :

Cours de M. Fauriel (10ᵉ article).

Nᵒ 8, p. 62, 1836, 25 décembre :

Cours de M. Fauriel (11ᵉ article).

Nᵒ 10, p. 80, 1837, 8 janvier :

Revue classique. — Éloquence profane et religieuse des anciens (3ᵉ article). Démosthène. — Bibliographie de M. Becker. — Éditions de M. Régnier.

Nᵒ 12, p. 93, 1837, 22 janvier :

Faculté des Lettres. — Cours de M. Fauriel (12ᵉ et dernier article). [Cet article est signé et assure ainsi la détermination des articles antérieurs.]

N° 14, p. 108, 1837, 5 février :

Littérature grecque. — I. Collection des rhéteurs grecs de Walz : ix° et dernier volume. — II. Mémoire sur la rhétorique chez les Grecs, par M. E. Gros.

N° 28, p. 223, 1837, 14 mai :

Revue classique. — I. Selecta principum historicorum : Herodoti, Thucydidis, Xenophontis, Polybii illustres loci. — II. Plutarchi vitæ Demosthenis et Ciceronis. Delectu, præfatione, annotatione discipulorum institutioni accommodatis. Dan. Wyttembachii ed. passim aucta, et emendata.

Volume VII, n° 54, p. 313, 1838, 24 janvier :

Philologie. — Dictionnaire grec-français, par J. Planche, nouvelle édition par S.-A. Vendel-Heyl et Al. Pillon.

N° 124. p. 832, 1838, 22 septembre :

Littérature. — *Des journaux chez les Romains*, recherches précédées d'un mémoire sur les Annales des Pontifes, par J.-V. Le Clerc.

N° 149, p. 1025, 1838, 19 décembre :

Littérature. — *Des journaux chez les Romains*, etc., par J.-V. Le Clerc (2° article). Réimprimé dans les Mémoires d'histoire ancienne et de philologie, p. 286.

Volume VIII, n° 14, p. 95, 1839, 16 février :

Publications. — Méthode systématique de l'enseignement des langues appliqué au grec ancien et moderne, par Etienne Marcello... première partie. Paris, 1828.

N° 15, p. 102, 1839, 20 février :

Littérature. — Traditions tératologiques de B. de Xivrey (2° article).

N° 46, p. 344, 1839, 8 juin :

Histoire et philologie. — Éclaircissements sur le cercueil du roi memphite Mycerinus, traduit de l'anglais et accompagné de notes par Ch. Lenormant.

N° 50, p. 375, 1839, 22 juin :

Géographie ancienne. — Périple de Marcien d'Héraclée, epitome d'Artemidore, Isidore de Charax, etc., supplément aux dernières éditions des petits géographes, d'après un manuscrit grec de la Bibliothèque royale, par M. E. Miller. Paris, Imprimerie royale, 1839. 8°.

N° 60, p. 456, 1839, 27 juillet :

Littérature. — Essai d'histoire littéraire, par E. Géruscz, 1839, in-8°.

N° 81, p. 626, 1839, 9 octobre :

Concours d'agrégation pour les classes de grammaire.

N° 85, p. 662, 1839, 23 octobre :

Publications. — Le moyen-âge et le dix-neuvième siècle, ou analyse de la méthode systématique d'enseignement des langues appliquée au grec ancien et moderne, par E. Marcello.

N° 93, p. 722, 1839, 10 novembre :

Histoire de la philosophie. — Vico et l'Italie, par Jos. Ferrari. Paris, 1839, in-8°.

N° 96, p. 746, 1839, 20 novembre :

Philologie. — De l'accentuation grecque en général et du traité élémentaire de l'accentuation grecque, par M. V. Bétolaud.

Volume IX, n° 38, p. 283, 1840, 9 mai :

Archéologie. — I. Inscriptions grecques et latines recueillies en Grèce par la commission de Morée, et expliquées par Ph. Le Bas, t. i et t. ii, 1835-39, in-8°. — II. Monuments d'antiquité figurée recueillis en Grèce par la commission de Morée et expliqués par le même, 1er et 2e cahiers, 1835-37, in-8°.

N° 41, p. 307, 1840, 20 mai :

Archéologie. — Inscriptions en vers du Musée d'Aix, suivies d'un appendice sur une statue antique récemment découverte aux environs de cette ville, 1839, in-8°.

N° 98, p. 686, 1840, 5 décembre :

Faculté des Lettres. — Cours de littérature grecque, M. Egger, suppléant. — Discours d'ouverture.

N° 99, p. 694, 1840, 9 décembre :

Discours d'ouverture (suite). Réimprimé dans les Mémoires de littérature ancienne.

Volume X, n° 14, p. 82, 1841, 17 février :

Faculté des Lettres. — Cours de littérature grecque (1er article). — Division du cours. - Antécédents de la Poétique d'Aristote, première partie. — Origine de la critique. — Travaux entrepris sur les poésies traditionnelles, et en particulier sur les poésies d'Homère, au siècle de Pisistrate. — Interprétation philosophique. — Diascévastes. — Chorizontes. — Progrès de la critique sur le théâtre d'Athènes. - Diascève dramatique (rédigé par M. Sadous).

Nᵒ 16, p. 89, 1841, 24 février :

Philologie. — Le jardin des racines grecques, réunies par C.-F. Lancelot, et mises en vers par de Sacy. Nouvelle édition par M. Ad. Régnier.

Nᵒ 23, p. 129, 1841, 20 mars :

Histoire. — Économie politique des Romains, par M. Dureau de la Malle.

Nᵒ 27, p. 154, 1841, 3 avril :

Philologie. — Méthode pour étudier la langue latine, par J.-L. Burnouf.

Nᵒ 28, p. 162, 1841, 7 avril :

Faculté des Lettres. — Cours de littérature grecque (2ᵉ partie). — Critique dans la comédie grecque et particulièrement dans Aristophane. — Les Sophistes. — Esthétique de Platon. — Poésie, musique et philosophie dorienne, etc. (Réd. par A. Sadous.)

Nᵒ 32, p. 187, 1841, 21 avril :

Faculté des Lettres. — Cours de littérature grecque (3ᵉ article). — Aperçu de la biographie littéraire d'Aristote. Principes généraux de sa doctrine sur l'art, etc.

Nᵒ 33, p. 190, 1841, 24 avril :

Philologie. — Philodemi rhetorica ; ex herculanensi papyro etc... restituit E. Gros.

Nᵒ 35, p. 202, 1841, 1ᵉʳ mai :

Philologie. — Question de philologie homérique. — Aristote lisait-il dans l'*Odyssée* un épisode de soixante-onze vers que nous y lisons aujourd'hui?

Nᵒ 39, p. 226, 1841, 15 mai :

Littérature grecque. — Fragment d'un examen critique de la Poétique d'Aristote.

Nᵒ 46, p. 269, 1841, 9 juin :

Faculté des Lettres. — *Cours de littérature grecque* (4ᵉ article). — Témoignages et théories d'Aristote sur les origines de la poésie. — Poésie populaire. — Poésie épique. — Le cycle épique. Les poèmes homériques faisaient partie du cycle épique. — Autorité d'Aristote dans la question homérique.

Nᵒ 49, p. 288, 1841, 19 juin :

Faculté des Lettres. — *Cours de littérature grecque* (5ᵉ article). — Origine du drame grec. — Tragédie. - Drame satyrique. — La comédie a-t-elle la même origine ? — Rapports de la tragédie avec le cycle épique; avec la civilisation contemporaine.

N° 52, p. 305, 1841, 30 juin :

Littérature grecque. — Les Néméennes de Pindare, traduction nouvelle avec le texte, par M. Obry, professeur à la Faculté des Lettres de Strasbourg.

N° 60, p. 353, 1841, 28 juillet :

Philologie. — Philodemi de rhetorica liber quartus, ex volum. herculan. Oxonii, 1825, excussis, edid. Leonard Spengel.

N° 62, p. 367, 1841, 4 août :

Faculté des Lettres. — *Cours de littérature grecque* (6ᵉ article). — Histoire des développements de l'action dans le drame tragique. — Trilogie et tétralogie. — Trilogie tragique d'Eschyle. — Analyse de l'Orestia. — Les quatre autres tragédies d'Eschyle, caractères généraux de son théâtre.

N° 63, p. 371, 1841, 7 août :

Archéologie. — Recherches sur les monuments cyclopéens et pélasgiques, par L. C. F. Petit-Radel. Paris, 1841, in-8.

N° 66, p. 395, 1841, 17 août :

Faculté des Lettres. — *Cours de littérature grecque*. (7ᵉ article). — Argument : Progrès de l'art dans les drames de Sophocle. — Retour à Aristote. — Euripide. — De la tétralogie dans Euripide. — Caractère de ses tragédies rapprochées de la théorie aristotélique.

N° 70, p. 417, 1841, 1ᵉʳ septembre :

Philologie. — ΧΡΗΣΜΟΙ ΣΙΒΥΛΛΙΑΚΟΙ, *oracula sibyllina*, text. ad codices mss. recognit. a C. Alexandre. Vol. I. Paris, 1841, in-8.

N° 73, p. 437, 1841, 11 septembre :

Faculté des Lettres. — Cours de littérature grecque (8ᵉ article). — De la moralité au théâtre.

N° 86, p. 526, 1841, 27 octobre :

Faculté des Lettres. — *Cours de littérature grecque* (9ᵉ et dernier article). — Diverses opinions d'Aristote sur les poèmes en prose, sur la poésie lyrique, etc. — Revue des principaux ouvrages de critique antérieurs à la Poétique d'Aristote. — Conclusion.

N° 89, p. 543, 1841, 6 novembre :

Philologie. — I. Mémoire sur le système grammatical des

langues de quelques nations indiennes de l'Amérique du
Nord, par M. Et. du Ponceau. Paris, 1838, in-8. — II. De lingua Othomitorum dissertatio auct. Emm. Naxera. Philadel-
phie, 1835. (Extrait du Ve tome, nouvelle série des mémoires
de la Société américaine de philosophie). III. Synonymes
français par Benj. Lafaye. Paris, 1841, 1 vol. gr. in-8.

N° 101, p. 621, 1841, 18 décembre :

Cours publics. — Faculté des Lettres. — Analyse de la
première leçon de littérature grecque (communiquée par
M. Egger). — Réimprimée dans les mém. de litt. anc., p. 336.

Volume XI, n° 10, p. 54, 1842, 2 février :

Cours de littérature grecque (1er article, signé C. G.).

N° 17, p. 94, 1842, 26 février :

Cours de littérature grecque (2e article). — De la vérité historique : son caractère relatif. — Distinction de l'histoire, de
la poésie et du roman. — Alliance nécessaire de l'histoire et
de la poésie. — Du style historique. — Mélange du style
scientifique et du style poétique. — De la vérité considérée
comme loi du style historique : exemples, résumé.

N° 26, p. 151, 1842, 30 mars :

Philologie. — Dictionnaire complet d'Homère et des Homé-
rides, résumé des travaux de la critique tant ancienne que
moderne, sur Homère et ses poèmes par MM. Theil et Hallez-
d'Arroz. 1 vol. in-8.

N° 35, p. 202, 1842, 30 avril :

Cours de littérature grecque (3e article). — Examen des
thèses anciennes sur l'histoire. — Le symbolisme considéré
comme première forme de l'histoire. — Des divers systèmes
d'interprétation de la mythologie ancienne. — Examen critique de la Théogonie d'Hésiode. — Conclusion. (Signé C. G.).

N° 41, p. 238, 1842, 21 mai :

Littérature grecque. — Théâtre d'Eschyle, traduction nouvelle en prose, par Alexis Pierron. Paris, 1841, in-12. —
Fragment inédit de la traduction en vers du théâtre d'Eschyle
par J. J. Puech.

N° 52, p. 311, 1842, 29 juin :

Bibliographie. — Cours de littérature rédigé d'après le
programme pour le baccalauréat, par E. Gérusez.

N° 56, p. 333, 1842, 13 juillet :

Cours de littérature grecque (4e article). — De l'Iliade considérée comme œuvre historique : interprétations allégoriques

des anciens et des modernes; Paradoxes de Dion Chrysostome. — Réalité des événements racontés par Homère. Peinture des mœurs héroïques; de la nationalité hellénique. — Résumé.

N° 61, p. 377, 1842, 10 août :

Cours de littérature grecque (5ᵉ article). — De l'Odyssée considérée comme monument historique. — Caractères qui distinguent ce poème de l'Iliade. — Du bouclier d'Achille et du bouclier d'Hercule. — Du poème des Œuvres et des Jours. — Résumé. (Signé C. G.).

N° 71, p. 422, 1842, 3 septembre :

Question d'histoire littéraire. — De l'influence du papyrus égyptien sur le développement de la littérature grecque.

N° 100, p. 604, 1842, 14 décembre :

Cours de littérature grecque (6ᵉ article). — Premiers écrivains en prose. — Logographes connus par les seuls témoignages des critiques; logographes antérieurs à Hérodote, dont il reste quelques fragments. — Hécatée de Milet. — Acusilaus d'Argos, Charon de Lampsaque, Xanthus de Lydie.— Logographes contemporains d'Hérodote. — Hellanicus de Lesbos, Phérécide d'Athènes, etc.

Volume XII. n° 1, p. 3, 1843, 4 janvier :

Littérature. — Bibliothèque de l'École des Chartes. T. I, II et III.

N° 7, p. 39, 1843, 25 janvier :

Cours de littérature grecque (7ᵉ article). — Hérodote, sa biographie; préliminaires de la lutte des Perses et des Grecs. — Traits principaux de l'art historique dans Hérodote.

N° 22, p. 134, 1843, 18 mars :

Cours de littérature grecque (8ᵉ article). — Fin de l'histoire d'Hérodote, récit de la guerre médique. — De la vie d'Homère attribuée à Hérodote, etc. — Résumé du cours.

N° 33, p. 199, 1843, 26 avril :

Question d'histoire littéraire. — De la deuxième édition des Nuées d'Aristophane.

N° 56, p. 355, 1843, 15 juillet :

Bibliographie. — Histoire romaine par M. E. Dumont, professeur au Collège Saint-Louis. 3 vol. in-12.

N° 92, p. 917, 1844, 16 novembre :

Littérature grecque. — Βαϐρίου μυθίαμϐοι, Babrii fabulæ iam-

bicæ CXXIII, jussu summi educationis publicæ administra-
toris Abeli Villemain, viri excell. nunc primum editae. Joh. Fr.
Boissonade Litt. græc. pr. recensuit, latine convertit, annotavit, etc. Paris, 1844, Didot, gr. in-8. — II. Babrii fabulæ
iambicæ CXXXI, gr. in-8. J. F. Boissonade recensuit, secunda
editio novis curis expolita. Paris, 1844, in-8, Klinkesieck. —
III. Frid. Dübner : animadversiones criticae de Babriis μυθιάμβοις
(Lettre à M. Fred. Jacobs 1844, in-8). — IV. Fables de Babrius,
traduites pour la première fois en français par A.-L. Boyer.
Paris, 1844, Didot. In-8. (1ᵉʳ article).

N° 94, p. 927, 1844, 23 novembre :

Littérature grecque. — Fables de Babrius (2ᵉ et dernier
article). — Articles réimprimés dans les Mém. de litt. anc.,
p. 487.

N° 103, p. 978, 1844, 25 décembre :

Faculté des Lettres. — *Cours de littérature grecque* (analyse de la 1ʳᵉ leçon, signé C. G.).

N° 104, p. 986, 1844, 28 décembre :

Des programmes pour les concours d'agrégation aux
classes supérieures des Lettres et aux classes de grammaire.

Volume XIV, n° 3, p. 14, 1845, 8 janvier :

Oratorum romanorum fragmenta ab Appio Caeco et M. Porcio
Catone, usque ad Q. Aurelium Symmachum, collegit atque
illustravit H. Meyer. Ed. auctior et emendatior. Zurich, 1842,
in-8. — Réimprimé dans les Mém. de litt. anc., p. 398.

N° 11, p. 62, 1845, 5 février :

Cours de littérature grecque (2ᵉ article). — Des écoles en
Grèce et à Rome. — Organisation de l'enseignement public
sous les empereurs. — Du stoïcisme. — Épictète. (Signé C. G.).

N° 38, p. 226, 1845, 10 mai :

Cours de littérature grecque (3ᵉ article). — Suite du stoïcisme. — Marc-Aurèle. — Influence de la doctrine stoïcienne
sur les formes et les caractères du langage.

N° 53, p. 325, 1845, 2 juillet :

De quelques documents sur l'*Esclavage dans l'antiquité*.

N° 61, p. 379, 1845, 30 juillet :

Essai critique sur une inscription grecque de Cyme en
Eolide. — Réimprimé dans les Mém. d'histoire ancienne et de
philologie, p. 77.

N° 68, p. 437, 1845, 22 août :

Histoire ancienne. — Recherches sur les établissements

des Grecs en Sicile, jusqu'à la réduction de cette île en province romaine, par M. Brunet de Presle, 1 vol. in-8. Paris, 1845.

N° 73, p. 473, 1845, 10 septembre :

Littérature. — De Lucien et de Voltaire. — Réimprimé dans les Mém. de litt. anc., p. 473.

N° 76, p. 499, 20 septembre.

Littérature. — Cicéron, Des devoirs, traduction nouvelle par J. L. Burnouf, 1 vol. in-12, Paris, Delalain, 1845.

N° 91, p. 634, 1845, 12 novembre :

Philologie grecque. — I. Fragments des poèmes géographiques de Scymnus de Chio et du faux Dicéarque, par M. Letronne. Paris, 1840, in-8. — II. Theophylacti Simocattæ quæstiones physicas et epistolas ad codd. recensuit versione Kimedonciana et notis instruxit J. Fr. Boissonade. Paris, 1835, in-8. — III. Æneas Gazæus et Zacharias Mitylenæus, de immortalitate animæ, et mundi consummatione, ad codd. recensuit J. Fr. Boissonade. Paris, 1836, in-8. — IV. Michæl Psellus, de operatione dæmonum, cum notis Gaulminii curante J. Fr. Boissonade; acced. opuscula inedita Pselli, Nuremberg, 1838, in-8. — V. Philostrati epistolæ, quas rec. J. Fr. Boissonade. Paris et Leipzig, 1842, in-8. — VI. Anecdota nova descr. et annotavit J. Fr. Boissonade. Paris, 1844, in-8.

Volume XIV, n° 102, p. 722, 1845, 20 décembre :

Faculté des Lettres de Paris. — Cours de littérature grecque. — Leçon d'ouverture prononcée le 4 décembre 1845.

N° 103. p. 730, 24 décembre :

Suite de la leçon d'ouverture.

Volume XV, n° 20, p. 192, 1846, 7 mars :

Faculté des Lettres de Paris : Cours de littérature grecque, 2ᵉ article (signé A. Morel).

N° 23, p. 215, 18 mars :

Philologie. — Essai historique sur la littérature française (en grec moderne), par Jean Minotos, de Crète, tome I (Poésie), 1845, in-12.

N° 23, p. 216, 18 mars :

Faculté des Lettres : Cours de littérature grecque, 3ᵉ article (signé A. Morel).

N° 27, p. 246, 1846, 1ᵉʳ avril :

Philologie. — Olympiques de Pindare, traduites en vers français par J. Guichemerre, 1 vol. in-8°.

Nº 30, p. 271, 1846, 11 avril :

Histoire. — Histoire romaine de Dion Cassius, traduite en français avec notes, texte en regard, etc., par E. Gros, t. I, contenant les fragments jusqu'à l'an de Rome 545. (Réimprimé dans les Mémoires d'histoire ancienne et de philologie, p. 305.)

Nº 34, p. 302, 1846, 25 avril :

Faculté des Lettres de Paris : Cours de littérature grecque, 4ᵉ article (signé A. Morel).

Nº 40, p. 352, 16 mai :

Histoire de la poésie provençale. Cours fait à la Faculté des Lettres, par M. C. Fauriel. Paris, 1846, 3 vol. in-8º.

Nº 58, p. 513, 18 juillet :

Faculté des Lettres de Paris : Cours de littérature grecque, 5ᵉ article. Argument : du Cycle épique. Signé A. Morel.

Nº 73, p. 633, 1846, 9 septembre :

Note additionnelle à la dissertation de M. Th.-H. Martin sur les *Pentétérides athéniennes*, adressée à M. le Rédacteur du *Journal général*.

Nº 77, p. 664, 1846, 23 septembre :

Philologie française. — Œuvres complètes d'Étienne de la Boétie, réunies pour la première fois, et publiées par M. Léon Feugère. (Signé X. R.)

Nº 84, p. 783, 17 octobre :

Faculté des Lettres de Paris : Cours de littérature grecque, 6ᵉ article (signé A. Morel).

Nº 93, p. 797, 18 novembre :

Philologie. — De la plus ancienne rédaction des poèmes homériques.

Nº 100, p. 861, 12 décembre :

Faculté des Lettres. Cours de littérature grecque, 7ᵉ article. — Argument : Examen de l'Odyssée. — Les Chorizontes. — Biographies traditionnelles d'Homère.

Volume XVI, nº 6, p. 38, 1847, 20 janvier :

Philologie. — Rome au siècle d'Auguste, ou Voyage d'un Gaulois à Rome à l'époque du règne d'Auguste, et pendant une partie du règne de Tibère, par M. Ch. Dezobry, nouvelle édition, 4 vol. in-8º (1ᵉʳ article).

Nº 11, p. 80, 1847, 6 février :

Philologie. — I. Élite des monuments céramographiques,

matériaux pour l'intelligence des religions et des mœurs de l'antiquité, expliqués et commentés par MM. Ch. Lenormant et J. de Witte, t. ɪ et ɪɪ, grand in-4°. — II. Observations philologiques et archéologiques sur l'étude des noms propres grecs, suivies de l'examen particulier d'une famille de ces noms par M. Letronne, 1 vol. in-8° (1ᵉʳ article).

Nᵒ 20, p. 162, 1847, 10 mars :

Idem (2ᵉ article).

Volume XVI, nᵒ 26, p. 217, 1847, 31 mars :

Faculté des Lettres de Paris : Cours de littérature grecque, 8ᵉ et dernier article.—Conclusion sur les poèmes homériques. — Analyse de la dernière leçon du cours de 1845-1846, communiquée par le professeur. (Réimprimé dans les Mémoires de littérature ancienne, p. 96.)

Nᵒ 63, p. 694, 1847, 11 août :

Faculté des Lettres de Paris : Cours de littérature grecque, 1ᵉʳ semestre de 1846-1847. — Leçon d'ouverture. — Analyse communiquée par le professeur. (Réimprimée dans les Mémoires de littérature grecque, p. 110).

Nᵒ 73, p. 768, 1847, 11 septembre :

Littérature. — Quelques observations nouvelles sur le traité du Sublime ordinairement attribué à Longin.

Nᵒ 85, p. 867, 1847, 23 octobre.

Philologie. — Rome au siècle d'Auguste, etc., par M. Ch. Dezobry (2ᵉ article).

Volume XVII, nᵒ 4, p. 39, 1848, 12 janvier :

Archéologie. — Notice empruntée à l'un des derniers numéros de la *Revue archéologique,* sur une inscription latine : (1847, p. 197 et 797). Réimprimée dans les Mémoires d'histoire ancienne et de philologie, p. 377.

Nᵒ 28, p. 192, 1848, 5 avril :

Publications. — Les Germains avant le christianisme. — Recherches sur les origines, etc., des peuples germaniques, par A.-F. Ozanam. Paris, 1847, in-8°.

Nᵒ 30, p. 208, 1848; 12 avril :

Idem (2ᵉ article).

Nᵒ 44, p. 272, 1848, 31 mai :

Publications. — Dictionnaire grec-français, composé sur un nouveau plan où sont réunis et coordonnés les travaux de H. Estienne, de Schneider, de Passow et des meilleurs lexicographes et grammairiens anciens et modernes, etc., etc., par C. Alexandre, 11ᵉ édition (1ᵉʳ article).

Nᵒ 60, p. 357, 1848, 29 juillet :

Publications. — Dictionnaire grec-français, par C. Alexandre (2ᵉ article).

Nᵒ 73, p. 425, 1848, 13 septembre :

Publications. — Cosmos, Essai d'une description physique du monde, par Al. de Humboldt, 1ʳᵉ partie, traduite en français par M. Faye (1846); 2ᵉ partie, traduite en français par Ch. Galuski (1848), 1ᵉʳ article.

Nᵒ 76, p. 438, 1848, 23 septembre :

Cosmos (2ᵉ article).

Nᵒ 80, p. 466, 1848, 7 octobre :

Littérature contemporaine. — Ballanche, par J.-J. Ampère, 1 vol. in-12.

Nᵒ 100, p. 625, 1848, 16 décembre :

Notice bibliographique sur le programme des concours d'agrégation pour les classes de grammaire et pour les classes supérieures des Lettres (1ᵉʳ article). — I. Observations générales. — II. Auteurs grecs.

Nᵒ 104, p. 652, 1848, 30 décembre :

Nécrologie. — M. Ant.-J. Letronne. — Leçon en Sorbonne du 20 décembre. (Réimprimée dans les Mémoires d'histoire ancienne et de philologie, p. 1.)

Volume XVIII, nᵒ 2, p. 8, 1849, 6 janvier :

Histoire de Mᵐᵉ de Maintenon et des principaux événements du règne de Louis XIV, par le duc de Noailles.

Nᵒ 7, p. 33, 1849, 24 janvier :

Notice bibliographique sur les programmes des concours d'agrégation pour les classes de grammaire et les classes supérieures des Lettres (2ᵉ article). - III. Auteurs latins.

Nᵒ 9, p. 42, 1849, 31 janvier :

Même sujet (3ᵉ article). — Agrégation pour les classes supérieures des Lettres. — Auteurs grecs. — Auteurs latins.

Nᵒ 19, p. 91, 1849, 7 mars :

Cours de littérature grecque (1ᵉʳ semestre de 1848-1849). — Histoire des Lettres grecques au temps d'Alexandre, et des premiers Ptolémées.

Nᵒ 24, p. 121, 1849, 24 mars :

Littérature et antiquités grecques. — De quelques ouvrages récemment publiés à Athènes et à Constantinople.

N⁰ 32, p. 170, 1849, 21 avril :

Cours de littérature grecque (2ᵉ et 3ᵉ leçons). — De la comédie après Aristophane. — Comédie moyenne. — Du chœur à Athènes. — Influence des révolutions politiques sur la comédie.

N⁰ 51, p. 288, 1849, 27 juin :

Cours de littérature grecque (4ᵉ et 5ᵉ leçons). — De la tragédie athénienne après Euripide. — Coup d'œil sur l'histoire des acteurs dans l'antiquité (signé E. Chatel).

N⁰ 55, p. 306, 1849, 11 juillet :

Cours de littérature grecque (6ᵉ leçon). — De l'éloquence avant Démosthène. (Signé E. C.).

N⁰ 70, p. 390, 1849, 1ᵉʳ septembre :

Cours de littérature grecque (7ᵉ et 8ᵉ leçons). — Les Sophistes. — Etude sur les progrès de l'éloquence attique d'après des fragments de Gorgias, d'Isocrate, d'Isée et de Lycurgue. (Signé E. C.).

N⁰ 82, p. 472, 1849, 13 octobre :

Cours de littérature grecque (9ᵉ, 10ᵉ et 11ᵉ leçons). — De l'éloquence grecque : Démosthène, Eschine, Hypéride, Démade, Dinarque et Phocion (signé Eug. Chatel).

N⁰ 97, p. 581, 1849, 5 décembre :

Cours de littérature grecque (12ᵉ, 13ᵉ, 14ᵉ et 15ᵉ leçons). — Coup d'œil rétrospectif sur l'art historique chez les Grecs avant le siècle de Philippe et d'Alexandre. — Ephore et Théopompe (signé E. Chatel).

Volume XIX, n⁰ 19, p. 154, 1850, 6 mars :

Cours de littérature grecque (16ᵉ et 17ᵉ leçons). — L'Orient au moment de la conquête macédonienne. — Histoire, légende, roman d'Alexandre (signé E. Chatel).

N⁰ 30, p. 214, 1850, 13 avril :

Cours de littérature grecque (18ᵉ, 19ᵉ, 20ᵉ, 21ᵉ et 22ᵉ leçons). — Du style philosophique à Athènes. — Théophraste. — Eratosthènes. (Signé E. C.).

Volume XIX, n⁰ 33, p. 230, 1850, 24 avril :

Faculté des Lettres de Paris. Cours de littérature grecque (23ᵉ et 24ᵉ leçons). — Suite de l'Ecole d'Alexandrie. — Poésie épique. — Introduction générale à l'étude de la poésie bucolique chez les Grecs.

N⁰ 86, p. 530, 27 octobre.

Faculté des Lettres de Paris. Cours de littérature grecque (signé E. Chatel).

N⁰ 92, p. 566, 1850, 16 novembre :

Histoire ancienne. — Nicolas de Damas et Velleius Paterculus.

N⁰ 102, p. 626, 1850, 21 décembre :

Histoire ancienne. — Histoire romaine de Dion Cassius, traduite en français avec notes, texte en regard, etc.. par E. Gros, tome II. Paris, 1848, in-8° (2° article). Réimprimé dans les Mémoires d'histoire ancienne et de philologie, p. 305.

Volume XX, n° 4, p. 18, 1851, 11 janvier :

Cours de littérature grecque (deuxième article). — Des Septante. — Introduction de l'étude des littératures étrangères et particulièrement des littératures sémitiques chez les Grecs. — La littérature orientale jugée par les Grecs. — Méthode classique : Lowth. — Méthode romantique : Herder et Châteaubriant. — Littérature orientale traduite par les Grecs : méthode interprétative des Septante : méthode oratoire de Josèphe. — De la langue des Septante et de ses rapprochements avec l'atticisme ; de son influence sur les destinées générales de la langue grecque. Signé E. Chatel.

N⁰ 5, p. 27, 1851, 15 janvier :

Cours de littérature grecque. — Polybe et Diodore de Sicile (cours de 1849-1850, troisième et dernier article). Signé Eug. Chatel.

N⁰ 20, p. 126, 1851, 9 mars :

Littérature grecque. — Theonis Smyrnaei platonici liber de astronomia, cum Sorani fragm. ed. vert., etc. Th. H. Martin. Acced. G. Pachymeri e libro astronomico delecta fragmenta, acced. etiam Chalcidii locus ex Adrasto vel Theone expressus. Paris, 1849, in-8° de VIII-480 pages.

N⁰ 48, p. 266, 1851, 14 juin :

Histoire. — Le Tcheou-li ou Rites des Tcheou, traduit du chinois par Ed. Biot. Paris, 1851, 2 vol. in-8°.

Volume XX, n° 77, p. 426, 1851, 24 septembre :

Cours de littérature grecque. — Introduction à l'histoire de la littérature grecque durant le siècle d'Auguste (analyse communiquée par M. Egger). Réimprimé dans les Mémoires de littérature ancienne, p. 461.

N⁰ 84, p. 480, 15 octobre :

Des autographes et des collections épistolaires dans l'antiquité. particulièrement au siècle 'd'Auguste.

Volume XXI, n° 46, p. 311, 1852, 9 juin :

Cours de littérature grecque, premier article (signé E. C.).

Nᵒ 53, p. 350, 1852, 3 juillet :

Cours de littérature grecque (deuxième article). — De la poésie au siècle des Antonins. — Inscriptions. — Epigrammes. — Babrius.

N° 69, p. 412, 1852, 28 août :

Cours de littérature grecque. — Coup d'œil sur la littérature grecque des premier et deuxième siècles de l'ère chrétienne. — Apollonius Dyscole. — Science grammaticale dans l'antiquité et chez les modernes. — Eug. Burnouf.

Volume XXII, n° 17, 116. 1853, 26 février :

Archéologie. — Quelques inscriptions latines inédites (premier article).

N° 30, p. 215, 1853, 13 avril :

Même sujet (deuxième article). — Réimprimé dans les Mémoires d'histoire ancienne et de philologie, p. 351.

Nᵒ 22, p. 157, 1853, 16 mars :

Cours de littérature grecque (signé E. C.).

N° 42, p. 326, 1853, 25 mai :

Critique littéraire. — Religions de l'antiquité considérées principalement dans leurs formes symboliques et mythologiques, traduit de l'allemand de F. Creuzer, par J.-D. Guigniaut, t. III, 3ᵉ partie. Paris, 1852.

N° 42, p. 331, 25 mai :

Revue bibliographique. — Notices et extraits des manuscrits médicaux grecs et latins des principales bibliothèques de l'Europe, par le Dʳ Ch. Daremberg, 1ʳᵉ partie, manuscrits grecs d'Angleterre. Paris, 1853, in-8ᵒ.

N° 46, p. 360, 1853, 8 juin :

Bibliographie. — T. Mommsen : Inscriptiones regni neapolitani latinæ. Berlin, 1852, in-fᵒ.

Nᵒ 72, p. 570, 1853, 7 septembre :

Bibliographie. — Josephi Scaligeri ὀλυμπιάδων ἀναγραφή, prolegomena de olympiadum recensu universo et de auctore ejus, J. Scaligero, scripta præmisit, etc. Berlin, 1852, in-4ᵒ. — Opuscula sibyllina textu ad codices manuscriptos recognito et curante, C. Alexandre, vol. ii, pars prior. Paris, 1853.

N° 81, p. 663, 1853, 8 octobre :

Faculté des Lettres. — *Doctorat.* — I. Alcuin et son influence religieuse, politique et littéraire chez les Francs, avec des fragments d'un commentaire inédit sur saint Matthieu et d'autres pièces publiées pour la première fois. — 2ᵒ De Gothescalci et Johannis Scoti Erigenae controversia. Insunt decem Gothescalci carmina hactenus inedita (chez A. Durand).

N° 99, p. 846, 1854, 13 décembre :

Critique littéraire. — Les séances de Hariri, avec un commentaire choisi, par S. de Sacy, 2e édition, revue sur les manuscrits et augmentée d'un choix de notes historiques et explicatives en français, par MM. Reinaud et Derembourg. Paris, 2 vol. in-4°.

N° 102, p. 865, 1854, 23 décembre :

Critique littéraire. — Corpus grammaticorum latinorum veterum collegit, auxit, recensuit, etc., adjecit F. Lindemannus sociorum opera adjutus. Lips., t. I, 1831; t. II, 1832; t. III, 1833; t. IV, 1840, in-4°.

Volume XXIV, n° 55, p. 382, 1855, 11 juillet :

Critique littéraire. — Mélanges d'Épigraphie, par Léon Renier. Paris, 1855, in-8°.

N° 101, p. 685, 1855, 19 décembre :

Critique philologique. — Extrait des Lectiones Venusinae de feu Jacobs.

Volume XXV, n° 27, p. 167, 1856, 2 avril :

Philologie latine. — Théorie générale de l'accentuation latine, suivie de recherches sur les inscriptions accentuées et d'un examen des vues de M. Bopp sur l'histoire de l'accent, par H. Weil et Louis Benloew. Paris et Berlin, 1856, in-8°.

N° 58, p. 325, 2 juillet :

Publications récentes de MM. Ph. Le Bas, L. Renier, E. Le Blant, A. de Boissieu.

Volume XXVI, n° 31, p. 230, 1857, 18 avril :

Archéologie. — Le papier dans l'antiquité. (Extrait de la brochure de MM. Egger et Didot.)

N° 35, p. 249, 2 mai :

Correspondance. — Lettre sur le mot *Éclectisme*.

N° 40, p. 293, 20 mai :

Études sur l'antiquité. — Aperçu de la biographie d'Hérodote.

N° 49, p. 355, 20 juin :

Revue des livres classiques. — MM. Dumas, Marion, Blangy, Rabache, Ruelle, Däbner, Giguet, B. Jullien, A. Regnier, Baudry, Schœbel, Thionville, Bonafous, etc. (premier article).

N° 91, p. 680, 14 novembre :

Critique littéraire. — Histoire de l'Église de Rome sous

les pontificats de saint Victor, de saint Zéphyrin et de saint Callixte, par M. l'abbé M.-P. Cruice.

Volume XXVI, n° 100, p. 740, 1857, 16 décembre :

Critique littéraire. — Stances de M. Terrentius Varron et liste de ses ouvrages, d'après différents manuscrits, texte, traduction française, par Ch. Chappuis.

Volume XXVII, n° 2, p. 12, 1858, 6 janvier :

Observations sur quelques textes inédits des rhéteurs grecs (note lue à l'Académie des Inscriptions, le 2 octobre précédent, et réimprimée dans les Mémoires de littérature ancienne, p. 388).

N° 20, p. 151, 10 mars :

Oracula Sibyllina curante C. Alexandre vol. alt. Paris, 1856, in-8°.

N° 30, p. 236, 14 avril :

Critique littéraire. — Le livre des malades. Lectures tirées de l'Écriture sainte, par A.-F. Ozanam. Paris, 1858, in-8°.

Volume XXVII, n° 34, p. 267, 1858, 28 avril :

Revue critique. — I. Les thèses de droit. — Travaux sur l'histoire de la famille. — Les légistes et les littérateurs. — M. Benech et M. de Caqueray. — M. Desjardins. — L'Horace de M. Didot.

N° 48, p. 338, 29 mai :

Revue critique. — II. Travaux de géographie et d'archéologie, publiés par les membres de l'École française d'Athènes. Bibliothèque de M. F. Didot. — Fragments des historiens grecs et recueil des petits géographes, publiés par M. C. Müller. Édition nouvelle de Strabon, par le même.

N° 49, p. 388, 19 juin :

Revue critique. — III. De plusieurs ouvrages relatifs à l'histoire de la langue et de la littérature française. — MM. Gérusez, Demogeot, Guessard, du Méril, Burguy, Dietz et de Chevallet.

N° 101, p. 810, 1858, 18 décembre :

Archéologie athénienne.

Volume XXVIII, n° 13, p. 101, 1859, 12 février :

Variétés bibliographiques. — Vente des bibliothèques de MM. Et. Quatremère et J.-F. Boissonade.

Volume XXIX, n° 9, p. 66, 1860, 1er février :

De quelques progrès récents dans l'enseignement de la langue française (premier article).

N° 21, p. 162, 1860, 14 mars :

Même sujet (deuxième article). — Le livre de M. de Chevallet.

N° 27, p. 211, 1860, 4 avril :

(Troisième et dernier article). — Le livre de M. Roget de Belloguet.

Volume XXXI, n° 89, p. 855, 1862, 5 novembre :

Préface des Mémoires de littérature ancienne.

Volume XXXII, n° 47, p. 452, 1863, 13 juin :

Littérature latine. — Reproduction d'un fragment des *Mémoires d'Histoire ancienne et de Philologie* (lu dans la séance publique des cinq académies, le 14 août 1862). Mémoires d'Histoire ancienne et de Philologie, p. 175.

N° 60, p. 577, 1863, 29 juillet :

Examen de quelques travaux récents sur l'histoire romaine. — L'histoire romaine à Rome, par J.-J. Ampère, t. I et II. Paris, 1852, in-8. — L'Etrurie et les Etrusques, par Noël des Vergers, 1re part. Paris, 1862, in-8.

N° 61, p. 594, 1863, 1er août :

Mêmes sujets (deuxième article).

Volume XXXVII, n° 42, p. 646, 1867, 17 octobre :

Obsèques de M. Dübner. (Discours de M. Egger.)

Volume XLIV, n° 21, p. 263, 1882, 1er juin :

Littérature grecque. — Essai de traduction du IXe chant de l'Odyssée.

N° 22, p. 274, 1882, 8 juin :

Le même (suite et fin).

Revue française. In-8°, Paris.

1837. Tome Ier, p. 304-305.

VERSAILLES. — 1° COUP-D'ŒIL HISTORIQUE par *Z. J. Zinkeisen* (historisches Taschenbuch de Raumer, 1836); 2° SOUVENIRS HISTORIQUES DES RÉSIDENCES ROYALES DE FRANCE, par J. Vatout. — Palais de Versailles, 1 vol. in-8, chez F. Didot, 1837.

1838. Tome V, p. 132-134 :

BIBLIOGRAPHIE. VULCAIN. — *Recherches sur ce dieu, sur son culte et sur les principaux monuments qui le représentent,* par T.-B. Emeric-David. Paris, 1838. imp. royale.

1838. Tome VII, p. 378-381 :

ÉLITE DES MONUMENTS CÉRAMOGRAPHIQUES. — Matériaux pour l'intelligence des religions et des mœurs de l'antiquité, expliqués et commentés par Ch. Lenormant et J. de Witt. Texte imprimé chez Firmin Didot, lithographies de M. A. Letronne.

1838. Tome IX, p. 158-168 :

Histoire des sciences physiques et philosophiques au moyen âge. Thèses pour le doctorat ès-lettres de Ch. Jourdain. Thèses pour le doctorat ès-lettres de Fr. Huet, professeur à l'Université de Gand.

1838. Tome X, p. 112-121 :

L'Égypte et la Grèce. — Thèses pour le doctorat ès-lettres par Ch. Lenormant. Paris, 1838, in-4.

1838. Tome X, p. 122-129 :

Thèses pour le doctorat ès-lettres : 1° par Pierre Varin; 2° par Rosseuw Saint-Hilaire; 3° par E. Géruscz.

1839. Tome XI, p. 346-351 :

Les Choéphores. — Le Prométhée. Traduction d'Eschyle en vers français avec le texte en regard, par J.-J. Puech, professeur agrégé de l'Université.

1839. Tome XII, p. 107-121 :

Thèses pour le doctorat ès-lettres : 1° M. F. Ravaisson; 2° M. A.-F. Ozanam; 3° M Fr. Bouillier.

Revue de l'instruction publique, des lettres et des sciences, en France et dans les pays étrangers. (Publiée par la maison Hachette et Cⁱᵉ.)

1ʳᵉ année, n° 1, p. 3, 1842, 12 avril :

Études sur les Tragiques grecs par M. Patin, t. 1ᵉʳ et 2ᵉ.

N° 2, p. 22, 15 mai :

Fragmenta historicorum græcorum. — Apollodori Bibliotheca cum fragmentis. Ed. C. et Ch. Muller, in-8; t. XI de la collection des classiques grecs de Firmin Didot.

N° 5, p. 74, 15 août :

Longue lettre signée E. E. sur une pétition des maîtres d'études.

N° 6, p. 85, 15 septembre :

I. Œuvres complètes de Démosthène et d'Eschine. Trad. nouv. par Stiévenart. In-8. Paris, 1842.

II. Caractères de Théophraste, trad. par le même. In-8, Paris-Lyon, 1842.

2º année, nº 16, p. 218, 1843, 15 juillet :

LINGUISTIQUE. — Des dialectes et des patois.

Nº 19, p. 299, 15 octobre :

I. De la rhétorique d'Aristote. — II. De homericorum poematum origine et unitate (thèse de M. E. Havet, signé E. E.).

Nº 20, p. 316, 15 novembre :

Histoire de la Renaissance des Lettres en Europe par J.-P. Charpentier, 2 vol. in-8. — (Signé E. E.)

3º année, nº 53, p. 522, 1844, 9 août :

Études sur les tragiques grecs par M. Patin, t. III et IV.

4º année, nº 72, p. 718, 1845, 15 mai :

PHILOLOGIE. — De la prononciation de la langue grecque.

4º année, nº 75, p. 767, 1845, 15 août :

PHILOLOGIE. — De l'étude philologique de la langue française.

6º année, nº 98, p. 1134, 1847, 15 juillet :

Les odes de Pindare et les chants des tragiques grecs sont-ils en vers ?

Nº 100, p. 1167, 15 septembre :

Du rythme, des vers et des mètres chez les anciens.

12º année, nº 13, p. 188, 1853, 30 juin :

Histoire de la vie de Hiouen-Thsang, et de ses voyages dans l'Inde, de 629 à 645, par Hoeï-Li et Yen-Thsang. Traduit par Stanislas Julien. Paris, 1853, in-8.

Dictionnaire des sciences philosophiques par une société de professeurs de philosophie. (Paris, L. Hachette, 1844, in-8º.)

1844, volume Ier, p. 184-185 :

Archytas de Tarente.

1845, volume II, p. 136-140 :

Diogène de Laerte.

P. 341-344 :

Évhémère.

P. 545-551 :

Gnomique (philosophie). — Réimprimé dans les Mémoires de littérature ancienne, p. 227.

1817, volume III, p. 77-83 :

Hermétiques (philosophie et livres). — Réimprimé dans les Mémoires de littérature ancienne, p. 218.

P. 116-119 :

Homérique (philosophie).

1849, volume IV, p. 16-17 :

Macrobe.

P. 89-92 :

Mamertus ou Mamercus Claudianus.

P. 120-121 :

Marinus.

P. 411-413 :

Nemesius.

P. 510-511 :

Origène.

1851, volume V. p. 28-30 :

Phaléas de Chalcédoine.

P. 157-160 :

Polybe.

P. 270-272 :

Psellus.

Revue archéologique.

Ire *série* (1844-1859). Ire *année* (1844), p. 107-113 : Rapport de M. Egger, secrétaire du comité chargé de proposer le plan et les principales divisions du Recueil général des Inscriptions latines. (Ce Rapport a été lu dans la séance de la commission d'épigraphie latine du 2 août 1843, M. le ministre de l'Instruction publique, président.)

P. 114 : Sur l'origine du nom d'Horace.

P. 760 : Réponse de M. Egger à une réclamation de M. Ph. Lebas contre le Rapport du secrétaire de la commission épigraphique. (Voir p. 686.)

3e *année*, 15 octobre et 15 novembre (1846). — Pages 446 et 490 : Polémon le voyageur archéologue. — Réimprimé dans les Mémoires d'histoire ancienne et de philologie, p. 45.

Page 635 et 774 : Nouvelles observations sur les Augustales et les Dieux Lares.

4e *année* (1847). — Pages 197 et 797 : Note sur une inscription de Terracine et une de Cora. — Publié dans les Mémoires d'histoire ancienne et de philologie, p. 377.

7ᵉ année (1859). — P. 207 : Note de M. Egger sur le Mémoire de M. Letronne; observations sur le style elliptique des inscriptions dédicatoires en Égypte.

9ᵉ année (1853). P. 576 : Inscriptions latines récemment découvertes et en parties inédites.

12ᵉ année (1855). P. 53 : Remarques sur un papyrus grec.

14ᵉ année (1857). — P. 356 : Lettre à M. Renier au sujet de l'inscription de T. Clodius Lovella.

Revue archéologique. — *Nouvelle série* (1860-1882). T. I (1860). — P. 111 : Sur une inscription grecque du Sérapéum de Memphis. Réimprimé dans les Mémoires d'histoire ancienne et de philologie, p. 400.

Tome IV (1861). — P. 169 : Observations historiques sur l'institution athénienne correspondant à notre état-civil. Réimprimé dans les Mémoires d'histoire ancienne et de philologie, p. 105.

P. 425 : Critique d'un passage de Cicéron concernant les artistes grecs. Réimprimé dans les Mémoires d'histoire ancienne et de philologie, p. 95.

Tome VI (1862). — P. 115 : Post-scriptum à un Mémoire d'archéologie de M. Hittorff.

P. 139 : Observations sur un fragment oratoire de la langue grecque conservé d'un papyrus égyptien.

Tome VIII, novembre (1863). — P. 410 : La Tour d'Ordre à Boulogne-sur-Mer. (Analysé dans le *Moniteur officiel* du 15 novembre, lu à l'Académie des Inscriptions dans sa séance du 9 octobre dernier).

Tome XIII (1866). — Pages 103 et 224 : Note sur une stèle inédite du Sérapéum de Memphis.

Tome XXIII (1872). — P. 137 : Note sur un papyrus grec inédit (lue à l'Académie des Inscriptions le 17 juin 1870).

Tome XXIX (1875). — P. 417 : Rapport fait au nom de la commission de l'École française d'Athènes sur les travaux de cette École (première année, séjour à Rome, 1873-1874).

Encyclopédie du XIXᵉ siècle, répertoire universel des sciences, des lettres et des arts, avec la biographie des hommes célèbres.

Tome II, 1845. Paris, 1ʳᵉ édition. (Cette première édition étant introuvable, la pagination a été donnée d'après la troisième édition.)

3ᵉ édition, tome II, 1870.

P. 221 :

Apicius.

P. 302 :

Archiloque.

P. 316 :

Archytas de Tarente.

P. 518 :

Atellanes.

P. 578 :

Aulu-Gelle.

Nouvelle revue encyclopédique.
(Publiée par MM. Firmin-Didot frères.)

Tome Ier, p. 518-531, 1846, août :

Revue des traductions françaises d'Homère (premier article).

Tome II, p. 36-56, 1846, septembre :

(Deuxième article.) Réimprimé dans les Mémoires de littérature ancienne, p. 164.

P. 210-215, octobre :

Essai sur Pascal, par l'abbé Flottes, vicaire général à Montpellier. Montpellier, 1846, in-8°.

P. 349-355, novembre :

LITTÉRATURE ANCIENNE. — Étude sur la Rhétorique d'Aristote, par Ernest Havet. Paris, 1846, in-8°, Delalain.

Essai historique sur les premiers manuels d'invention oratoire jusqu'à Aristote, par Ch. Benoit. 1846, in-8°, Joubert.

Tome II, p. 355-361, 1846, novembre :

Choricii Gazaei orationes, declamationes, fragmenta. Insunt inedita orationes duae. Curante *Jo. Fr. Boissonade*, 1 vol. in-8°, chez Dumont, à l'Institut.

Tome II, p. 583-591, décembre :

NOUVEAUX ESSAIS D'HISTOIRE LITTÉRAIRE, par E. Gerusez, professeur suppléant d'éloquence française à la Faculté des Lettres, etc. — 1 vol. in-8°. Paris, 1845, Hachette.

Tome III, p. 34-38, 1847 :

Histoire de la littérature latine, par Joh. Chr. Fel. Baehr, professeur et bibliothécaire à l'Université de Heidelberg (en allemand). 3° édition corrigée et augmentée, 2 vol. in-8° de 521 et 747 pages. Carlsruhe.

Tome IV, p. 568-573, 1847 :

Études sur le théâtre latin, par Maurice Meyer, docteur ès lettres, professeur suppléant au Collège de France. 1 vol. in-8°, 1847, chez Dezobry et Magdeleine.

Tome V, p. 180-187, 1848, octobre :

Littérature. — *De l'accentuation* dans les langues indo-européennes, tant anciennes que modernes, par Louis Benloew. Paris, Hachette et Joubert, 1847, in-8°.

Journal des savants. (Paris, Imprimerie nationale, in-4°.)

1848, août, p. 495-510 :

Histoire de l'esclavage dans l'antiquité, par H. Wallon. Paris, 1847, 3 vol. in-8°. Premier article (l'article suivant n'a pas paru). Réimprimé dans les Mémoires d'histoire ancienne et de philologie, p. 331.

1861, février, p. 109-119 :

Alexander und Aristoteles in ihren gegenseitigen Beziehungen, etc.; Aristote et Alexandre dans leurs rapports réciproques, etc., par R. Geier. Réimprimé dans les Mémoires de littérature ancienne, p. 445, et dans les Mémoires de l'Académie de Caen.

1862. Septembre, p. 569-580 :

Fragmenta historicorum graecorum, etc. — Scriptorum de rebus Alexandri Magni fragmenta, par Car. Müller. — Diogenis Laertii, etc., libri X, par G. Cobet. — Olympiodori, Ammonii, Iamblichi, Porphyrii et aliorum, vitae Platonis, Aristotelis, Pythagorae, par Ant. Westermann; Marini vita Procli, par J.-F. Boissonade. — Histoire du roman, etc. — Le merveilleux dans l'antiquité grecque et latine, par Chassang. Premier article.

Novembre, p. 700-711 : Deuxième article.

1863. Février, p. 122-133 : Troisième article.

1864. Février, p. 125-134 : *Oratores attici*. — Premier article.

Avril, p. 218-259 : Deuxième article.

Juillet, p. 112-156 : Troisième et dernier article.

1871. Janvier, p. 18-60 : Fragmenta historicorum graecorum, etc. Paris, Didot, 1870.

Mars, p. 157-183 : *Des principales collections d'inscriptions grecques* publiées depuis un demi-siècle. — Corpus de Bœckh. — Premier article.

Avril, Mai, Juin, p. 226-240 : Deuxième et dernier article.

Juillet, p. 296-309 : Histoire de la littérature grecque, par G. Bernhardy, etc. — Premier article.

Août, p. 354-367 : Deuxième article.

Octobre, p. 475-484 : Troisième article.

1871. Novembre, p. 576-590 : Quatrième et dernier article.

Novembre, p. 595 : NOUVELLES LITTÉRAIRES. LIVRES NOUVEAUX. — Histoire romaine de Dion Cassius, traduite en français, etc., par E. Gros, 1845-1855. Ouvrage continué par M. V. Boissée, 1861-1871. Didot.

Décembre, p. 611-622 : Des principaux recueils périodiques de littérature savante publiés en Grèce depuis l'indépendance.

1872. Janvier, p. 29-39 : Inscriptions locriennes.

Mars, p. 179-188 : Les Fragments des ouvrages perdus d'Aristote.

Mai, p. 269-280 : Les Index des œuvres d'Aristote.

Juin, p. 372-383 : Éditions d'Homère, de Sophocle et d'Euripide. — Premier article.

1872. Juillet, p. 421-436 : Coup d'œil sur quelques ouvrages récents qui concernent l'histoire et la grammaire de la langue latine. — Premier article.

Août, p. 480-491 : Éditions d'Homère, de Sophocle et d'Euripide. — Deuxième et dernier article.

Septembre, p. 566-576 : Coup d'œil sur quelques ouvrages récents qui concernent l'histoire et la grammaire de la langue latine. — Deuxième et dernier article.

Novembre, p. 685-699 : Socrate, Platon, Aspasie.

1873. Janvier, p. 30-41 : Papyrus gréco-égyptien inédit appartenant à la bibliothèque de l'Université d'Athènes. — Premier article.

Février, p. 97-112 : Deuxième article.

1873. Avril, p. 197-208 :

De plusieurs ouvrages récemment publiés en France sur le droit public et sur le droit privé de l'ancienne Grèce. — Premier article.

Juin, p. 333-344 :

Deuxième et dernier article.

Juillet, p. 401-414 :

Des principales et récentes traductions françaises d'Hérodote, de Thucydide et de Xénophon.

Août, p. 473-488 :

Grammaire comparée des langues indo-européennes, comprenant le sanscrit, le zend, l'arménien, le grec, le latin, le lithuanien, l'ancien slave, le gothique et l'allemand, par *François Bopp*, traduite par M. Michel Bréal, professeur de grammaire au Collège de France. Paris, 1866-1872, 4 vol. in-8°, Hachette et Cie.

1873. Septembre, p. 537-547 :

Les Épistolographes grecs. — Premier article.

Octobre, p. 637-641 :

Ἑρμηνεύματα καὶ καθημερινὴ ὁμιλία de Julius Pollux, publiés pour la première fois par M. Boucherie. Paris, Pedone-Lauriel.

Novembre, p. 709-718 :

Les Épistolographes grecs. — Deuxième et dernier article.

1874. Janvier, p. 23-34 :

Epigrammatum anthologia palatina de François Dübner, tome Ier. Paris, 1864. — Anthologie grecque traduite par Fr. Jacobs. — Premier article.

Février, p. 107-118 :

Deuxième et dernier article.

1874. Juin, p. 369-378 :

Premier article. Δοκίμιον ἱστορίας τῆς ἑλληνικῆς γλώσσης — Essai d'une histoire de la langue grecque, composé par Demetrios Mavrophrydis, etc., etc.

Juillet, p. 438-448 :

Deuxième et dernier article.

Août, p. 524-531 :

P. Virgilii Maronis Opera, de M. E. Benoist.

Novembre, p. 719-729 :

Corpus inscriptionum atticarum, de A. Kirchoff. (Berlin.)

1875. Janvier, p. 43-51.

Δημοσθένους αἱ δημηγορίαι. — Les harangues de Démosthène. Texte grec publié d'après les travaux les plus récents de la philologie, avec un commentaire explicatif, une introduction générale et des notices sur chaque discours, par M. H. Weil. Paris, 1873.

1875. Mars, p. 177-184 :

Alde Manuce ou l'Hellénisme à Venise, par A. Firmin-Didot. Paris, 1875.

Juin, p. 381-389 :

Premier article. — Des plus récentes histoires de la littérature latine publiées en Allemagne et en France.

Juillet, p. 437-447 :

Deuxième et dernier article.

Octobre, p. 627-639 :

Théâtre d'Eschyle, traduit par M. Pierron. — Théâtres de Sophocle et d'Euripide, traduits par Pessonneaux. — Premier article.

Novembre, p. 661-671 :

Deuxième et dernier article.

1876. Février, p. 121-130 :

The collection of ancient greek inscriptions in the British Museum by T. C. Newton, keeper of the greek and roman antiquities, printed by order of the trustees at the Clarendon press. Oxford, 1874, in-f°. Part 1. Attika, edited by the Rev. E. L. Hicks M. A.

, Ἀττικῆς ἐπιγραφαὶ ἐπιτύμβιοι ἐκδιδόμεναι ὑπὸ Στεφάνου Ἀθ. Κουμανούδη Ἀδριανοπολίτου. Ἐν Ἀθήναις, in-4° de XXXII-460 pages.

Mars, p. 149-157 :

Premier article. — La Sainte Bible. Traduction de l'Ancien Testament d'après les Septante, et du nouveau Testament d'après le grec, par P. Giguet, revue et corrigée par le R. P. Duley.

Avril, p. 197-201 :

Deuxième article.

1876, Mai, p. 272-280 :

Premier article. — Ὁμήρου Ὀδύσσεια : l'Odyssée d'Homère, texte grec revu et corrigé d'après les diorthoses alexandrines, etc., par Alexis Pierron. Paris, 1875.

Juin, p. 379-389 :

Deuxième et dernier article.

Juillet, p. 448-457 :

Inscription attique récemment découverte sur l'Acropole d'Athènes.

Août, p. 495-504 :

Premier article. — Herodiani technici reliquiæ, collegit, disposuit, emendavit, præfatus est Augustus Lenz. Lipsiæ, 1867-1870, 2 vol. grand in-8° (Teubner). — Augustus Fresnius, de Λεξέων Aristophanearum et suetonianarum excerptis byzantinis. Aquis Mattiacis (Friedel), in-8°.

Novembre, p. 687-695 :

Deuxième article.

1877. Janvier, p. 42-51 :

Thomæ Vallaurii opuscula varia in sex classes digesta. Augustæ Taurinorum, ex officina libraria. Fodratti, 1876, in-8°. (Réimprimé dans Tradition et Réformes, p. 11.)

Février, p. 107-119 :

Alexandre d'Aphrodisias, commentaire sur le traité d'Aristote *de Sensu et Sensibili*, édité par Charles Thurot.

Avril, p. 232-239 :

Premier article. — Essai sur l'Éphébie attique, par Albert Dumont, directeur de l'École française d'Athènes, tome Ier. Paris, 1875, tome II, 1876.

Mai, p. 277-289 :

Deuxième article.

Novembre, p. 669-677 :

Note sur une inscription inédite de Dodone, sentence d'absolution portée par des juges étrangers.

1877. Décembre, p. 719-729 :

Cornelii Taciti opera. Œuvres de Tacite. Texte latin revu et publié d'après les travaux les plus récents, par Émile Jacob. Hachette et Cie.

1878. Avril, p. 235-245 :

Δημοσθένους τῶν δικανικῶν λόγων οἱ δημόσιοι. Les plaidoyers politiques de Démosthène. Texte grec publié par Henri Weil.

Août, p. 483-492 :

Premier article. — Les plaidoyers de Démosthène, traduits en français avec arguments et notes par Rodolphe Dareste. Paris, 1875.

Septembre, p. 521-530 :

Deuxième article.

Octobre, p. 591-601 :

Troisième et dernier article.

1879. Janvier, p. 41-52 :

De quelques travaux récents sur les romans grecs.

1879. Janvier, p. 60-62 :

NOUVELLES LITTÉRAIRES. — LIVRES NOUVEAUX. — Grammaire grecque moderne, suivie du panorama de la Grèce d'Alexandre Soutzo, par Emile Legrand, 1 vol. in-8°. Paris, 1878.

Mars, p. 193-194 :

NOUVELLES LITTÉRAIRES. — LIVRES NOUVEAUX. — Γαλλικῶν συγγραφεῖς ἑλληνικοί. Extraits des auteurs grecs concernant la géographie et l'histoire des Gaules, texte et traduction nouvelle, publiés par la Société de l'Histoire de France, par M. Edm. Cougny, professeur de rhétorique au Lycée Saint-Louis.

Mai, p. 314-324 :

Premier article. — Fragmenta philosophorum græcorum collegit, recensuit, vertit, annotationibus et prolegomenis illustravit, indicibus instruxit Fr.-Guil.-Aug. Mullach. Parisiis, vol. Ier, 1860; vol. IIe, 1867.

Juillet, p. 400-411 :

Deuxième article.

Septembre, p. 517-526 :

Troisième et dernier article.

1880. Février, p. 65-73 :

Premier article. — Io. Nic. Madvigii *Adversaria critica ad scriptores græcos et latinos*, vol. I. De arte conjecturali : emendationes græcæ, 1871, vol. II : emendationes latinæ, 1873. — Collectanea critica. Lugduni Batavorum, 1878, in-8°.

Mars, p. 142-154 :

Deuxième et dernier article.

Mai, p .276-287 :

La poésie de Pindare et les lois du lyrisme grec, par A. Croiset. Paris, 1880, 1 vol. in-8°.

Août, p. 504-512 :

Essai historique sur la prononciation du grec, par E. Baret. — Ἀθανασία τῆς ἑλληνικῆς γλώσσης par Contopoulos, 1880, in-8°.

Novembre, p. 706-713 :

Une page inédite de l'histoire de Mithridate Eupator, dit Mithridate le Grand.

1881. Avril, p. 204-212 :

Mélanges de feu François Thurot, professeur au Collège royal de France, membre de l'Institut (Académie des Inscriptions et Belles-Lettres). Paris, 1880, grand in-8°.

Juin, p. 329-338 :

Premier article. — Pompei e la regione sotteranea del Vesuvio nel anno LXXIX. — Memorie e Notizie pubblicate dall'uffizio tecnico degli scavi delle provincie meridionali, Napoli MDCCCLXXIX.

Juillet, p. 404-413 :

Deuxième et dernier article.

Août, p. 477-490 :

Histoire du luxe privé et public, depuis l'antiquité jusqu'à nos jours, par M. Baudrillart, 4 vol. in-8°.

Août, p 504-508 :

Conjectures sur une tragédie perdue de Théodecte, à propos d'une inscription nouvellement découverte en Carie.

Septembre, p. 542-552 :

Premier article. — DELECTUS INSCRIPTIONUM GRÆCARUM propter dialectum memorabilium. Composuit Paulus Cauer. — Lipsiae, 1877, 1 vol. in-8°.

Epigrammata graeca ex lapidibus conlecta edidit Georgius Kaibel. — Berolini, 1878, 1 vol, in-8°.

Octobre, p. 580-590 :

Deuxième et dernier article.

Novembre, p. 672-680 :

De la critique d'attribution en histoire littéraire, Chirurgie d'Hippocrate, par J. Petrequin. — La République d'Athènes, lettre sur le gouvernement des Athéniens, par Xénophon (Emile Belot). — Les harangues de Démosthène, texte grec par M. H. Weil. 1 vol. in-8°, 2° édition.

Mars, p. 149-166 :

Premier article. — De quelques éditions d'extraits des classiques grecs et latins.

Avril, p. 215-223 :

Deuxième et dernier article.

Mai, p. 265-273 :

Nouvelle édition d'Apollonius Dyscole.

Septembre. p. 509-517 :

A Manual of Greek historical Inscriptions by E. L. Hicks, M. A. late fellow and tutor of Corpus Christi College; Oxford, 1882, 1 vol. in-8°.

Novembre, p. 666-675 :

M. Auguste Couat. — La poésie alexandrine sous les trois premiers Ptolémées (324-322 avant J.-C.). 1 vol.

1883. Janvier, p. 46-53 :

Essai sur la vie et les œuvres de Lucien, par Maurice Croiset. Paris, 1882.

Mars, p. 154-162 :

Premier article. — Écriture et prononciation du latin savant et du latin populaire, et appendice sur le chant dit des frères Arvales, par G. Edon. Paris, 1882. — De la prononciation française depuis le commencement du XIV° siècle, d'après les témoignages des grammairiens, par Ch. Thurot, tome Ier. Paris.

Mai, p. 251-258 :

Deuxième article.

Juin, p. 297-307 :

SCRIPTORES FABULARUM GRÆCI. — Volume first, containing the Mythiambics of Babrius. — Babrius edited by W. Gunion Rutherford. London, 1883.

1884. Janvier, p. 47-64 :

Premier article. — Les grands écrivains de la France, nouvelles éditions publiées sous la direction de M. Adolphe Regnier, membre de l'Institut, sur les manuscrits, les copies les plus authentiques et les plus anciennes impressions, avec variantes, notes, notices, portraits, etc.
MALHERBE. Paris, 5 vol. in-8°, 1862 à 1869.

Février, p. 73-89 :

Deuxième et dernier article.

Mars, p. 117-125 :

Premier article. — De quelques publications nouvelles concernant Plutarque et ses écrits.

Avril, p. 191-199 :

Deuxième article.

Mai, p. 246-257 :

Troisième et dernier article.

Mars, p. 174-175 :

Note sur deux inscriptions grecques.

Avril, p. 230-231 :

Nouvelles littéraires. Livres nouveaux. — Études géographiques sur l'architecture grecque, par Auguste Choisy. Paris, 1884.

Mai, p. 287-288 :

Nouvelles littéraires. Livres nouveaux. — G.-F. Schœmann. *Antiquités grecques*, traduites de l'allemand par Ch. Galuski. Paris, 1884, tome Ier, in-8°. A. Picard, éditeur.

Juin, p. 346-349 :

Conjectures sur le nom et les attributions d'une magistrature romaine à propos de la biographie du philosophe Musonius Rufus.

Septembre, p. 509-516 :

Mélanges Graux, recueil de travaux d'érudition classique dédiés à la mémoire de Ch. Graux. 1 vol. in-8° de LVI-823 pages.

Septembre, p. 527-530 :

Nouvelles littéraires. Livres nouveaux. — Annuaire de l'Association pour l'encouragement des études grecques en France, 1883, 1 vol. in-8°. — La guerre de Troie, ou la fin de l'Iliade d'après Quintus de Smyrne, traduction nouvelle par M. Berthaut, 1 vol. in-8°. Hachette et Cie.

1885. Janvier, p. 16-23 :

Essai sur Thucydide, par J. Girard, in-12. Paris, 1884, Hachette et Cie.

Février, p. 111-118 :

L'Épigraphie à l'Académie des Inscriptions et Belles-Lettres. — Souvenirs et aperçus historiques.

Juin, p. 341-349 :

Étude sur la poésie grecque. — Épicharme. — Pindare. — Sophocle. — Théocrite. — Apollonius. Par J. Girard. Paris, Hachette et Cie, 1884, in-12, 354 p.

Août, p. 468-475 :

Les plaidoyers politiques de Démosthène, texte grec... 1re série : Leptine, Midias, Ambassade, Couronne, 2e édition entièrement revue et corrigée par Henri Weil. Paris, 1883. in-8°.

L'Ordre, journal quotidien. Rédacteur en chef : M. Chambolle.

1850, 1er avril :

VARIÉTÉS. — Cours de législation comparée au collège de France, par M. Laboulaye.

1851, 30 avril, feuilleton :

Recueil de monuments inédits de l'*Histoire* du Tiers-État. Première série, tome Ier, avec une Introduction par M. Augustin Thierry, membre de l'Institut. Paris, 1850, 1 vol. in-4.

1851, 22 août :

Variétés : Les Rats et les Grenouilles, poème par L. Berthereau, chez Amiot.

Journal des Débats.

1850, 10 décembre :

VARIÉTÉS. — *Philosophie spiritualiste de la nature.* — Introduction à l'histoire des sciences physiques dans l'antiquité, par M. Th.-H. Martin. Paris, 1849, 2 vol. in-8.

1854, 6 octobre :

VARIÉTÉS. — Supplément à l'Anthologie grecque, par le docteur V. Piccolos. Paris, 1853, 1 vol. in-8.

1855, 11 mars :

Lettre au rédacteur sur un papyrus égyptien retrouvé par M. Mariette en mai 1853 aux environs de Sakkarah.

1857, 31 mai :

VARIÉTÉS. — Histoire de la Révolution grecque, par M. Spyridion Tricoupi, 3 vol. in-8. Londres, 1853-1856 (en grec moderne). Réimprimé dans les Mémoires d'histoire ancienne et de philologie, p. 488.

1857, 8 octobre :

Nécrologie. — M. L. F. Boissonade. Réimprimé dans les Mémoires de littérature ancienne, p. 1.

1858, 14 mai :

Article sur le quatrième et dernier volume de l'*Histoire de la Révolution grecque*, de M. Spyridion Tricoupi. Réimprimé dans les Mémoires d'histoire ancienne et de philologie, p. 489.

1858, 17 juin :

Les synonymes dans la langue française. Réimprimé dans Trad. et Réf., p. 157.

1858, 9 novembre :

Variétés. — *Fragments des poètes comiques grecs*, publiés d'après les travaux de M. Meineke, par M. Bothe. (Vol. XLII de la Bibliothèque grecque de M. A. Didot). 1 vol. gr. in-8. Réimprimé dans les Mémoires d'histoire ancienne et de philologie, p. 478.

1859, 5 novembre :

Nécrologie. — Léon Feugère.

1860, 23 septembre :

Variétés. — *Essai sur les systèmes métriques et monétaires des anciens peuples*, depuis les premiers temps historiques jusqu'à la fin du Khalifat d'Orient, par M. Queipo. 3 vol. in-8.

1860, 22 novembre :

Nécrologie. — *M. Philippe Lebas*, de l'Académie des Inscriptions et Belles-Lettres.

1861, 29 novembre :

Discours prononcé sur la tombe du baron d'Eckstein.

1862, 28 mars :

Nécrologie. — M. Mauger, professeur de philosophie au lycée Henri IV, ancien inspecteur-adjoint de l'Académie.

1862, 18 août :

Sur le *premier volume de la traduction d'Isocrate*, publiée par le duc de Clermont-Tonnerre.

1863, 23 octobre :

Variétés. — *J.-F. Boissonade, critique littéraire sous le premier Empire*, publié par M. F. Colincamp, précédé d'une notice historique sur M. Boissonade, par M. Naudet. Paris, 1863, 2 vol. in-8.

1863, 30 novembre :

Sur l'*Aristote* de Piccolos.

1863, 3 décembre :

Sur l'exploration archéologique de la Galatie, par M. G. Perrot.

1864, 3 juin :

Notice sur M. Hase.

1864, 6 octobre :

Sur les publications de MM. H. Weil et Ch. Benoist.

1864, 4 décembre :

Variétés. — L'*Anthologie grecque*, traduite en français, avec des notices biographiques et littéraires sur les poètes de l'Anthologie.

1867, 9 décembre :

Notice nécrologique sur M. Casimir Leconte.

1869, 30 octobre :

Sur les *Oracula Sibyllina* de M. C. Alexandre.

1870, 14 mai :

Préface du Dictionnaire étymologique de la langue française par Aug. Brachet. Paris, Hetzel et Cie.

1871, 22 juin :

Nécrologie. — M. Edelestand du Méril.

1873, 11 mars :

Article sur le *Nonius* de M. L. Quicherat.

1873, 22 mars :

Article sur les publications de M. Garcin de Tassy.

1873, 29 octobre :

Article sur *Les Familles et la Société en France, avant la Révolution*, d'après les documents originaux, par M. Ch. de Ribbe, et sur *Les Savants Godefroy*, mémoires d'une famille pendant les XVIe, XVIIe, XVIIIe siècles, par le marquis de Godefroy Ménilglaise.

1873, 25 décembre :

Article sur *Jehan, sire de Joinville, histoire de saint Louis, Credo*, et *Lettre à Louis X*, texte original, accompagné d'une traduction par M. Natalis de Wailly, membre de l'Institut.

1874, 25 février : *Nécrologie*. — Charles Caboche.

1874, 20 mars : *Nécrologie*. — L. Francis Meunier.

1874, 13 mai :

Discours de M. Egger, vice-président, à l'assemblée générale annuelle de la Société de l'Histoire de France, en l'absence de M. Guizot, président.

1874, 2 août :

Article sur les publications de M. Garcin de Tassy, professeur d'hindoustani à l'Ecole des langues orientales vivantes.

1874, 17 octobre :

Nécrologie. — J.-A.-F. Lemoine.

1875, 19 septembre :

Obsèques de W. Brunet de Presle, et *discours* de M. E. Egger.

1875, 29 septembre :

Variétés. — Coup-d'œil sur l'hellénisme en Orient.

1875, 27 novembre :

Discours prononcé par M. Egger, comme président, à l'ouverture des cours pour l'enseignement secondaire des jeunes filles.

1875, 16 décembre :

Nécrologie. — M. Francis Monnier.

1876, 12 juin :

Allocution de M. E. Egger pour l'ouverture de la seconde assemblée générale de la *Société des anciens textes français*, tenue le 8 juin à la Bibliothèque nationale.

1878, 11 novembre :

Lettre au directeur du *Journal des Débats*, au sujet de l'enseignement spécial, et en faveur de l'enseignement du latin. Réimprimé dans Tr. et Réf., p. 342.

1878, 14 novembre :

Variétés. — Les réclamations historiques de la Grèce.

1879, 29 mars :

Lettre aux professeurs de la Faculté des Lettres de Bordeaux, à propos de la publication des *Annales de la Faculté des Lettres de Bordeaux*.

1879, 12 août :

Variétés. — *Mélanges de philosophie* par L. Quicherat, membre de l'Institut, 1 vol. in-8.

1879, 20 septembre :

Variétés. — *Dictionnaire des antiquités grecques et romaines d'après les textes et les monuments*, ouvrage rédigé par une société d'écrivains spéciaux, d'archéologues et de professeurs, sous la direction de MM. Ch. Daremberg et Saglio, avec 3,000 figures d'après l'antique, fascicules I-VI. Paris, 1873-1879, in-4. Réimprimé dans Trad. et Réf., p. 235.

1879, 18 octobre :

Variétés. — *Le Livre de famille*, par Ch. de Ribbe. Tours, Mame et Cie, 1879, in-12. — *Une famille au XVIe siècle, d'après les documents originaux*, par le même, 3e édit. Tours, Mame et Cie, 1879, in-12.

1879, 18 novembre :

VARIÉTÉS. — De quelques ouvrages publiés en Grèce et sur la Grèce moderne.

1880, 10 mars :

Article (*non signé*) sur les Élections des représentants de l'Université de France, au futur conseil de l'instruction publique.

1880, 28 mars :

VARIÉTÉS. — *Questions universitaires : I. Le Romanisme, Les Cours ouverts et les Cours fermés.* Réimprimé dans Trad. et Réf., p. 316.

1880, 21 avril :

VARIÉTÉS. — *Questions universitaires : II. Les méthodes. — Les livres. — Les professeurs.* Réimprimé dans Trad. et Réf., p. 308.

1880, 2 mai :

VARIÉTÉS. — *Questions universitaires : III. Le Doctorat ès-lettres.* Réimprimé dans Trad. et Réf., p. 334.

1880, 6 juillet :

VARIÉTÉS. — *Questions universitaires : IV. Le grec est-il mort ? Est-il mourant ?* Réimprimé dans Trad. et Réf., p. 399.

1880, 13 juillet :

VARIÉTÉS. — *Questions universitaires : V. Grammairiens et littérateurs.* Réimprimé dans Trad. et Réf., p. 326.

1880, 9 août :

BIBLIOGRAPHIE. — *Mémoire* sur le système primitif des voyelles dans les langues indo-européennes, par M. Ferd. de Saussure. Manuel de philologie classique par M. S. Reinach.

1880, 7 octobre :

VARIÉTÉS. — *Thomæ Vallaurii Inscriptiones*, in-8. Turino, 1880. — Lettere di illustri scrittori a Tommaseo Vallauri, in-8. Turino, 1880. Réimprimé dans Trad. et Réf., p. 355.

1881, 11 janvier :

Dictionnaire des antiquités grecques et romaines, par MM. Ch. Daremberg et E. Saglio. 7e fascicule : de *Castrorum metator* à *Chorus*. Hachette et Cie, in-4, 1880.

1881, 26 mars :

M. Alexis Paulin-Paris.

1881, 29 août :

Le baccalauréat spécial. Réimprimé dans Trad. et Réf., p. 346.

1881, 7 octobre :

Variétés. — *Bulletin de correspondance hellénique* publié par l'Ecole française d'Athènes, 5 vol. in-8, 1877-1881. — A Athènes, Perris. — A Paris, E. Thorin. Réimprimé dans Trad. et Réf., p. 77.

1881, 7 novembre :

Les Musées et l'Enseignement classique. Réimprimé dans Trad. et Réf., p. 253.

1881, 6 décembre :

Nécrologie. — Alfred Gérardin.

1881, 29 décembre :

Bibliographie. — Essai sur le patois normand du Bessin, suivi d'un dictionnaire étymologique, par C. Joret, professeur à la Faculté des Lettres d'Aix. Paris, 1881, 1 vol. in-8°, xi-184 pages.

1882, 28 Mai :

Variétés. — *Histoire de la divination dans l'antiquité*, par M. Bouché-Leclercq, professeur à la Faculté des Lettres de Montpellier. Paris, 1879-82, 4 vol. in-8°.

1882, 4 juillet :

Variétés. — Deux nouvelles mines pour l'histoire de la langue française.

1882, 19 octobre :

Variétés. — *Molière. Le Tartuffe*, comédie, 1664, nouvelle édition conforme à la dernière édition revue par Molière, avec des notes historiques et grammaticales et un lexique de la langue de Tartuffe, par Ch.-L. Livet. Paris, 1882, in-12.

1883, 23 mars :

Les Revues et les Mémoires académiques.

1883, 22 avril :

Nécrologie. — Le poète A. Robert. Le philologue A. Boucherie.

1883, 31 octobre :

Variétés. — Encore une édition des Fables de La Fontaine. *Les grands écrivains de la France*, J. de La Fontaine, tome 1er. Paris, 1883, in-8°, Hachette.

1883, 12 décembre :

Deux éditions nouvelles du géographe Ptolémée.

1884, 23 février :

VARIÉTÉS. — La Société anglaise des Index et les Index en France.

1884, 21 juin :

NÉCROLOGIE. — Le D' Eugène Fournier.

1884, 11 août :

L'œuvre du grand antiquaire *Adrien de Longpérier*.

1884, 13 août :

Albert Dumont. — Lettre à M. le Directeur du *Journal des Débats*.

1885, 2 et 3 janvier :

Publications de la Société des Anciens textes français.

1885, 20 août :

VARIÉTÉS. — Une belle découverte dans l'île de Crète.

Nouvelle biographie universelle. Paris, Firmin-Didot frères, éditeurs, in-8⁰, 1852.

Tome II⁰, p. 907-910 :

Apollonius Dyscole.

P. 923-925 :

Appien.

Tome III⁰, p. 355-358 :

Arrien.

Tome IV⁰, p. 26-29 :

Babrius.

L'Athenæum français et Bulletin archéologique de l'Athenæum français. Recueil hebdomadaire, in-4⁰. Firmin-Didot frères.

Bulletin, n⁰ 10, p. 91, 1855, octobre :

Note sur une inscription latine du Musée du Louvre et à ce propos sur les noms des affranchis des empereurs.

Ath. Fr., 4⁰ année, n⁰ 49, p. 1034, 1855, 8 décembre :

Lettre au Rédacteur sur les publications savantes de la Grèce moderne.

5⁰ année, n⁰ 19, 1856, 10 mai :

Traité de la formation des mots dans la langue grecque, avec des notions comparatives sur la dérivation et la composition en sanscrit, en latin et dans les idiomes germaniques, par A. Regnier, membre de l'Académie des Inscriptions et Belles-Lettres. Paris, 1855, 1 vol. in-8°, Hachette.

Revue des Cours publics et des Sociétés savantes de Paris, de la province et de l'étranger.

1re année, n° 5, p. 35, 1855, 10 juin :

Littérature grecque. M. EGGER. — Analyse de leçon d'ouverture du second semestre. — PLUTARQUE.

N° 11, p. 83, 22 juillet :

Littérature grecque. — Plutarque historien.

N° 30, p. 244, 2 décembre :

Littérature grecque. (Leçon d'ouverture.) — De la poésie dramatique en Grèce depuis ses origines jusqu'à la conquête de la Grèce par les Romains.

N° 31, p. 260, 9 décembre :

Littérature grecque. (Leçon d'ouverture.) — II. De la poésie dramatique en Grèce depuis ses origines jusqu'à la conquête de la Grèce par les Romains. (Leçon réimprimée dans les Mémoires de littérature ancienne, p. 43.)

2e année, n° 8, p. 113, 1856, 24 février :

Faculté des Lettres. — Littérature grecque. — De la littérature et, en particulier, de la comédie sicilienne. — Epicharme. — Sophron.

N° 12, 179, 1856, 23 mars :

Littérature grecque. — Extrait d'un examen du théâtre d'Eschyle.

N° 13, p. 196, 1856, 30 mars :

Faculté des Lettres. — Littérature grecque. — De la tragédie grecque dans Euripide. Caractère idéal de la fable dramatique sur le théâtre d'Athènes. (Réimprimé dans les Mémoires de littérature ancienne, p. 424.)

N° 21, p. 327, 1856, 25 mai :

Faculté des Lettres. — Littérature grecque. — Considérations générales sur le rôle des femmes dans la comédie athénienne, et en particulier dans les pièces d'Aristophane. (Réimprimé dans les Mémoires de littérature ancienne, p. 435.)

N° 23, p. 355, 1856, 8 juin :

Faculté des Lettres. — Littérature grecque. — Les nuées d'Aristophane. — Aristophane et le procès de Socrate.

N° 29, p. 33, 1856, 20 juillet :

Faculté des Lettres. — Littérature grecque. — Coup d'œil sur l'histoire des acteurs dans l'antiquité. (Réimprimé dans les Mémoires de littérature ancienne, p. 409.)

3° année, n° 5, p. 64, 1857, 1ᵉʳ février :

Faculté des Lettres. — Littérature grecque. — Des origines de la prose, histoire et philosophie.

Revue des cours littéraires.

1ʳᵉ année, n° 4, p. 41, 1863, 26 décembre :

Faculté des Lettres. — Littérature grecque. (Cours de M. Egger.) — I. La science historique chez les Grecs. (Rédigé par C. de La Berge.)

N° 8, p. 91, 1864, 23 janvier :

Faculté des Lettres. — Littérature grecque. — II. La science historique chez les Grecs et chez les autres peuples de l'Antiquité. (Rédigé par C. de La Berge.)

N° 25, p. 326, 1864, 21 mai :

Faculté des Lettres. — Littérature grecque. — III. Les origines de l'histoire en Grèce. (Rédigé par C. de La Berge.)

N° 27, p. 358, 4 juin :

Faculté des Lettres. — Littérature grecque. — IV. Hésiode. — Les poètes cycliques. (Rédigé par C. de La Berge.)

N° 30, p. 406, 1864, 25 juin :

Faculté des Lettres. — Littérature grecque. — V. Prédécesseurs d'Hérodote. Les origines de la prose dans la littérature grecque. (Rédigé par C. de La Berge.)

N° 32, p. 433, 1864, 9 juillet :

Faculté des Lettres. — Littérature grecque. — VI. Hérodote, sa biographie. — Plan de son ouvrage. — Valeur de son témoignage. — Sa philosophie. (Rédigé par C. de La Berge.)

N° 36, p. 499. 1864, 6 août :

Faculté des Lettres. Littérature grecque. — VII. Thucydide.

Nᵒ 38, p. 510, 1864, 20 août :

Variétés. — *Séance publique annuelle des cinq Académies.* — De la langue et de la nationalité grecques, réflexions sur quelques documents historiques du temps de la prise de Constantinople par les Turcs, lu à la séance publique annuelle des cinq Académies, le 16 août 1864.

Nᵒ 48, p. 699, 1864, 29 octobre :

Faculté des Lettres. — Littérature grecque. — Xénophon (suite). (Rédigé par C. de La Berge.)

Nᵒ 49, p. 717, 1864, 5 novembre :

Faculté des Lettres. — Littérature grecque. — Xénophon (suite). (Rédigé par C. de La Berge.)

Nᵒ 51, p. 742, 1864, 19 novembre :

Faculté des Lettres. — Littérature grecque. — Xénophon (suite). (Rédigé par C. de La Berge.)

2ᵉ année, nᵒ 1, p. 9, 1864, 3 décembre :

Faculté des Lettres. — Littérature grecque. — Des lettres attribuées à Xénophon. (Rédigé par C. de La Berge.)

Nᵒ 9, p. 143, 1865, 28 janvier :

Faculté des Lettres. — Littérature grecque. — Du grec ancien et du grec moderne. (Article signé E. Egger.)

Nᵒ 16, p. 261, 1865, 18 mars :

Faculté des Lettres. — Littérature grecque. — De la prononciation du grec ancien et du grec moderne. (Rédigé par C. de La Berge.)

Nᵒ 27, p. 445, 1865, 3 juin :

Faculté des Lettres. — Littérature grecque. — Des œuvres morales de Plutarque et de leur utilité pour l'histoire religieuse de son temps.

Nᵒ 41, p. 665, 1865, 9 septembre :

Faculté des Lettres. — Littérature grecque. — Plutarque historien. — I. Considérations générales.

3ᵒ année, nᵒ 10, p. 169, 1866, 3 février :

Faculté des Lettres. — Littérature grecque. — Cours de M. Egger. — Le siècle de Périclès.

Nᵒ 40, p. 652, 1866, 1ᵉʳ septembre :

Institut de France. — Séance annuelle des cinq Académies. — D'une renaissance nouvelle des lettres grecques et latines, au XIXᵉ siècle, par M. Egger.

4ᵘ année, nᵘ 20, p. 310, 1867, 13 avril :

Faculté des Lettres. — Littérature grecque. — De la littérature grecque au temps d'Alexandre le Grand et de ses successeurs. (Rédigé par J. Bahaux.)

N° 23, p. 365, 1867, 4 mai :

Faculté des Lettres. — Littérature grecque. — Coup d'œil sur l'histoire de la langue grecque depuis Homère jusqu'aux premiers temps de l'ère chrétienne. (Rédigé par J. Bahaux.)

5° année, n° 1, p. 6, 1867, 7 décembre :

Faculté des Lettres. — Littérature grecque. — La poésie didactique chez les Alexandrins. L'Hermès d'André Chénier.

Nᵘ 12, p. 188, 1868, 22 février :

Faculté des Lettres. — Littérature grecque. — Influence du génie grec sur le génie français.

Nᵒ 34, p. 538, 1868, 25 juillet :

Des études grecques en France au XVIIᵉ et au XVIIIᵉ siècle.

Nᵒ 45, p. 714, 1868, 10 octobre :

Faculté des Lettres. — Littérature grecque. — La comédie en France avant et pendant la renaissance de l'hellénisme.

6ᵒ année, nᵘ 32, p. 498, 1869, 10 juillet :

Association polytechnique. (Conférences du dimanche.) — Origine du droit des gens. — La diplomatie dans l'antiquité.

N° 35, p. 545, 1869, 31 juillet :

Faculté des Lettres. — Cours de M. Egger. — La tradition classique dans la pastorale et dans l'apologue.

N° 41, p. 654, 1869, 11 septembre :

Faculté des Lettres. — Cours de M. Egger. — De l'influence du génie grec au XIXᵉ siècle.

7ᵘ année, n° 24, p. 374, 1870, 14 mai :

Conférences de la salle Saint-André. — De la moralité des légendes dramatiques chez les Grecs.

Nᵒ 47, p. 737, 1870, 22 octobre :

Sorbonne. — Éloquence grecque. — Histoire de l'éloquence chez les Athéniens.

Revue politique et littéraire (2ᵒ série).

1ʳᵒ année, n° 3, p. 54, 1871, 15 juillet :

Sorbonne. — Littérature grecque. — Philosophie politique de Thucydide.

N° 26, p. 607, 1871, 23 décembre :

Sorbonne. — Littérature grecque. (Leçon d'ouverture.) — L'hellénisme.

N° 29, p. 678, 1872, 13 janvier :

Sorbonne. — Littérature grecque. — L'hellénisme. (Analyse revue par le professeur.)

2° année, n° 25, p. 597, 1872, 21 décembre :

Sorbonne. — Littérature grecque. — Du rôle des études grecques dans l'enseignement secondaire en France. (Analyse revue par le professeur.) Réimprimé dans Trad. et Réformes.

P. 1239, 1873, 28 juin :

Sorbonne. — Littérature grecque. — Histoire de la comédie attique et de la moyenne comédie. (Rédigé par Z...)

3° année, n° 1, p. 3, 1873, 5 juillet :

Sorbonne. — Littérature grecque. — Histoire de la comédie attique et de la moyenne comédie (suite et fin).

4° année, n° 25, p. 587, 1874, 19 décembre :

Sorbonne — Éloquence grecque. — Des documents qui ont servi aux historiens grecs.

5° année, n° 15, p. 337, 1875, 9 octobre :

Sorbonne. — Éloquence grecque. — La science et l'art chez les historiens grecs (dernière leçon du cours de 1874-1875).

6° année, n° 29, p. 674, 1877, 13 janvier :

Sorbonne. — Éloquence grecque. — Les conditions anciennes de l'histoire comparées à ses conditions dans les temps modernes, particulièrement en France.

N° 32, p. 751, 1877, 3 février :

Sorbonne. — Éloquence grecque. — Introduction à l'histoire de la langue grecque.

7° année, n° 26, p. 604, 1877, 29 décembre :

Sorbonne. — Éloquence grecque. — Histoire de l'éloquence chez les Athéniens. (Leçon d'ouverture, 10 décembre 1877.)

8° année, n° 33, p. 772, 1879, 15 février :

Sorbonne. — Conférences de l'Association scientifique. — La Grèce à l'exposition internationale de 1878.

9° année, n° 27, p. 630, 1880, 3 janvier :

Sorbonne. — Éloquence grecque. — État actuel des études grecques.

3° série, 1re année, n° 22, p. 696, 1881, 26 novembre :

Nécrologie. — Bernard Jullien.

4ᵉ année, nᵒ 10, p. 310, 1884, 8 mars :

Peuples latins (reproduit en partie d'après la lettre adressée au baron de Tourtoulon et publiée dans la *Revue du Monde latin*).

Revue contemporaine.

Tome XIV, p. 635-636, 1854 :

Bibliographie. — Patrologiæ græci sermonis elementa, scripsit C. Aug. Lobeck ; Pars prior. (Kœnigsberg, 1853, in-8.)

Tome XV, p. 329-335, 1854 :

Bibliographie. — *Traité des synonymes de la langue latine*, par M. Barrault. — *Essai historique et littéraire sur la Comédie de Ménandre*, par M. Ch. Benoit.

Tome XVI, p. 362-364, 1854 :

Bulletin littéraire. — De quelques points de science dans l'antiquité (physique, métrique, musique), par M. B. Jullien, docteur ès-lettres, etc. Paris, 1854, 1 vol. in-8, Hachette.

Tome XVI, p. 738-743, 1854 :

Bulletin littéraire. — *Traité du sublime de Longin et discours préliminaire*, par G.-M.-A. Pujol. *Etudes critiques sur le traité du Sublime*, par L. Vaucher. — *Pompeii Trogi fragmenta*, éd. Bielowski.

Tome XXVII, p. 171-173, 1856 :

De la cherté du papier au temps de Périclès. — Lettre à M. Ambroise-Firmin Didot.

Bulletin de la Société des antiquaires de France.

1858. — P. 95 : Anciens artistes grecs omis dans les catalogues.

P. 104 : Explication d'un mot.

P. 138 : Objets antiques trouvés près de Melle.

1859. — P. 84 : M. Egger signale des passages de Pline et de Pomponius Mela sur des esclaves apparemment venus des Indes occidentales.

P. 105 : M. Egger signale des passages des *Philosophumena* d'Origènes relatifs à la falsification des cachets au moyen d'empreintes, et à l'usage de reporter l'écriture d'une substance sur une autre.

1860. — P. 93 : Les Grecs ont-ils connu l'usage des lettres de change ? Réimprimé dans les Mémoires d'histoire ancienne et de philologie, p. 130.

P. 151 : Rapports entre les textes épigraphiques et les anthologies.

1861. — P. 72 : Inscription sur plaque de plomb, de l'an 1563, trouvée à Compiègne.

1862. — P. 94 : Une représentation des *Perses* d'Eschyle au palais épiscopal d'Orléans.

Pages 95, 98 : Découverte de puits antiques sur l'emplacement de l'École-des-Mines ; poteries romaines.

P. 128 : Explication d'un fragment de papyrus grec envoyé par M. Dugit.

1863. — P. 146 : Inscription grecque métrique du Sérapéum.

P. 154 : La peinture sur toile dans l'antiquité.

P. 157 : Excursion archéologique dans la forêt de Compiègne.

P. 160 : Explication de deux inscriptions grecques copiées par M. Wescher.

1865. — P. 39 : Catalogue et photographie des antiquités de la collection Loisel, à la Rivière-Tibouville (Seine-et-Marne).

P. 63 : Empreintes de deux monnaies mérovingiennes.

P. 68 : Résumé des Communications de M. Allmer sur des fouilles exécutées à Vienne en Dauphiné.

P. 95 : Les fouilles exécutées à Senlis.

1866. — P. 80 : La mosaïque de Trèves.

P. 105 : La géologie de l'Attique.

1867. — P. 109 : Explication d'une inscription métrique d'Arles.

P. 132 : Les anciennes forêts de l'Attique.

1868. — P. 136 : Les haies vives entrelacées, moyen de défense employé par les Gaulois, et, de nos jours, au siège d'Anvers.

1869. — P. 101 : Fouilles aux arènes de Senlis.

1870. — P. 151 : Les noms grecs qui ont servi à désigner l'encre chez les Anciens et au moyen âge.

P. 162 : Emploi des pigeons voyageurs dans l'antiquité.

1874. — P. 56 : Observations sur l'os gravé du renne de Thayngen et sur les *hommes des cavernes.*

1875. — P. 97 : Observations sur l'inscription de Rochemaure.

1879. — P. 240 : Observation sur le gentilice *Julius.*

1883. — P. 236 : Observation sur une inscription grecque du musée d'Avignon.

Mémoires de la Société des antiquaires de France.

3º série, tome V, 1862, p. 85 :

Lu dans les séances des 11 et 18 janvier 1860 :

Observations critiques sur divers monuments relatifs à la

la métrologie grecque et à la métrologie latine. — Réimprimé dans les Mémoires d'histoire ancienne et de philologie, p. 198.

3º série, tome II, 1866, p. 285 :

Note sur le mot *ussos* par lequel les auteurs grecs traduisent le latin pilum.

4º série, tome III, 1872, p. 155 :

Un sénatus-consulte romain contre les industriels qui spéculent sur la démolition des édifices.

Revue européenne. In-8º.

2º année, tome VII, p. 258-272, 1860, 15 janvier :

De l'idée de l'Histoire dans l'antiquité grecque. — Réimprimé dans les Mémoires de littérature ancienne, p. 316.

2º année, tome VIII, p. 225-257, 1860, avril :

Des origines de la prose dans la littérature grecque. — Réimprimé dans les Mémoires de littérature ancienne, p. 269.

2º année, tome X, p. 484-513, 1860, 1er août :

Le droit des gens dans l'antiquité.

Gazette des Tribunaux. Journal quotidien.

1860, 9 décembre :

VARIÉTÉS. — Si les Athéniens ont connu la profession d'avocat.

(Mémoire lu la veille dans la séance publique annuelle de l'Académie des Inscriptions et Belles-Lettres et reproduit comme offrant un intérêt particulier aux lecteurs de la *Gazette*.)

1861, 8 août :

VARIÉTÉS. — Les hommes d'Homère ; Essai sur les mœurs de la Grèce aux temps héroïques, par *S. Delorme*. Paris, 1 vol. in-8, à la librairie académique de Didier.

Le Correspondant. In-8º, paraissant tous les mois. Douniol, rue de Tournon.

Nouvelle série, tome XXVII, p. 564-572, 1864, 25 novembre :

Yu-Kiao-li. Les deux cousines.
Roman chinois. Traduction nouvelle, accompagnée d'un commentaire historique par *Stanislas Julien*, membre de l'Académie des Inscriptions et Belles-Lettres, etc., 1863, 2 vol. in-12. Librairie académique de Didier.

Tome XXVIII, p. 830-847, 1865, 25 août :

Le duc de Clermont-Tonnerre, traducteur et commentateur des œuvres d'Isocrate. — Réimprimé.

Tome XXXVII, p. 322-341, 1868, 25 février :

Les derniers jours de l'éloquence athénienne. Démosthène, Eschine et Hypéride.

Annuaire de l'Association pour l'encouragement des études grecques en France. Paris, in-8°, A. Durand et Pédone-Lauriel, Ad. Lainé, libraires.

2° année, p. 41, 1868 :

Rapport de M. Egger au nom de la commission chargée de décerner le prix de l'Association, cité par M. Patin dans son discours à l'Assemblée générale du 6 mars 1868.

Supplément à l'*Annuaire* de 1868, p. 5-14 :

Observations sur quelques réformes proposées pour l'enseignement du grec en France. — Réimprimé dans Trad. et Réf., p. 280.

3° année, p. XXXIX-XLIV, 1869 :

Discours de M. Egger, président.

P. 1-71 :

Mémoires et Notices. — Les Estiennes, hellénistes et imprimeurs de grec au XVI° siècle.

1871, 5° année, p. 17-38 :

Mémoires et Notices. — Observations sur l'*Eroticos* inséré sous le nom de Lysias, dans le *Phèdre* de Platon.

1872, 6° année, p. 1 :

Note sur la publication de la traduction inédite de feu F.-D. Dehèque de la *prise de Troie* par Tryphiodore.

1873, 7° année, p. 40-60 :

Observations nouvelles sur le genre de drame appelé *satyrique*.

1875, 9° année, p. 1-15 :

Des documents qui ont servi aux anciens historiens grecs.

1876, 10° année, p. 70-82 :

Callimaque considéré comme bibliographe et les origines de la bibliographie en Grèce.

1877, 11° année, p. LV-LVIII :

Séance générale du 13 avril. — Discours de M. Egger, président.

1877, 11ᵉ année, p. 138-146 :

Observations sur le vocabulaire technique des grammairiens et des rhéteurs anciens.

1878, 12ᵉ année, p. 175-183 :

De la part qu'il convient de faire à l'histoire littéraire dans l'enseignement secondaire du grec et du latin.

1879, 13ᵉ année, p. 1-14 :

Socrate et le dialogue socratique.

1880, 14ᵉ année, p. 1-3 :

Les questions homériques à la Sorbonne en 1835-1836. Cours de M. Fauriel. (Introduction de M. Egger à l'analyse des leçons de Fauriel faite par M. Eug. Talbot.)

1883, 17ᵒ année, p. 1-17 :

Aperçu historique sur la langue grecque et sur la prononciation de cette langue.

1884, 18ᵉ année, p. 79-89 :

Esquisse d'un examen critique de la Théogonie d'Hésiode.

Société de linguistique de Paris. — Mémoires.

1868, tome Iᵉʳ, Paris, A. Franck, in-8ᵒ, p. 1-13 :

De l'état actuel de la langue grecque et des réformes qu'elle subit. (Réimprimé en appendice dans l'Hellénisme en France, tome Iᵉʳ, p. 411.)

1881, tome IVᵉ, p. 146 :

Note sur le mot Ἰσθμός.

1882, tome V, p. 47-48 :

Essai d'étymologie du mot *spatium* et de ses dérivés.

Société de linguistique. — Bulletin.

1870, nᵒ 2, p. LXXIV :

Note de M. Egger sur les πυρεῖα.

1871, nᵒ 9, p. XCVIII :

. NÉCROLOGIE. — M. Fr. Meunier. (Réimprimé dans Tradition et Réformes, p. 25.)

1874, nᵒ 10, CXXI :

Note sur le mot Noyale.

1875, nᵒ 14, p. LXXVIII :

NÉCROLOGIE. — M. Brunet de Presle (discours prononcé sur la tombe de).

1876, n° 13 :

Notice sur la vie et les écrits de M. Wladimir Brunet de Presle.

Revue des langues romanes.
Montpellier, au bureau des publications de la Société. Paris, A. Franck.

1874, tome VI, juillet et octobre, p. 5-38 :

Les substantifs verbaux formés par apocope de l'infinitif. Observations sur un procédé de dérivation très fréquent dans la langue française et dans les autres idiomes néo-latins. 2° édition revue, corrigée, augmentée.

P. 333-360 :

Deuxième partie.

3° série, tome IX. Tome XXIII de la collection, 1883, p. 205-207 :

Nécrologie d'A. Boucherie. (Reproduction de l'article des *Débats* du 22 avril 1883.)

**Bulletin de la Société de l'histoire de Paris
et de l'Ile-de-France.**

*Tome I*er (1874). — P. 35 : Communication sur un plan de la salle des écoles extérieures de la Sorbonne en 1760.

Tome II (1875). — P. 22 : M. Egger communique ce plan.

Tome IV (1877). — P. 33 : M. Egger offre à la Société les lettres inédites de Coray à Chardon de la Rochette.

Tome VI (1879). — P. 38 et 77 : Renseignement relatif au petit canon du jardin du Palais-Royal.

P. 162 : Communication d'un livre tissé à Lyon au métier Jacquard par A. Henry, et ayant figuré à l'Exposition universelle de 1878.

Tome VIII (1881). — P. 65 : Discours prononcé à l'Assemblée générale de 1881.

Bulletin de correspondance hellénique. Paris, Ernest Thorin. In-8°.

1re année, 1877, p. 254-258 :

Inscription inédite de Dodone.

2° année, 1878, p. 22-27 :

Note sur une inscription métrique commémorative de la bataille de Leuctres.

9° année, 1885, p. 375-379 :

Inscription de l'île de Leucé.

Magasin d'éducation et de récréation. Paris, Hetzel et Cie. In-8°.

13e année, n° 290, p. 1877, 15 janvier :

L'Alphabet et le papier. — Premier article.

N° 291, 1er février.

Deuxième article.

14° année, 1er semestre, 1er volume, 1878, p. 145-151 :
Histoire du livre.
Introduction : I. — Le livre avant l'imprimerie.

P. 167-172 :

II. — Le livre chez les Grecs et les Romains.

P. 360-366 :

III. — Le livre depuis l'ère chrétienne.

2° semestre. 2° volume de la XIV° année, p. 17-24 :

IV. — Les livres au moyen âge.

P. 48-54 :

V. — Invention et commencements de l'imprimerie.

P. 82-89 :

VI.— Développements de l'imprimerie et de la librairie jusqu'à la fin du XVIII° siècle.

P. 114-118 :

VII. — Les livres au XVIII° siècle. — Règlements de la librairie. — Correction des textes. — Les fautes d'impression.

P. 139-145 :

VIII. — Les derniers progrès de l'imprimerie et de la librairie. — Impression mécanique; sténographie et photographie.

P. 172-178 :

IX. — Compléments et réflexions. — Les livres illustrés. — La propriété littéraire et le plagiat. — Diffusion des langues au moyen des livres.

P. 208-213 :

X. — Coup d'œil sur l'industrie des livres à l'Exposition universelle. Quelques réflexions.

P. 235-241 :

XI. — Les vendeurs, les prêteurs et les acheteurs de livres. — Conclusion. — Adieu au lecteur. (Réimprimé chez Hetzel. 1 vol. in-12 de xi-323 pages.)

Annales de la Faculté des Lettres de Bordeaux. In-8°.
Bordeaux, librairie de Duthu. — Paris, H. Delaroque. — Berlin, S. Calvary.

1re année, 1879. tome Ier, p. 78-80 :

Communications. — Lettre aux rédacteurs et fondateurs des *Annales*.

P. 361-380 ;

Communications. — Question de propriété littéraire. — Les Économiques d'Aristote et de Théophraste.

2e année, 1880. tome II, p. 80-85 :

Communications. — Traduction française des derniers chapitres de l'Économique d'Aristote. — Appendice au mémoire sur les Économiques de Théophraste.

P. 85-86 :

Sur la traduction des Économiques d'Aristote.

Recueils et journaux divers, avec insertion unique.

L'Enseignement, tome Ier, no xi, novembre 1840, p. 428 :

Des sources de l'histoire ancienne. — Extrait d'un morceau lu par M. Egger à la séance générale de la Société des Méthodes, le 26 novembre 1839.

Revue des Deux-Mondes, tome XIII, 16e année, nouvelle série, p. 461-487, 1846, 1er février :

Étude sur l'antiquité. — Aristarque. (Réimprimé dans les Mémoires de littérature ancienne, page 126.)

L'Institut, journal universel des sciences et des sociétés savantes en France et à l'étranger, no 502, 10 août 1848 :

Société philomatique de Paris. (Extrait de la séance du 29 juillet 1848.) — Communication de M. Vincent au nom de M. E. Egger.

Le Moniteur Universel, journal officiel de la République française, no 185, samedi 3 juillet 1852 :

Variétés littéraires. — Pensées de Pascal, publiées dans leur texte authentique, précédées de la *Vie de Pascal*, par Mme Périer, avec un *supplément*, et d'*une étude littéraire*, et *accompagné d'un commentaire suivi*, par E. Havet, agrégé de la Faculté des Lettres de Paris.

Le Constitutionnel, 1856, 26 février :

Précis d'un cours élémentaire de logique d'après les programmes officiels de 1852, par M. Pélissier, agrégé de philosophie.

Moniteur des cours publics, littéraires, scientifiques et philosophiques, tome Ier, in-8o, 1857, p. 425-433 :

Sorbonne. — Cours de M. Egger. — La Cyropédie ou l'utopie en Grèce.

Mémoires de l'Académie des sciences, arts et belles-lettres, de Caen, 1862 :

Aristote considéré comme précepteur d'Alexandre-le-Grand. (Réimprimé dans les Mémoires de littérature ancienne, p. 445.)

Revue littéraire de Boulogne, 1863, décembre :

Notice sur la Tour d'ordre. (Reproduction de la Revue archéologique de novembre 1863.)

Bulletin de la Société des Antiquaires de Normandie, 1864 :

Discours d'ouverture prononcé le 15 décembre 1864, à la séance publique de la Société des Antiquaires de Normandie. (Tiré à part. Voyez aux *Discours*.)

Revue critique, 1866, 30 juin :

Epigrammatum Anthologia Palatina... instruxit F. Dubner, graece et latine. Vol. Ier. Parisiis, Didot, 1864.

Compte-rendu des travaux du Congrès scientifique de France, tenu à Aix-en-Provence en décembre 1866 :

Note sur une inscription grecque de Marseille, 14 pages. Aix, 1867.

Étude sur l'histoire des lettres, des institutions et des mœurs de l'Egypte durant la domination grecque et la domination romaine.

Sur les papyrus découverts dans la ville d'Herculanum.

Mémoires de la royale Académie des sciences de Turin, Tome XXIII, série 2, 1866 :

Étude d'histoire et de morale sur le meurtre politique chez les Grecs et les Romains (35 pages).

Le Moniteur de la Papeterie française, vol. III, 1867 :
No 6, 1er janvier, p. 86-88 :

Le papier dans l'antiquité et les temps modernes. (Premier article.)

No 7, 15 janvier, p. 105-107 :

Deuxième article.

No 8, 1er février, p. 120-123 :

Troisième et dernier article. (Conférence faite à l'Asile de Vincennes, le 9 août 1866, et publiée par L. Hachette et Cie, in-12, 52 pages.)

Congrès scientifique de France, tenu dans la ville d'Amiens, 1867.
Mémoires, 5e section, p. 572-587 :

L'art de traduire et les traducteurs français d'Hérodote.

Annales de l'Institut de correspondance archéologique, tome XLI, Rome, 1868, p. 133-143 :

Note sur une stèle en marbre.

Journal de Genève, 12 juin 1869 :

Lettre au Directeur du *Journal* sur les élections du 6ᵉ arrondissement de Paris (non signé).

Le Lien, 30 octobre 1869 :

Fragment d'étude biographique sur Robert Estienne. (Reproduction d'un chapitre de l'*Hellénisme en France*.)

Le Français, 12 mai 1870 :

Les obsèques de M. Villemain.

Le Temps, 7 novembre 1875 :

Article sur la séance annuelle de l'Académie des Inscriptions et Belles-Lettres (non signé).

Gazette hebdomadaire de Médecine et de Chirurgie, 26ᵉ année, nᵒ 27, 1879, 4 juillet :

Feuilleton. — Des mots empruntés aux langues anciennes dans le vocabulaire des sciences.

Bulletin mensuel de l'Académie de Clermont, 4ᵉ année, nᵒ 47, 1883, 1ᵉʳ juin, p. 20 :

Le poète A. Robert. — Le philologue A. Boucherie. (Reproduction de l'article du *Journal des Débats* du 22 avril.)

Revue du monde latin, 1884, février :

Lettre au baron de Tourtoulon, directeur de la *Revue*.

Jahresbericht über die Fortschritte des classichen alterthum swissenschaft, publié à Berlin, par Calvary et Cⁱᵉ, 1884 :

Victor Prou, né le 9 février 1831, mort le 9 août 1884.

Bibliothèque de l'École des Chartes, 1885, octobre, p. 585 :

Traduction d'une lettre de Maxime Planude adressée à Melchisédec et dont le texte a été publié dans le *Bulletin de la Société archéologique d'Athènes* (44-62).

Institut de France.
Lectures, rapports, discours prononcés en séance publique.

Lecture faite dans la séance publique annuelle de l'Académie des inscriptions et belles-lettres, le 10 août 1855 :

De l'étude de la langue latine chez les Grecs dans l'antiquité. (Réimprimé dans les Mémoires d'histoire ancienne et de philologie, p. 259.)

Lecture faite dans la séance publique annuelle de l'Académie des inscriptions et belles lettres, le 8 août 1856 :

Considérations historiques sur les traités internationaux chez les Grecs et chez les Romains (32 p).

Lecture faite dans la séance publique annuelle des cinq Académies, le 14 août 1858 :

Observations historiques sur la fonction de secrétaire des
princes chez les anciens (39 p.). — Réimprimé dans les Mémoires d'histoire ancienne et de philologie, p. 220.

Lecture faite dans la séance publique annuelle de l'Académie des
inscriptions et belles-lettres, le 2 décembre 1859 :

Mémoire sur la poésie pastorale avant les poètes buco-
liques (30 p.). — Réimprimé dans les Mémoires de littérature
ancienne, p. 242.

Lecture faite dans la séance publique annuelle de l'Académie des
inscriptions et belles-lettres, le 7 décembre 1860 :

Mémoire sur cette question : Si les Athéniens ont connu la
profession d'avocat. (Réimprimé dans la *Gazette des Tribunaux* le 9 décembre 1860, et dans les Mémoires de littérature
ancienne, p. 354.)

Lecture faite dans la séance publique annuelle de l'Académie des
inscriptions et belles lettres, le 9 août 1861 :

De l'état civil chez les Athéniens, observations historiques
à propos d'une plaque de bronze inédite qui paraît provenir
d'Athènes. (Réimprimé dans les Mémoires d'histoire ancienne
et de philologie, p. 105.)

Lecture faite dans la séance publique annuelle de l'Académie des
inscriptions et belles-lettres, le 1er août 1862 :

Rapport sur les travaux de l'École française d'Athènes.

Lecture faite dans la séance publique annuelle des cinq Académies, le 14 août 1862 :

Observations sur un papyrus grec contenant des fragments
d'un orateur inconnu. (Réimprimé dans les Mémoires d'histoire ancienne et de philologie, p. 175.)

Lecture faite dans la séance publique annuelle de l'Académie des
inscriptions et belles-lettres, le 31 juillet 1863 :

Rapport sur les travaux de l'École française d'Athènes.

Lecture faite dans la séance publique annuelle des cinq Académies, le 16 août 1864 :

De la langue et de la nationalité grecques, réflexions sur
quelques documents historiques du temps de la prise de
Constantinople par les Grecs. Réimprimé dans l'Hellénisme
en France, t. I, p. 431.

Séance publique annuelle de l'Académie des inscriptions et belles
lettres, tenue le 28 juillet 1865 :

Discours de M. Egger, président.

Séance du 13 juillet 1866 :

Rapport fait à l'Académie des inscriptions et belles-lettres
au nom de la Commission des Antiquités de la France.

Lecture faite à la séance publique annuelle des cinq Académies,
le 14 août 1866 :

Extrait d'un Mémoire intitulé : D'une renaissance des lettres
grecques et latines au XIX° siècle. (Réimprimé en appendice
dans l'Hellénisme en France, t. II, p. 397.)

1872. Rapport fait à l'Académie des Inscriptions et Belles-
Lettres au nom de la commission de l'Ecole française
d'Athènes sur les travaux des membres de cette Ecole pendant les années 1869-1872. (Réimprimé dans Trad. et Réf.,
p. 30.)

1873. Rapport fait au nom de la commission de l'École
française d'Athènes sur les travaux des membres de cette
Ecole pendant les années 1872-1873. (Réimprimé dans Trad.
et Réf., p. 45.)

Lecture faite à la séance publique annuelle de l'Académie des
inscriptions et belles-lettres, le 6 novembre 1874 :

Rapport fait au nom de la commission de l'École française
d'Athènes sur les travaux des membres de cette Ecole. (Première année, séjour à Rome 1873-1874.) — (Réimprimé dans
Trad. et Réf., p. 70.)

Lecture faite à la séance publique annuelle des cinq Académies
le 24 octobre 1885 (Lecteur : M. M. Bréal) :

Histoire de la critique chez les Grecs. — Conclusions. (8 p.)

Institut de France.
Mémoires de l'Académie des Inscriptions et Belles-Lettres.

Tome XXI, 1re partie, 1857, p. 319-376 :

Mémoire sur un document inédit pour servir à l'histoire des
langues romanes. (Réimprimé dans les Mémoires d'histoire
ancienne et de philologie, p. 449.)

Tome XXI, 1857, p. 377-408 :

Observations sur quelques fragments de poterie antique
provenant d'Egypte et qui portent des inscriptions grecques.
(Réimprimé dans les Mémoires d'histoire ancienne et de philologie, p. 420.)

Tome XXIV, 1re partie, 1860, p. 1-138 :

Mémoire historique sur les traités publics dans l'antiquité,
depuis les temps héroïques de la Grèce jusqu'aux premiers
siècles de l'ère chrétienne.

Tome XXIV, 2° partie, 1864, p. 279-342 :

Observations sur un procédé de dérivation très fréquent
dans la langue française et dans les idiomes néo-latins. (Analysé dans les Comptes-rendus, pages 77-81.)

Tome XXVI, 2ᵒ partie, 1870, p. 1-48 :

Mémoire sur quelques nouveaux fragments de l'orateur Hypéride.

P. 557 :

Note additionnelle au Mémoire de M. Egger.

Tome XXVII, 2ᵒ partie, 1873, p. 1-42 :

Mémoire sur les historiens officiels et les panégyristes des princes dans l'antiquité grecque.

Tome XXX, 1ʳᵒ partie, 1881, p. 419-459 :

Mémoire sur les *Œconomica* d'Aristote et de Théophraste.

P. 459-461 :

Note additionnelle sur la traduction des *Économiques* d'Aristote attribuées à La Boétie. (Mémoire lu en 1879 à l'Académie des Inscriptions et Belles-Lettres, puis devant l'Académie des Sciences morales et politiques, imprimé dans le *Compte-rendu de M. Vergé*, publié dans les *Annales de la Faculté des Lettres* de Bordeaux, 1879, Iᵉʳ volume, revu et remanié pour la présente publication.

Institut de France.
Comptes-rendus hebdomadaires des séances de l'Académie des sciences.
In-4ᵒ. Paris, Gauthier-Villars, imprimeur-libraire.

Tome LXXI, p. 465-468, séance du 3 octobre 1870 :

Histoire des Sciences. — Note sur un papyrus qui contient des fragments d'un traité d'optique et à cette occasion sur l'Optique inédite de Ptolémée.

P. 607-611, séance du 7 novembre 1870 :

Économie domestique des anciens. — Notes sur quelques documents relatifs à l'économie domestique et aux denrées alimentaires en Egypte sous les Ptolémées.

Tome LXXII, p. 497-503, séance du 24 avril 1871 :

Nomenclature. — Observations critiques sur l'emploi des termes empruntés à la langue grecque dans la nomenclature des sciences.

Tome LXXIII, p. 159-160, séance du 17 juillet 1871 :

Histoire des Sciences. — Nouveaux documents sur les quatre livres conservés de l'Optique de Claude Ptolémée.

P. 405, séance du 7 août 1871 :

M. Egger fait hommage à l'Académie de six opuscules de M. Gilbert Govi.

Institut de France.
Séances et travaux de l'Académie des sciences morales et politiques.
(Comptes-rendus de M. Vergé.)

Tome LIV de la collection, 1860, 4º trimestre, p. 307-308 :

Rapport sur deux ouvrages de M. Saripolos intitulés : *Traité du droit constitutionnel et traité du droit public dans la paix et dans la guerre.*

1861. 4º trimestre, tome LVIII de la collection, p. 291-308 :

De l'état-civil chez les Athéniens.

Observations historiques à propos d'une table de bronze inédite qui paraît provenir d'Athènes. (Réimprimé dans les Mémoires d'histoire ancienne et de philologie, p. 105.)

Tome XI, nouvelle série (CXIᵉ de la collection), 1879, 1ᵉʳ trimestre, p. 209 et 478 :

Observations et réflexions sur le développement de l'intelligence et du langage chez les enfants. (Réimprimé en 1 vol. in-8 de 72 pages, chez A. Picard. Ce volume en est à sa 4ᵉ édition.)

Tome CXIII de la collection, 1880, 1ᵉʳ trimestre, p. 388-391 :

Les Économiques d'Aristote.

DISCOURS.

Association des anciens élèves du lycée Saint-Louis, année 1861, Paris (14 p.) :

Deuxième banquet annuel des anciens élèves du lycée Saint-Louis, 16 janvier 1861.

ALLOCUTION de M. Egger, président, pages 3-6.

1861. Institution Saint-Vincent de Senlis :

Discours prononcé à la distribution des prix, le 10 août 1861. (Senlis.)

1864. Institut de France, Académie des inscriptions et belles-lettres :

Discours de M. Egger prononcé aux funérailles de M. Hase au nom de la Faculté des Lettres, le jeudi 24 mars 1864 (4 p.).

1864. Société des antiquaires de Normandie :

Discours d'ouverture prononcé le 15 décembre 1864 à la séance publique de la Société des Antiquaires de Normandie. In-12 (21 p.). Caen, F. Le Blanc, Hardel, imp.-libraire.

Association des anciens élèves du lycée Saint-Louis, 1865 :

Sixième banquet annuel des anciens élèves du lycée Saint-Louis, 18 janvier 1865.

IMPROVISATION de M. Egger, p. 13.

1865. Académie des inscriptions et belles lettres :

Joseph-Victor Leclerc. Discours prononcé le jour de ses funérailles (14 novembre 1865) au nom de l'Académie des Inscriptions et Belles-Lettres. (Réimprimé dans Trad. et Réf., p. 1.)

1866. Société des antiquaires de Normandie :

Discours prononcé à la séance publique annuelle de 1866. (Réimprimé dans Trad. et Réf., p. 190.)

Société archéologique de l'Orléanais, 1869; 8 mai :

Allocution prononcée par M. Egger, présidant la séance publique du 9 mai 1869. (12 p.) — Réimprimé dans Trad. et Réf., p. 208.

1873. Académie française :

Discours de M. Egger, membre de l'Académie des Inscriptions et Belles-Lettres, prononcé aux funérailles de M. Saint-Marc-Girardin, le mardi 15 avril 1873, au nom de la Faculté des Lettres.

Bulletin de la Société bibliographique, n° 6, 1873, juin :

Assemblée générale tenue le 25 mai 1873.
Allocution de M. Egger, p. 141-151.

1874. Annuaire-bulletin de la Société d'histoire de France :

Assemblée générale de la Société d'histoire de France tenue le 5 mai 1874.
Discours de M. Egger, l'un des deux vice-présidents remplissant les fonctions de président.

Lycée Charlemagne, distribution des prix du 6 août 1874 :

Discours prononcé par M. Egger, etc. (Réimprimé dans Trad. et Réf., p. 86.)

L'Union nationale, journal quotidien, bureaux à Montpellier et à Nîmes, 1875, 15 avril :

Concours de la Société des langues romanes. Discours de M. Egger, président.

Messager du Midi, 1875, avril :

Société des langues romanes de Montpellier. Discours prononcé à la séance de distribution des prix de la Société. (Même discours que le précédent.)

Société archéologique et historique de l'Orléanais. — Concours quinquennal de 1875, séance publique du 8 mai, présidée par M. Egger :

Allocution du président. (Réimprimé dans Trad. et Réf., p. 216).

Institut de France. — Académie des inscriptions et belles-lettres :

Paroles prononcées par M. Egger aux funérailles de M. Brunet de Presle, membre de l'Académie, le 14 septembre 1875.

Société du travail du XI° arrondissement :

Discours prononcé à la réunion du 26 octobre 1875.

Institut de France. — Académie française :

Funérailles de M. Patin.

Discours de M. Egger, membre de l'Académie des Inscriptions et Belles-Lettres, prononcé au nom de la Faculté des Lettres le 21 février 1876. (Réimprimé dans Trad. et Réf., p. 7.)

Association pour l'enseignement secondaire des jeunes filles, année scolaire 1875-1876 :

Allocution du président (2-8 pages).

Ouverture des cours le 16 novembre 1876.
Discours de M. Egger, président (8 p.).

Ouverture des cours le 22 novembre 1877.
Allocution de M. Egger, président (8 p.).

Ouverture des cours le 18 novembre 1878.
Allocution de M. Egger, président (7 p.). — (Ces quatre allocutions sont réimprimées dans Trad. et Réf., pages 100-133.)

Lycée Louis-le-Grand, distribution solennelle des prix, le 8 août 1876 :

Allocution prononcée par M. Egger, président. (Réimprimée dans Trad. et Réf., p. 94.)

Bulletin des Beaux-Arts. Paris, 1re année, n° 5, p. 155-156, 1878, février :

Nécrologie. Discours prononcé sur la tombe d'Ernest Vinet, bibliothécaire de l'Ecole des Beaux-Arts.

Société archéologique et historique de l'Orléanais. — Troisième concours quinquennal sur l'histoire et sur les antiquités de l'Orléanais, séance publique du 8 mai 1880 :

Allocution d'Émile Egger, président. Orléans, impr. de G. Jacob, 1881, tirage à part. (Réimprimé dans Trad. et Réf., p. 225.)

Bulletin de la Société de l'histoire de Paris et de l'Ile de France, 8e année, 1881, p. 65-69 :

Assemblée générale tenue à la Bibliothèque nationale le 10 mai 1881. Présidence de M. Egger.

Discours du président.

Discours d'Emile Egger lu à la fête d'inauguration du buste de J.-J. Courtaud Diverneresse à Felletin, le 14 août 1881.

CONFÉRENCES.

Conférences populaires faites a l'Asile impérial de Vincennes, Paris, L. Hachette et Cie, 1866, in-12, 52 pages :

Le papier dans l'antiquité et les temps modernes, aperçu historique. (Traduit en grec moderne. Hermopolis de Syra, 1878.)

1867, in-12, 52 pages :

Étude d'histoire ancienne. — Les projets de réforme sociale dans l'antiquité.

1867, in-12, 52 pages :

Un ménage d'autrefois, étude de morale et d'économie domestique.

1868, in-12, 52 pages :

De l'histoire et du bon usage de la langue française. (Réimprimé dans Trad. et Réf., p. 134.)

1868, in-12, 52 pages :

L'Égypte moderne et l'Égypte ancienne à propos d'une visite au parc égyptien du Champ-de-Mars.

Bulletin monumental ou collection de mémoires, etc., publié par M. de Caumont, 4° série, tome III°, 33° volume de la collection, Parie, Derache :

Du Musée lapidaire de Lyon et des Musées lapidaires en général. Conférence faite à Lyon, le 3 mars 1867, pour l'Association de l'Enseignement professionnel. (Analyse communiquée par un auditeur.)

Conférence de l'Union centrale des Beaux-Arts appliqués a l'Industrie. Paris, Ch. Delagrave, in-12, 26 pages :

Athènes et Paris ou l'éducation par les Musées. (Traduit en grec moderne par Maria Saripolos.)

Congrès et Conférences du Palais du Trocadéro. Comptes-rendus sténographiés, 1878, 1er août :

Allocution de M. Egger, président, en ouvrant la séance consacrée à la conférence de M. Léon Feer sur *le Boudhisme à l'Exposition.*

Association scientifique de France. Bulletin hebdomadaire, n° 590 :

Soirées scientifiques et littéraires. Séance du 23 janvier 1879. Conférence sur la Grèce à l'Exposition internationale de 1878.

Bulletin hebdomadaire, n° 643, 1880, 29 février :

Conférences scientifiques et littéraires de l'Association à la Sorbonne. — Les archives d'un ministère grec en Égypte, d'après les découvertes faites dans les Papyrus du Sérapéum de Memphis.

COLLABORATIONS.

Méthode pour étudier l'accentuation grecque. (En collaboration avec M. Ch. Galuski.) x-144 pages. Dezobry et Magdeleine, 1844, in-12.

ODES DE PINDARE. Traduction nouvelle par J. F. Boissonade, complétée et publiée par E. Egger, membre de l'Institut, etc. XXII-287, Paris, Hachette et Cⁱᵉ, Grenoble, Ravanat, éditeur, 1867 :

Préface, I-XXII.

MANUEL POUR L'ÉTUDE DES RACINES GRECQUES ET LATINES, etc., par A. Bailly, publié sous la direction de E. Egger, Paris, A. Durand et Pedone Lauriel, 1869, v-504 :

Préface, I-V.

DICTIONNAIRE DES ANTIQUITÉS GRECQUES ET ROMAINES, sous la direction de MM. Ch. Daremberg et Saglio. Paris, Hachette et Cⁱᵉ, 1886 :

CORONA, p. 1520-1537. Signé : E. Egger, Dʳ Eug. Fournier.

DISCOURS ET NOTICES SUR E. EGGER.

La vie et les travaux d'E. Egger ont été exposés ou appréciés, sans parler de la *Notice* qui précède, dans un grand nombre de discours, d'articles de journaux ou de notices spéciales. Ses anciens élèves, collègues ou confrères et ses amis aimeront sans doute à connaître les plus importants de ces témoignages d'estime et d'affection. Sans parler des allocutions prononcées, à la reprise des séances, par les Présidents de diverses Compagnies ou Sociétés, nous citerons seulement :

1° Les discours prononcés sur la tombe par MM. Desjardins, de l'Académie des Inscriptions et Belles-Lettres ; Himly, doyen de la Faculté des Lettres de Paris ; Hauréau, directeur de l'Imprimerie nationale ; Jourdain, président de l'*Association pour l'encouragement des études grecques en France* ; Saripolos, représentant officieux des Hellènes (v. Notice, p. 117) ;

2° Les articles nécrologiques publiés par MM. Renan (*Débats* du 4 septembre 1885), Bréal (*Temps* du 6 septembre), Huit (*Monde* du 9 septembre), Bigot (*Gagne-Petit* du 3 septembre), Sabatier (*Journal de Genève* du 6 septembre), Salomon Reinach (*Biographisches Jahrbuch* de Calvary, Berlin) ;

3° La *Notice* lue par M. le marquis de Queux de Saint-Hilaire devant l'*Association pour l'encouragement des études grecques en France*, et publiée dans l'*Annuaire* de la Société pour 1885. Cette *Notice* est suivie du même travail bibliographique que nous venons de soumettre à nos lecteurs et que Mme Egger a bien voulu rédiger également pour la *Notice* parisienne et pour la *Notice* orléanaise;

4° La *Leçon d'ouverture*, par laquelle M. Croiset, successeur de M. Egger dans la chaire d'éloquence grecque en Sorbonne, a inauguré son cours le 7 décembre 1885. Cette leçon, tirée à part, a été publiée dans la *Revue internationale de l'enseignement* (numéro du 15 décembre 1885).

5° La *Notice biographique* sur M. Émile Egger, membre correspondant de l'Académie de Caen, par M. E. Chatel, lue à l'Académie des sciences, arts et belles-lettres de Caen, dans la séance de rentrée, le 26 novembre, et dans la séance du 26 décembre 1885.

En outre, le *Catalogue des livres composant la bibliothèque de M. Egger* (Paris, A. Picard) est précédé d'une courte préface où se trouve apprécié en quelques mots le caractère de cette collection de livres qui était comme « l'image fidèle de l'esprit » de l'illustre savant.

TABLE DES MATIÈRES

APPENDICE.

IMP. GEORGES JACOB, — ORLÉANS.